ちくま学芸文庫

大衆の国民化

ナチズムに至る政治シンボルと大衆文化

ジョージ・L・モッセ

佐藤卓己 佐藤八寿子 訳

筑摩書房

広範な大衆の国民化は、生半可なやり方、いわゆる客観的見地を少々強調する程度のことでは達成されず、一定の目標をめざした、容赦のない、狂信的なまでに偏った態度によって成し遂げられるのだ。／アドルフ・ヒトラー『我が闘争』

目次

凡例

一、本書は George L. Mosse, *The Nationalization of the Masses: Political Symbolism and Mass Movements in Germany from the Napoleonic Wars through the Third Reich*, Howard Fertig, 1975. の全訳である。原註は、原書の英語表記を独訳本を参考にしつつ適宜改め、ドイツ語文献利用の便宜を優先した。

一、翻訳に際しては、オットー・ヴァイスによる独訳版を参照した。ドイツ文化史でもある本書において、原典からの引用文のチェックなど独訳版の存在は大変有益であったが、明らかな誤訳を含め原著の意を伝えない無理な訳文も散見された。同独訳本は現在絶版であり、著者本人も訳者宛の手紙で独訳版改訂の必要を示唆している。その意味では翻訳の難しさを再確認させられ、本書の訳出にあたっては当然ながら、できるだけ原書の記述に正確であろうと努めた。それゆえ、著者がドイツ語資料に解釈を加えて引用している場合、(こうした引用スタイルの是非はともかく)原則として著者の書き下し文を尊重して、独訳版で(不完全ながら)試みられているような引用原典の再現とそれに基づく翻訳は行わなかった。ただし、誤植、誤記については著者に確認したうえで訂正した。

一、文中( )内の記述は原書のものであり、訳註の文中表記は〔 〕を用いた。

一、本書のキーワード「新しい政治」the new politics はすべて括弧つきで表記した。

一、英文原書の Nazis, National Socialist は独訳版では区別なく扱われているが、本訳書では Nazis を「ナチ党」ないし「ナチ党員」、National Socialist を「国民社会主義者」と原書どおり訳出した。

一、ドイツ文化の文脈で捉えるべき単語は原書が英単語であってもドイツ語のルビを振った。たとえば、「学生組合」は原文は fraternity だがドイツ語 Burschenschaft の音を振った。

一、宗教的儀礼関係語彙については、「崇拝」もしくは「祭祀」を cult、「典礼」もしくは「祭儀」を liturgy、「儀礼」を rite、「祝祭」もしくは「祭典」を festival、「式典」を ceremony と一応の訳語を与えたうえで教派やニュアンスにより異なった訳語をあてた。それ以外で、特殊なニュアンスがある語彙は取りあえずルビを振って表記した。

一、図版については、原書のオリジナルの図版二〇枚が現在版元にないため、独訳版の図版を採り、さらに本書の理解に役立つように著者の許しを得て訳者の判断で追加した。

一、本書の理解を助けるため、登場人物の註を人名索引に加えた。

日本語版への序文

「ヒトラーの成功はどのように説明できるのか？」

この問いは絶えず新しく投げかけられている。ナチ党の権力掌握への「政治」は十分明らかにされたし、その社会的諸前提の解明に多くの歴史家が取り組んできた。しかし国民社会主義を勝利に至らしめ——そして今日もなお広く影響を及ぼしている——「政治」の新たな認識については、総じて言えば、周辺的に言及されるのみであった。本書が取り組んだのは、まさに自己表現によって政治と呼ばれ得る「政治」の把握である。この時代を体験した我々の多くは、ナチ宣伝を、また大衆の感性的動員を軽蔑的に語るが、次の事実を忘れている。つまり、問題は、主権在民に基礎づけられ、すでにルソーとフランス革命以来、近代の中心課題の一つと認められてきた政治様式なのである。すなわち、いかに一般大衆を国民国家に組み込み、いかに彼らに帰属感を与えることができるか、という問題である。

本書で分析し記述するように、そこではシンボルと神話と大衆的示威運動が政治的祭儀としての役割を演じた。つまりこれは、ドラマとしての「政治」である。そこに各人は定められた自らの役割を見いだしたのであり、それこそ議会や選出された人民の代表者といったものと対立する政治認識であり、民主主義理解であった。この「新しい政治」、政党のではなく運動の「新しい政治」は、とりわけ危機の時代に効果があった。しかし、ナチ党が明らかにしたように、このような大衆政治の術を長きにわたって続けることはしばしば問題をはらんでいた。にもかかわらず、人民《フォルク》がいわば自己崇拝に耽《ふけ》る「一般意志」の自己表現は、現代社会の根本的な必要性に訴えていた。指導者はこの意志を誘導かつ組織し、下層民衆を規律のとれた御しやすい集団に変えようとした。こうした大衆の服従は大衆自らの熱狂に基づいていなければならず、それゆえ自由意志から生じねばならなかった。この点において、「新しい政治」の分析は、ドイツとイタリアのファシズムに付随した「大衆の」同意を理解するために役立つであろう。今日ではよく知られているように、ナチの権力掌握後の数年間、恐怖政治《テロル》はその特徴ではなかった。

この決定的に重要な数年のあいだ国民社会主義が依拠した大衆的合意には、多くの理由があったが、政治的祭儀こそが多くの人々の意識において決定的であった。本書はこれを特筆した。たとえば「死の神話」の継続的活用など、ナチ祭祀《カルト》の諸要素が究明されたのみならず、イタリア・ファシズムの儀礼が、本書の指摘で初めて意識されるようになった。

本書がファシズム研究の新しい出発点と見なされたといっても、おそらく大きな誇張ではあるまい。ファシズム運動が自らをまなざし、また表現したままにその運動をとらえようとした、新しいファシズムの理解に本書は到達したのである。また、ファシズムを、マルクス主義のような、一つのイデオロギーに押し込めることも敢えてしなかった。というのも、ファシズムは当時の経済的、社会的な危機に終止符を打つと約束したが、文化的な手法と偏見を利用して権力を掌握し保持したからである。

国民主義《ナショナリズム》は物質的な関心のみに訴える社会主義よりも影響力のあるもの、あるいは効果的なものであった。この両者はともに密接に結びついていたが、物質的欲求に応えたのは、世俗宗教としての国民主義であった。これは「新しい政治」が最初から十八番《おはこ》とした分野であり、国民主義の儀礼や神話も「新しい政治」の領域にあった。『大衆の国民化』によって、読者はファシズムに関する一考察――広く流布したファシズム運動に関する今日的見解の形成にあずかった考察――に接することができよう。が、また読者は国民主義《ナショナリズム》の発展に対する新たな視点も本書から獲得できよう。しかし、本書はさらに熟考すべき以下の問いを読者に投げかけるに違いあるまい。

「新しい政治」の時代は国民社会主義をもってここに終焉したのであろうか？

あるいは、

今日のテレビ時代においても、その政治の「美しき装い」が、我々の一般的な状況認識を引き続き決定しているのではあるまいか?

一九九三年七月十二日

ジョージ・L・モッセ

著者謝辞

本書は、個人の尊厳とそれに対する挑戦者たちについての積年の研鑽の成果である。個人の尊厳への挑戦者たちは、この世紀［二十世紀］の長きにわたり、首尾よく人が自らの運命を決することを不可能にさせてきた。何年も以前に私は、道徳価値の一体系、つまりキリスト教が十七世紀の政治的現実との接触によっていかに空洞化されたかを探ろうとした。私は、国家理性の勝利は、「善良な人間が邪悪な世の中でいかに生き残れるか」というマキャベリの永遠の問いに答える現実政治への導きであると思った。しかし、十七世紀は現実政治がキリスト教神学を吸収した重要な転換点であったとなおも信じる一方で、私には、十九世紀は大衆運動と大衆政治の発展により、個人をさらに矮小化するような一個のドラマに政治過程そのものを変容させたようにも思えた。つまり意識的行動で自分自身の運命を変え得る個人を矮小化したのである。少なくとも、「大衆人」の創造はヨーロッパの工業化の必然的帰結であり、そのような大衆政治が作動した神話とシンボルの世界は非常に有効な非人間化の手段をもたらしたようだ。それは、人々が神話とシンボルをともなう政治のドラマに、健全で幸福な世界に向けた願望の成就を想い描いていた、という事実にもかかわらずである。我々のますます複雑化した文明において、自由と責任からの逃避が魅力を失うことはこれまで決してなかった。

さて本書は、現代政治のひとつの源泉を、ある国のある時期の歴史の内に検証することで理解しようとしている。この方法はドイツ以外の国にも適応し得るに違いないし、もちろん現在、何人かの学者はフランス第三共和国期の公的祝祭と政治儀礼を研究している。

何年もの間、これらの問題の研究にあたり、マディソン、ロンドン、パリ、そしてイェルサレムの友人同僚の協力を得てきた。また、オーストラリア国立大学社会科学研究学院思想史部門に客員として滞在中に研究成果を公表することができた。新しい知見の虜となった学者のとんでもない独断に耐えて下さった、ユージン・カメンカ教授、そして彼の同僚に謝意を表したい。彼らのおかげで私は自分のパースペクティヴを保つことができた。こうした知見のとりあえずの概要は、『国民主義――思想の本質と発展――』(ユージン・カメンカ編、オーストラリア国立大学出版局、一九七三年)において公刊された。[第三帝国の軍需大臣でもありナチ建築の指導者であった] 工学士アルベルト・シュペーアからは非常に多くを学んだ。彼は何度か機会をつくって無数の質問に答える時間をとってくれ、本書の原稿を読み、間違いを未然に防いでくれた。歴史家が論及するテーゼを分析対象の事件に参加した人物に読んでもらうことのできる機会はそうはない。アルベルト・シュペーアは、ドイツにおける政治儀礼史の前半部と彼が大いに指揮を振るった国民社会主義によるその活用との重要な要《かなめ》だった。

いくつかの図書館もまた、研究に非常に役立ち、助けとなってくれた。ウィスコンシン大学図書館、イェルサレムのユダヤ国立図書館とヘブライ大学図書館、ロンドンのウィナー文庫、ミュンヘンのバイエルン州立図書館、同工科大学の建築図書館、同様にゲッティンゲンのニーダーザクセン州立図書館である。国民社会主義の映画の素晴らしいコレクションを自由に使わせていただき、資料の山に迷わぬよう専門的指導も賜わった、K・F・ライマース博士とゲッティンゲンの学術映画研究所に対しては特別の感謝を表したい。

本書は、ジュディ・ブルックス・ラビンバッハとアン・アーデルマンの卓越した編集のおかげで、順調に完成した。原稿を注意深く読み、著作の表現を明瞭にしてくれたハワード・ファーティッヒにもまた礼を述べたい。本書はこれらすべての方々のおかげによるものだが、その最終的責任が筆者に帰することは言うまでもない。

G・L・M
マディソン、そしてイェルサレムにて
一九七三年十二月

大衆の国民化

ナチズムに至る政治シンボルと大衆文化

第一章　新しい政治

ローマはヴェネツィア宮《パラッツォ・ヴェネツィア》の堂々たる執務室に座り、今や政権を握って八年になるベニト・ムッソリーニは、彼の革命の本質について考えにふけっていた。革命ごとに、新しい政治形態、新しい神話、新しい祭祀《カルト》は生まれた。今や古き伝統を新しい目的に合わせて脚色することが必要だった。★1 祝祭、身振り、そして形式が、新しい伝統と成り代わるべく創造されねばならなかった。

新しい政治様式の考案は国民社会主義《ナシヨナル・ソーシャリズム》の新機軸の主たるもので、政治行動は新しい神話と祭祀《カルト》のドラマ化になったと、カールハインツ・シュメーアが指摘したのはつい最近のことだった。★2 ヨーロッパのファシズムに典型的な、大規模な大衆集会、びっしり並んだ人の列、そして色鮮やかな旗は、なおまだ我々の記憶に新しい。それが演出された舞台は、多くが第二次世界大戦で破壊されたものの、なお十分なファシズム建築がそっくりそのまま残っており、それが象徴した政治様式を感じさせてくれる。

しかし、この政治様式は新しいものではなかった。古い伝統を新しい目的にあてはめようといったムッソリーニは確かに正しかったのだ。なぜなら我々がファシズム様式と呼ぶものは、じつは人民主権という十八世紀に出現した概念に基づく「新しい政治」の頂点《クライマックス》だったのだ。万人が共有しうる公民意識《シティズンシップ》なるものが実在する、と言われていた。もはや王侯貴族の系譜は民衆の自己表現の代わりとはならなくなった。この人民主権という概念は、「一般意志」――ルソーによれば、民衆すべてが集まって共同行動するときだけ公民《シティズン》としての人間本性が行動的な存在となるという信念――によって明確になった。[★3]一般意志は、民衆が自らを崇拝する世俗宗教となった。そして「新しい政治」はこの崇拝を導き形づくろうとした。民衆の統一性は、共通の公民意識という概念で基礎づけられただけではなかった。むしろ新たに覚醒した国民意識が民衆の統一性を推し進めた。ヨーロッパの多くの国民において、この国民意識は人民主権という理想とともに育った。十八世紀の国民とは、民衆自身に、つまり彼らの一般意志に基づくものであり、もはや既存の王統への忠誠だけに表象されたわけではなかった、と今日ではいわれている。民衆の崇拝はかくして国民の崇拝となった。「新しい政治」はこの統一性を、じつのところ世俗宗教となった政治様式の創出をとおして表現しようとした。

この統一性はいかにして表現されたであろうか？　十九世紀の初頭以降は、国民的な神話、シンボル、またそのような崇拝への民衆自身の参加を可能にする祭儀の展開をとおして表現された。一般意志の概念は、神話やシンボルの創造にも関与した。「新しい政治」

は、一般意志に具体的表現を与える神話やシンボル、儀礼や祝祭によって、民衆を自発的に国民的な神秘的雰囲気に浸らせようとした。「民衆《ピープル》」という混沌たる群集は、国民的な神秘的雰囲気によって民衆的統一性という信念を分かち合う大衆運動となった。「新しい政治」は一般意志を具現化し、政治行為を民衆自身の参加を前提とする一個のドラマに変容させた。

議会主義の代議制統治は人々や政治を統合するよりむしろアトム化するのであって一般意志の概念に矛盾する、と考える者は多かった。「新しい政治」は、ヨーロッパにおいては最初から反議会主義運動の一部であり、国民の政治的接合剤としての世俗宗教が唱導されていた。歴史家たちは議会主義を、当時の政治編成においても、また未来への大いなる展望でも過去の最も重要な展開においても、決定的なものと強調してきた。この議会主義重視が圧倒的だったので、国民主義、大衆運動、大衆政治に関連した「新しい政治様式」台頭の研究は、無視されてきた。それは十九世紀史に限ったことではなく、ファシズムに不可欠な背景としても無視されてきた。

ファシズムに関する理論そのものが、結果的にファシズム政治の本質を規定した神話や祭祀《カルト》の重要性をともすると無視してきた。自由主義者、または左翼に属すると自認する人々にとって、ファシズムはしばしば、野蛮な少数者による国土の「占領」、つまり歴史の逸脱を意味した。民衆はファシズムに呪縛されてはいるが、もし自らの運命の決定を任せられれば、刷新された自由主義か社会主義的理想かに立ち帰るだろうと考えられた。このようなファシズム概念は、このファシズム体制《レジーム》に反対して亡命を余儀なくされた人々の間で特に広く信じられた。[★4] 熱烈に信じていた従来の考えを後になって変えた人々もいたが、[★5] そうした事例にもかかわらず、このファシズム観はいまだに広く信じられている。エルンスト・ノルテのような、より洗練された最近のファシズム運動史家でさえも、市民階級《ブルジョアジー》は危機に瀕してのみファシズムに転じたのであり、ひとたび危機が過ぎ去れば彼らの伝統的リベラリズムに立ち帰ると考えている。[★6]

実際の歴史上の運動としてのファシズムは、第一次世界大戦の産物だった。この事実は、大戦前の過去との関係性を否定したり過少評価したりするために利用されてきた。大戦とその後の平和なくして、ファシズム運動は起こらなかっただろうし、したがって、そのように議論されてもいるのだが、大戦以前の時期は実際たいして重要視されなかった。ファシズムはかくしてその「時代《エポック》」、つまり戦間期ヨーロッパに密接に結びつけられてきた。こうした見解は、ファシズムを弁明しようとするものではないが、ファシズム運動に特定の一回性を賦与し、特殊な歴史的状況への即応と見なすものである。

このような分析にも、それなりの真実はある。というのは、［第一次世界大］戦後のヨーロッパ崩壊はファシズムの本質的要因だったのであり、その大衆的アピールに大きく寄与したからである。しかし、こうしたすべての歴史家の議論は大衆運動として、また大衆民主主義としてのファシズムを無視している。ナチ党やその他のファシストが大衆運動と大衆民主主義を巧妙に利用する以前から、この両者には長い発展の歴史があった。実際、この文脈で全体主義の概念は人々に誤解を与えてきた。というのは、全体主義の概念は住民への恐怖政治《テロル》（古い占領理論の新版）や指導者と民衆との対立をも含意しているからである。それは、代議制統治のみが民主的であるという予断、つまり十九世紀の大衆政治は言うに及ばず古代ギリシアの政治で葬り去るべきであった歴史的謬見に基づいている。なぜなら、ファシズムの始動する基礎を築き議会制民主主義にオータナティヴを提示することを可能にしたのは、まさしく初期大衆運動の神話と祭祀《カルト》だったからである。議会制民主主義の「ブルジョア」的思考よりムッソリーニが政治参加の表現と呼んだ伝統に、より生き生きとした意味を見いだした人々が無数にいた。これは、長い過去の伝統があって初めて起こり得る事態だった。そのことは、国民主義者《ナショナリスト》の大衆運動のみならず労働者の大衆運動でも具体的に示されている。

この「新しい政治」は全ヨーロッパを席巻したにもかかわらず、ドイツでの生成と結末ばかりが取り上げられる。この分裂した国民において、至上善としての一般意志の高揚は、十九世紀の幕が開けるや否や二つの要因によって促された。一つの要因は、国民主義の興隆である。これは、歴史的な神話とシンボルでしっかりと結びつけられた存在である民族《フォルク》に基づいていた。いま一つの要因は、大衆運動と大衆政治の興隆だった。このような大衆運動は、凝集された政治的勢力へと群集《クラウド》を変換することになる新しい政治様式を必要とした。その「新しい政治」を利用した国民主義は、その目的を達成し得る祭祀《カルト》と祭儀《リタージイ》を生み出した。

世俗宗教としての民衆崇拝を煽った二要因である国民主義と大衆民主主義の興隆は、十九世紀のドイツにおいては手を携えて進行した。国民主義は、大衆的地盤を手に入れるに及んで、自らを民衆運動と称した。ここでいう大衆とは、決して群衆《モッブ》とは同一視できない。十九世紀中葉までに国民主義の大衆運動が興隆するのを目撃した同時代人たちは、群衆が当時の政治を支配していると信じた。ドイツの自由主義的歴史家であるゲオルク・ゴットフリート・ゲルヴィヌスは、彼の時代の政治運動は大衆の本能によって支えられている、と述べて冷たく拒絶した。ほぼ時を同じくして、フランスでは、コムト・アルチュール・ド・ゴビノーが『人種不平等論』(一八五四年)において」、当時の文明社会の分析を試み、いたるところに見られるエリートと大衆の対立に畏れおののいていた。[★7]この点では、自由主義者と保守主義者の見解は一致した。「群衆《モッブ》」という言葉は、社交界の外《そと》にいる男女、または無秩序な暴力によって社交界を変えようとする人々に対して使われることが多い。ゴビノーや多くの同時代人が大衆をこのように把握していた。しかし、十八世紀の群衆は、たとえその目的がいつも理性的に表現されるものでないにしろ、その行動を形づくる目的は持っていた、とジョージ・リューデは示そうとした。[★8]本書で扱うドイツの大衆もまた、確たる目標と展望を持って運動を組織していた。確かに、このような運動は一、二年あるいは数日しか続かない場合が多かったにせよ、大衆は継続する目標に従って確たる枠組みの内で自己組織化を繰り返した。多くの民衆が、国民主義運動の祝祭や儀礼に離合集散をくりかえしたが、しかしその枠組みは変わることなく残された。

国民主義の運動は、第一次世界大戦のずっと以前から世俗宗教の形を身につけていた。大衆運動と大衆民主主義は統治者と被統治者を媒介する要素としての代議制度を敵視したが、実際には、そうした政治装置なしに済ますことはできなかった。「全体主義」というものは、ハーメルンの笛吹き男のようにカリスマ的指導者が追随者を惑わす統治システムではなかった。確かに、一党独裁国家の公的政党は指導者と支持者の媒介役を果たし得るし、実際にも果たしていた。しかし、それは決して十分満足できるものではなかった。それまでとは違った新しいシステムが、指導者と支持者を結びつける世俗宗教の一部として浮上した。同時に一方で、それは大衆を社会的に統制する手段を提供した。十九世紀に成長した世俗宗教は、これまで（フランスやドイツで影響力を持った）サン・シモン主義などのように、その影響が知的エリートに限られた指導者と運動から分析されることが多かった。本書での関心は世俗的かつ国民主義的な宗教に向けられねばならないが、この宗教はドイツの政治生活で大衆運動の一部として機能し始め、ドイツの一般大衆が当時の政治へ参入する際の基調となった。

この宗教は、工業化がもたらした諸結果からの切なる逃避願望に基づくさまざまな神話とシンボルに依拠していた。伝統的世界観が雲散霧消し、伝統的な人格の絆が破砕されたことは、大半の住民意識に染みわたっていた。その神話は、ゲルマンの過去かあるいは古典古代の過去かのいずれに依るにせよ新しい国民意識の基礎を形づくったが、現実の歴史経過の外側にあった。その神話は、再び世界の統一的把握を可能にし、ばらばらに分裂した国民に共同体感覚を回復させるはずのものだった。このドイツにおける「神話への熱望」はフランス革命から第二次世界大戦に至る多くの同時代人が認めていた。[9] その熱望の起源は深く歴史に根ざしていた。「たとえば、ある理念を現実の存在であると認めた場合、理念を生き生きと目にしたくなり、それは理念の擬人化によってのみ果たし得る」[10]と、ホイジンガが十五世紀に典型的だと考えた特徴が、ここで再度明らかになるだろう。もし過ぎ去った時代において、「聖なるものを目に見えるイメージとして提示しさえすれば、十分にその真実を確証したことになった」[11]のであれば、近代ドイツ国民のシンボリズムの喚起力にもまた同じことがいえる。このような神話は、宗教的、キリスト教的世界観と結びついたが、神話が依拠した異教的過去によって、また神話を受け入れる者に約束された安易な幸福観によって、世俗化されていた。

こうした神話は単独に存在したのではなく、シンボルの使用によって操作可能になった。

シンボルは民衆が参入できる神話の目に見える具体的対象となった。「共同体は世界の一部分を掌握し、その部分で全体性を理解し、部分からまた部分をとおし世界の全体性と内容を引出す」[★12]。この世界観は特殊な方法で民衆の神話体系《ミソロギー》を表現した。フリードリヒ・ヴィルヘルム・シェリングが一八〇二―〇三年に表現したように、神話体系は「晴れ着の宇宙、その原始状態において、まことに宇宙そのものであり……もはや詩と化している」。シンボリズムはこの宇宙を表現する唯一の適切な方法であり、この宇宙が詩的であっただけでなく、創造の泉でもあったがゆえに、このようなシンボリズムは美的なものと演出的なものとを合体せねばならなかった[★13]。

シェリングが体現したシンボルへの衝動は、ドイツ・ロマン主義の典型であった。民衆神話の具象化であるシンボルは、民衆にアイデンティティを与える。ゲルショム・ショーレムは、十九世紀になって初めてダビデの星がユダヤ人のシンボルとしていかに広まったかを説明した。ユダヤ主義のアイデンティティ追求として、シンボルへの新しい衝動が十九世紀初頭の「ユダヤ人」解放ののちに、「イスラエル人の信条」となったにすぎないという彼の説明は疑いなく正しい。この「ユダヤ主義のシンボル」は「キリスト教のシンボル」に匹敵するものでなくてはならないとされたのである[★14]。しかしユダヤ人たちはロマン主義運動と同じシンボリズムへの衝動を感じたのかもしれない。つまりユダヤ人が自らの生きた時代の文化を反映することも多かった。国民主義はその始まりをロマン主義と同じくしており、シンボルをその政治様式の本質としていた。シンボルはキリスト教において常に主要な役割を演じてきたが、今や世俗化した形でドイツの国民崇拝の本質的要素となった。

フランス革命期に公的祝祭は祭祀儀礼《カルト》になり、二、三十年遅れてこの伝統はドイツ人が「新しい政治」に携わる原型をなした。ドイツでは多様な集団が、政治との関わりの中で個々に特有の祝祭的祭儀的形式を創出した。そのうち最も重要な、男子合唱団協会、射撃協会、そして体操家協会は、「新しい政治」に注目すべき要素を加えた［第六章参照］。ドイツで広汎な影響力を持ったこうした集団は、最も重要な初期の公的祝祭［第四章参照］の担い手でもあった。また不朽のシンボルは民衆が「新しい政治」へ適応するのに役立った。すなわち、聖火や旗や歌のみならず、なによりも、石とモルタルの国民的記念碑［第三章参照］がそれであった。自己表現手段としての国民的記念碑は、国民的な神話とシンボルを民衆の意識に植えつけるのに役立ったが、今日に至るまでなお効力を発揮しているものさえある。

これらすべてが、新しい政治様式の具体的な表現であった。しかし、この文脈での「様式《スタイル》」とは、議会制統治の自由主義的な概念に取って代わるべきもの、すなわち神話のリアリティを明示すべき政治的装置以上のものを意味していた。このような「様式《スタイル》」は、芸術的諸前提、つまりシンボル表現の統一にとって不可欠な美的要素に基づいていた。フリードリヒ・ニーチェはここに何がもたらされたかを適切に描写していた。

（こんな風に）歴史を客観的に考えるのは、劇作家の静かな仕事だ。つまり、すべてを結びつけて考え、個々ばらばらのものを織りなし全体を構成することだ。構想の統一性を——もはやそれが存在しないにしても——対象のうちに見いださねばならないという前提に立つことだ。人間はこのようにして過去を紡ぎ、覆い、制御する。人間の芸術衝動はこのように自己表現をするのだ。だが、それは芸術衝動であって、真理衝動でも正義衝動でもない。★15

こうした過去の隠蔽と制御は、神話とシンボルによって達成された。かくして芸術的なるものはそうした世界観に、ドラマティックなもの同様、不可欠となった。この劇的なるものを本書は終始取り扱うことになる。というのも、「新しい政治」の概念は、政治活動を一個のドラマに変えることだったからである。

美的規範は右に述べた祝祭を特徴づけたのみならず、国民的記念碑の形式と構造をも決定した。多くの民衆を直接巻き込むことで、政治は、神話とシンボルに基づくドラマにならざるを得なかった。それは、あらかじめ決められた美の理想によって一貫性を与えられたドラマであった。政治行為はしばしば特に印象的に描写された。なぜなら、ドイツの国民主義者が自らの祝祭や記念碑を記述したとしても、あるいはドイツの労働者が自らのメーデー行進について語ったとしても、いずれにせよ政治行為は美しかったからである。

ここにおいて、宗教的伝統、つまり礼拝の行為は「美的」文脈において行われるべきだという考えが、大きな役割を演じていた。ちょうどバロック式教会で示されたような、バロック演劇風の芝居がかった伝統がここに見受けられる。もっとも、この伝統は十九世紀の国民主義者には浅薄だとして拒否されており、政治を統合した「美しきもの」は、遊び半分のものではあり得なかった。それは秩序、ヒエラルキー、そして「再び完全となる世界」の復活を象徴しなくてはならなかったのである。

だが、これは国民社会主義がやがて採用し、実際ほとんど手を加えず用いた伝統だった。ファシズム運動そのものが政治的現実となる一世紀以上も前から、議会制民主主義のオータナティヴを供してきた伝統を、国民社会主義は大衆運動として見事に翻案した。

ファシストと国民社会主義者の政治的思考に、伝統的政治理論から判断を下すことはできない。それは、ヘーゲルやマルクスのように合理的論理的に構築された体系とはほとんど共通点がない。ファシズムの政治思想を調べて、曖昧模糊としていると非難した多くの論者はこの事実に悩まされた。しかしファシスト自身は、自らの思想を体系《システム》であるよりはむしろ「態度《アティテユード》」であると表明した。それは事実、国民崇拝に枠組みを与える神学であった。それゆえ、国民崇拝の儀式と祭儀が中心であり、それこそ書き言葉の力に依拠しない政治理論に必須の要素であった。ナチ党指導者も他のファシスト指導者も、話し言葉を強調した。しかしその場合でさえ、演説はイデオロギーに教育的な解説を加えることよりも祭儀的な機能を果たしていた。話し言葉そのものは祭祀《カルト》儀礼に統合されたので、実際に話された内容は、結局のところ、そうした演説を取り巻く舞台背景や儀礼ほどに重要なものではなかった。

確かに、ヒトラーもムッソリーニも、理論的著作を物していた。ナチ運動内部でのアルフレート・ローゼンベルクの立場は、『二十世紀の神話』のような著作に負うところが大きい。しかし、現実は別であった。何百万もの人々がこれらの著作を読んだことは疑いないが、しかしそこにおいてさえもイデオロギーの記述を超えた発話の重要性が強調されていた。どんな伝統的祭祀《カルト》でも同じだが、祭祀《カルト》的行為そのものが理論的著作に取って代わる。『我が闘争』ですら、マルクスやエンゲルスの著作が社会主義世界の原理となったのと同じ意味で、ナチ運動のバイブルになったことは一度もなかった。その必要はなかったのである。なぜなら、『我が闘争』の思想は祭儀的形式に翻訳され、印刷された頁を離れ、国民すなわちアーリア人崇拝の大衆儀礼となったからである。

このような「儀礼によるイデオロギーの」普及を「プロパガンダ」と名づけることは、この場合まったく不適当である。「プロパガンダ」とは、入念な「売り込み」技術によってナチ祭祀《カルト》の人心を摑《つか》もうとして人為的に創出されたものを意味するからである。それは、有機的発展とその本質的な宗教的性格を誤解することになろう。のちにドイツ連邦共和国初代大統領となったテオドール・ホイスのような鋭い観察者ですら、ナチ・プロパガンダの拡大は単に成功か失敗かの検討によって決まるのだ、と一九三二年に信じていたことは典型的といえよう。そこで考慮されたのは結果だった。[16] しかも、こうしたプラグマティズムは、ナチ党のプロパガンダが敵との議論も敵の視点も排斥したという事実によって立証済みと考えられた。この所見にも幾分かの真実はあろう。というのは深い宗教的信念は決して理性的対話に向けて開かれていないものだからである。しかし、ホイスが認めたプロパガンダの成功こそ、彼が立ち止って考えるべきものに違いなかった。そこには、結局のところ、一九三二年だけに特有な政治的目的のために創り出されたものではなく、ドイツではその有機的成長に必要な段階をとうに脱していた政治様式が採用されたのである。政党による「宗教的指導」はホイスにとって単に悪趣味の一例にすぎなかった。

ホイスは、ヒトラーが書き言葉よりも話し言葉のほうに価値を置いたことを認めたが、この事実とナチ運動の祭祀的《カルト》性格を結びつけることはできなかった。その代わりに、ヒトラーが話し言葉を偏愛するのは、指導者《フューラー》が自分自身の知的限界について自覚しているからだとホイスは考えた。[17] こうしたホイスの態度は、「新しい政治」の現象に直面した際の開明的で自由主義的な人々に典型的なものである。今では後知恵の利く多くの歴史家も、同じ轍を踏んできた。

しかし、プロパガンダによってナチ党が幻影のテロリスト世界を樹立しようとしたという告発は、部分的にしか支持できない。恐怖《テロル》の存在は誰しも否定はできまい。だが、効果を上げるために恐怖政治《テロリズム》の刺激を必要としないナチ文学やナチ芸術の正真正銘の人気を裏付ける証拠には十分な蓄積がある。[★18] これはまた同様に、ナチ党の政治様式についても妥当する。つまり、ナチ党の政治様式は［民衆に］お馴染みの好みに合った伝統に根ざしていたので、人気を博したのである。

今日もなお、左翼の人々にとって、非合理性へ訴えるファシズムの魅力は以下のような仮説に帰されている。[★19] つまり、晩期資本主義社会はこうした退行によってしか自己防御できなかったというのである。しかしもし、ナチ党の政治様式が晩期独占資本主義に特有の現象であったのなら、そうした資本主義はフランス革命の時代に、そして十九世紀初期に、遡って検討されねばならない。というのは、「新しい政治」が実際に始まり大衆の参加行動として展開されたのは、その時点だったからである。しかし、カール・マルクスによれば、その時代は間違いなく資本主義が社会へ進歩的な貢献をした時期だった。以下で見ていくように、ドイツ労働者運動も自ら、気の進まぬものであったにしろ新しい政治様式の採用を試み、事実、それを発展させようとした。しかしながら、最近では、ファシズム運動をもはや単なる資本主義の道具とは見なさず、危機状況を利用した自然発生的な大衆運動と見なすマルクス主義的ファシズム分析も現れた。それでもなお、自然発生性を強調することで、ファシズムを歴史の流れから断ち切り、ファシズムに比較を絶する特性を付与している。それゆえ最終的分析では、プロパガンダと操作を強調した左翼のファシズム概念は、先に述べた自由主義の見解に似ている。実際こうした視点がどれほどひどい誤解を招いているか――本書ではこのことを論証したい。

前述したように、ドイツの大衆政治と大衆民主主義は神話とシンボルの世界で動き、祭祀《カルト》儀礼や舞台装置によって政治的参加を規定した。人々の情念と潜在的欲動を活性化するように働きかけが行われた。こうしたことは新たな洞察とは言い難いし、ドイツに限ったことでもない。十九世紀末に至り、大衆運動がより頻繁で圧倒的なものになってきたとき、フランスのギュスターヴ・ル・ボンもジョルジュ・ソレルもすでにここで検討しているものとよく似た理論を形成していた。それは大衆運動を指導し、制御するために構想された理論であった。

実際、ル・ボンは一八八九年に「個人の意識行動に群集の無意識行動が取って代わることは、現代の主たる特徴の一つである」[★20]と述べた。ブーランジェ将軍に率いられた運動[一八八六―一八七年]で、行動する大衆を観察して以来、ル・ボンは彼が「群集の保守主義」と呼ぶものに感銘を受けたと述べている。つまり、伝統的な観念が群集にとって重要であるようにル・ボンには思えた。こうした観念は神話によって表現されると彼は確信していた。また彼の同時代人ジョルジュ・ソレルは、英雄的闘争についての古典古代の神話に触発されることで初めて、労働者はゼネストへ導かれると考えた。★21ル・ボンとソレルが自らの観察の結果についてどれほどアンビヴァレントであったとしても、両者とも政治制度はすでに重要ではなく、新しい「魔術《マジック》」が政治の本質を決定している、と信じていた。

ヒトラーとムッソリーニの両者ともル・ボンの分析に影響を受けた。しかし、ル・ボンは、以前から存在していた傾向を要約してみせたにすぎなかった。その傾向は、彼の興味の中心であった指導者と指導される者との「魔術的」関係よりもはるかに複雑なものであった。政治は祭儀典礼の執り行われるドラマだ、とはエリク・エリクソンが的確にも定義した概念である。つまり、「式典は集団がシンボリックかつ装飾的にふるまうことを可能にし、その結果その集団が秩序ある宇宙を提示するかのごとく見える。各構成員は他の構成員とただ相互依存するだけでアイデンティティを獲得する」。★22この相互依存はシンボリックな行為によって強固になる。それは公的祝祭におけるように一時的であれ、また体操家のような特別の集団の組織、あるいは国民的記念碑の建立のようにより持続的であれ、いずれにしてもそうである。

フランス革命は、あらゆるキリスト教的または王朝的な枠組みを超えて民衆が自らを崇拝しようと試みた最初の近代的運動だった。この革命の指導者の一人であるオノレ・ガブリエル・ド・ミラボーは、革命祭祀《カルト》の目的を次のように要約した。ギリシア・ローマ時代のように公民の祭典は、民衆が自らの信念と政体が一体であると想い描くように少しずつ民衆を導かねばならない。★23「理性の祭祀《カルト》」はカトリックの式典に取って代わるものと目された。しかし、この理性の祭祀《カルト》は理性主義を放棄していた。つまりそれは、乙女マリアに代えて理性の女神を利用し、また自らの祭祀《カルト》にキリスト教祭儀を模した合唱、祈禱、答唱を注入しようとした。革命祭典とそのシンボルは万人を積極的参加者へ変えようと試みた。崇拝の雰囲気を作ることだけでは十分ではないと考えられていた。ジョゼフ・シェニエの劇「共和国の勝利」が、女性も子供も、老いも若きも、知事も軍人も、全員をみな舞台に連れ出したことは典型的であった。合唱と行進が共和主義の儀式に宗教的色調を与えた。★24実際、教会では理性の女神が乙女マリアに取って代わり、教会自身も革命祭祀《カルト》に捧げられた神殿に姿を替えた。ノートルダムの司教座大聖堂《カテドラル》は理性の神殿として知られるようになった。自然もまた捨て置かれなかったことは確かである。革命は、暁の太陽の輝きにシンボリックで政治的な重要性を与えさえもした。★25「一般意志」は新しい宗教となったのである。

この革命祭祀《カルト》はパリをせいぜい一年間席巻したにすぎなかったのだが、それは十九世紀と二十世紀ドイツにおける「新しい政治」の下稽古となった。というのは、近代の大衆運動も、「一般意志」——国民を構成する人々のそれであれ、プロレタリアートを構成する人々のそれであれ——の崇拝を目指したものだったからである。シンボルは変化し、聖なる祭祀《カルト》の概念はより精巧になったとしても、大革命の事跡は不断の霊感《インスピレーション》を与えてい

図1　フランス革命画家ダヴィッドの新古典主義絵画の傑作『サビニ』（1799年作）。ローマ草創期の伝説に題材を取り、古代彫刻を絵画化したような輪郭の明確さ、形態の立体的モデリング、対象の崇高化、厳格で均整のとれた構図を示した。

た。ジャック＝ルイ・ダヴィッドのような芸術家が革命的プロパガンダに付け加えた古典主義［図1］でさえ、のちのドイツでは、「新しい政治様式」の美意識と形態のかなりの部分を規定していた。

だが、この「新しい政治」の中で、民衆崇拝の非キリスト教化は現実には決して達成されなかった。ドイツ敬虔主義《ピエティスム》の宗教的かつ愛国的な思想は、ドイツ国民主義の発展に、またそれゆえ、国民主義運動の祭祀《カルト》と祭儀に絶大な影響を及ぼした。元来十七世紀において、敬虔主義はその内部で国家も国民も消え去る全き精神的内向運動だった。十八世紀になってようやく、敬虔主義者は聖霊とキリスト教的愛の理想の内に国民の幻想を取り込み始めた。たとえば、一七八四年、フリードリヒ・カール・フォン・モーザーは「真の敬虔《ピア・デジデリア》」を、真理と祖国への奉仕を聖化することと結びつけた。[26] 敬虔主義は首尾よく宗教と愛国主義《パトリオティズム》を統一体に鍛え上げ、キリスト者の信仰で国民愛を満たした。

「目に見える祖国を愛さない者、彼はいかにして目に見えぬ天なるイェルサレムを愛すことができようか?」(一七七四年)。[27]

国民は今や、単にキリスト教の国民であるのみならず、常に内なる聖霊と同一視された神秘主義的キリスト教信仰に満たされてもいた。[28]「祖国は汝の内にある」、つまり「聖なる空間」は万人の魂の中にあるというわけだった。

敬虔主義がドイツの「神の選民《ヘリティジ》」に吹き込んだのは、敬虔主義者が求めた愛に基づく一種の兄弟共同体を創るうえで非常に重要な躍動的で感情的な内容だった。敬虔主義は、その精神内向性にもかかわらず、祭儀的形式を放棄することはなかった。十八世紀ドイツ敬虔主義の中心的人物であるツィンツェンドルフ伯爵にとって、キリスト教祭儀はキリスト教共同体の統一性を言葉だけよりも、より良く表現するものであった。敬虔と祭儀によってキリスト教は共同体を統合した。ゆえに、ドイツでキリスト教祭儀形式と国民祭祀《カルト》がきわめて密接な存在になったとしても、さほど不思議なことではなかった。ドイツ統一の詩人エルンスト・モーリッツ・アルントは、キリスト教の祈禱は国民祭典になくてはならないと一八一四年に述べたが[29]、そうした明確な結合が消えたとしても、国民祭祀《カルト》はキリスト教祭儀の形式のみならず、その美的理想をも保持し続けた。これぞキリスト教会によって顕示された「聖性の美」である。古典主義と融合したこの伝統は、政治行動を鼓舞しうる芸術形式にまで至った。フランス革命においても敬虔主義においても、精神内向的な創造的活動の理想はすでに政治領域内へ入り込んでいた。

こうして芸術的なものと政治的なものは融合した。工業化の諸問題に直面して、ドイツの国民主義は自らを真の創造的勢力と定義した。つまり芸術的なものが政治的なものとなった。ここでもキリスト教的なものとの類似性が再現された。キリスト教芸術はキリスト教神学の目に見える表現であり、祭儀の美しさは会衆の教化に役立った。ドイツ国民主義運動にとって芸術的創造性は、人間の精神的本質を表現するだけでなく、シンボルと公的祝祭によって形なき大衆に輪郭を与えるのにも役立った。祝祭が催され国民的記念碑が建てられる「聖なる空間」を選ぶ際には、ふさわしい環境で育まれる感動――それはまたキリスト教において教会建築が果たした機能であった――が同様に強調された。

日常政治の実用主義はこの祭祀《カルト》的枠組み内にあり、ほとんどの民衆にとってそれは祭祀《カルト》的枠組みによって偽装されていた。しかしこの文脈での「偽装《ディスガイズ》」は、おそらくはふさわしくない表現である。というのは通常の祭儀的、祭祀《カルト》的形式を用いたどんな偽装も指導者と民衆の双方が信ずる「魔術《マジック》」となるのであり、ここで今問題としているのはこの魔術のリアリティだからである。ドイツの国民国家統一の政治やその経済的社会的基盤はしばしば歴史家によって研究されてきた。しかしその歴史家たちは、国民主義が大衆運動であること、その大衆自体が主たる推進力となった熱烈な国民主義の信念を広めるために、多様な階層を取り込んでいたことを忘れている。この魔術のクライマックスはナチ時代に訪れたが、魔術はその時代よりずっと以前から重要なものだったのである。

国民主義は、集団の性格と行動を他のどんな集団心性の形式よりも高次な段階に引き上げるがゆえに、心理学的に正当化されるという心理学者ウィリアム・マクドゥーガルの主張には同意し難い。だが確かに、国民主義は、マクドゥーガルが集団心性の前提条件として正しく捉えた精神活動に、ある目標を与えた。[★30] 国民主義は、一つにはそれが情動に基づくがゆえに、「新しい政治」を創出するのに最も成功したことは明らかである。しかしこの情動はただ理性と論理が欠けているというだけで、「恍惚たる群集」を生み出したのではなかった。[★31] むしろ、国民主義運動の慎重な努力は、有意義な大衆運動の創出をじく混沌《カオス》を退けるべく、大衆を訓育し教導することに注がれていた。

ファシストと国民社会主義者は、ル・ボンなどの理論に現実味を与える、ごく最近の大衆運動だったにすぎない。「新しい政治」を失敗として描くことができたなら、よほど喜ばしいことだったはずである。しかし、長きにわたる時代の軌跡を追っていくと、そのように描くことはできない。たとえそれが不幸なことであったとしても、本書が大衆時代の主要な政治力学の一つを問題としていることは確実である。詩人エルンスト・トラーが一九二〇年代に書いたある戯曲中の対話を復唱することが、ここではよりふさわしいだろう。「大衆、それは人間ではなく、有効な力にすぎない。」「そう、個人こそが至高なのだ!」[★32]。トラーは大衆も愛国主義も、赤裸々なエゴイズムの代用品だと信じた。それは個人の有すべき権能の前に立ちはだかっていた。トラーの理想だけが歴史的現実となり得ていたならばどんなによかったであろうか。大衆と国民主義との結合は操作されたのではなく、実際には近代ドイツ史の大半がその結合によって形成されていた。エルンスト・トラーのごとき知識人の声は群集の中にかき消されたのである。

本書は世俗宗教の発展に論及している。どの宗教においても神学は、祭儀——祝祭、典礼、転変極まりない世界で不変のシンボル——によって表現される。国民社会主義は疑いもなく、「新しい政治」の運用のクライマックスを示した。ファシズムのイタリアもまた自らの祝祭とシンボルを持ったが、ムッソリーニはそれに、ヒトラーがその適用を必須としたような重要性を与えなかった。ドイツにおける「新しい政治」の生成発展の全史をここに示すことはできない。ただ、その特質を分析し、最も重要かつ意義深い実例を取り上げ、その発展の説明を試みるだけである。また、ドイツにおける「新しい政治」の生成にともなった政治的展開を細部にわたり説明することもできない。それでも、大衆の国民化が起こったドイツ史上の主たる時期を素描することは有益であろう。

その最初の時期は、ナポレオンに対する「解放戦争」（一八一三―一四年）から一八七一年のドイツ統一の達成に至る時期である。十九世紀の初頭には、ドイツの不統一と統治権力の分裂状況への失望感が見受けられた。一八一五年のウィーン会議で成立したドイツ連邦は、民衆ではなく諸侯に相変わらず統治されており満足できるものではなかった。国民国家統一の代わりに、「ウィーン」会議は三九邦国のゆるやかな連邦を生み出した。この状況は、ドイツ人が一致協力して侵入者と闘った、過去のフランスに対する「解放戦争」を栄えあるものと美化する原因になった。ウィーン会議に続く反動勢力によって強いられた支配体制とこの体制側の国民主義に対する警戒心は、「新しい政治」に出発点をもたらした。民主主義者と国民主義者は、既存体制《エスタブリッシュメント》に対抗したのである。一八四八年の革命は、ドイツ史の一部として重要ではあるが、神話、シンボル、そして大衆運動の歴史においての意義は小さい。一八六〇年代には国民主義の高揚と「新しい政治」の利用が確かに目撃されたが、これはイタリアの国民国家統一への羨望から、また一八四八年に国民国家統一を果たせなかったことへの長期的反動として生じた。

一八七一―一九一八年の第二帝政は、統一願望の多くを成就させたが、この時期は「新しい政治」にとって一つの危機であった。ビスマルクは一八九〇年に失脚するまでドイツを支配した。この「鉄血宰相」は、国民主義者が重要と考えたある種の精神的統合よりもむしろ国力を重視する現実政治《レアルポリティーク》の観点から帝国《ライヒ》を創出した。この新しいドイツ帝国は、絶対に必要な範囲だけを統合したにすぎなかった。少数派は国外に取り残され、個々の邦国は権能の多くを保持していた[★33]。急激な工業化と都市化のさなかで国民を分裂の脅威にさらしていた社会的対立をビスマルクの保守主義が制御することはできないように思われた。国家は国民主義者のエネルギーを奪い取り、手なずけて上品なもの《リスペクタビリティ》にしようとしたので、国民主義の躍動的で民主的な潜勢力は危機に瀕した。国民主義者の目で見れば、皇帝ヴィルヘルム二世（在位一八八八－一九一八年）は当初この「民衆の皇帝」にかけられた高い期待にもかかわらず、こうした保守主義政策を継続した。第二帝政と「第一次世界大戦の」敗戦に続いたドイツ共和国は、「新しい政治」に新たな刺激を与えた。一九一八年のワイマール共和国の幕開けは、真に持続的な大衆政治の時代が到来したことを告げ知らせるものだった。左翼か右翼かを問わない革命的興奮の表現として、また投票箱に基づいた国家の政治的要請として大衆政治は支持された。このワイマール共和国の脆弱性こそが、それぞれが提唱するドイツの将来構想をめぐって各派が死闘を演じるフォーラムへと共和国を変形させた。もちろん各派の構想は十分な数の支持者を惹きつけられるものでなくてはならなかった。それはもはや、皇帝が政治のほとんどを掌握していた、ビスマルクのドイツではなかった。一九三三年の国民社会主義の勝利により議会政治は清算されたが、実際の権力奪取まで一世紀以上にわたる発展史を持つ大衆政治の手法は保持された。

　この歴史的展開の中に、「新しい政治」の成長を決定したあるリズムが読み取れる。十九世紀の初めからドイツ統一に至るまで、「新しい政治」の多くはドイツ領邦国家体制の枠外から、むしろその支配に対抗して台頭してきた。国民的統一への衝動は、その国民を治めていた多くの領邦諸侯からすれば好ましいものではなかった。しかし一八七一年以降ワイマール共和国誕生まで、新生ドイツ国家は、祭儀を操作して、当局公認の国民主義に役立つように矯正しようとした。この試みは、以前は〔国民主義で〕最重要な位置を占めた祭儀への衝動を抑制したように見えた。それがドイツ統一以前の国民的祭祀《カルト》の歴史において決定的な役割を果たした諸団体〔合唱団協会、体育家協会、射撃協会〕の運命と同様、国民的記念碑の発展にも反映していることは以下で示すことになる〔第三章参照〕。しかし、こうした上からの祭儀の押しつけに対する反抗が、重要な意義を持つに至った。たとえば、バイロイトでリヒャルト・ヴァーグナーが考案した「祝祭劇」と同じく、新しい劇場形式にもそうした反抗の表現が見られた〔第五章参照〕。結局、ワイマール共和国において、政治的なもののすべてが大衆的になったとき、かつての国民的祭儀の原動力もいくらかは回復されることになったと言えよう。

この政治様式は国民社会主義が現れるずっと以前に独自の影響力を持っていたけれども、この政治的展開のクライマックス〔つまりナチ第三帝国〕との脈絡を失わないよう、本書全体を通じて、そのつど〔第三帝国の事例に〕あらかじめ言及することが有益と考えた。というのは、「新しい政治」の直面したあらゆる試練にもかかわらず、対ナポレオン国民解放闘争から第三帝国の政治的祭儀に至る基本的連続性を認めることができるからである。このような連続性は第三帝国の起源を探ることと混同されてはならない。むしろここでは国民社会主義が完成した政治様式の成長と進化が問題なのである。また、ここで論及する政治の美学と、芸術と建築におけるその具現化は、まさにアドルフ・ヒトラーの思考の大半を構成していた［第八章参照］。しかし、この事実は政治の美学が国民社会主義を先導したということ、またはドイツの独裁性を引き起こしたということを意味しない。歴史の複雑さを念頭に置けば、このような主張は極度の単純化であることがわかるだろう。「新しい政治」は自立しており、国民社会主義者のみならず、それ以外の運動参加者もそれに魅せられていた。彼らは、この様式が魅力的で各自の目的に有用だと認めていた。この政治様式が多くの国民にどれほど魅力的であったかは明らかであったとしても、また、大衆政治の時代においてこの政治様式がどれほど重要な機能を果たしたとしても、それは第三帝国成立に寄与した非常に多くの要因の一つにすぎない。

最終的には［ナチズムという］この忌まわしい目的に利用されることとなった政治様式を分析するに際して、美にまつわる議論から始めることは奇妙に思えるかもしれない。しかし、この「政治の美学」は神話、シンボル、そして大衆の感性を結びつける力だった。つまり、それは美の感覚であり、また新しい政治様式の本質を規定した形式だった。広汎な国民階層への「新しい政治」の訴求力と、国民の憧れと夢を捉えたその有効性が、この様式を最終的に利用した忌まわしい目的を覆い隠していた。美の概念は、幸福で秩序だった夢の世界を対象化するとともに、日常生活の経過に超越している、おそらくは変化することのない感化力に人間が触れることを可能にしたのである。

第二章　政治の美学

最近のあるフランス人作家は、崇拝すべき英雄を求めたり日常生活に異常なものを望む、文学的かつ知的な俗物根性を、「絶対の俗物性」le snobisme de l'absolu という斬新な表現で描写した。[★1] 確かに、そうした態度は過去に存在したし、それによって多くの知識人が結果的にファシズムの陣営へと走った。そこに彼らは英雄を探し、ブルジョア的実存のパッとしない単調さとはかけ離れた生活を求めた。しかし、この種の俗物根性はまた「新しい政治」の基本でもあって、知識人受けしたのと同じく大衆をも魅惑した。なぜなら、政治性を帯びた神話とシンボルの祭祀《カルト》はその異例性――つまり、神話とシンボルは歴史の通常の筋道からは外れていたし、英雄的にそれを固守した者にしか真の理解はできなかったということ――に基づいていたからである。日常生活から離れた体験、「高揚」感への憧憬はすべての宗教的祭祀《カルト》の基本であり、政治の世俗宗教へも絶えず転用された。市民階級さえも、秩序だった生活に並外れたものや気分を高揚させるものを吹き込むのを好んだ。世紀転換期のヨーロッパ小説を吟味すれば、「人生を満喫する」という呪文が、世俗化した神話となった様《さま》がわかる。そこでは家庭内の祝宴または公的祝祭が実存の絶頂を象徴していた。[★2] そのような祝祭行事をとおして、凡庸なものが人と自然とのより緊密な結合へ、また男性同士の共同体へと変容したのである。

およそ行事というものは祝祭的なものと見なされた。なぜなら、シンボルによって、行事はもう一つの別の世界、つまり全体性と団結性の世界、そして何より美の世界に光をあてたからだ。十九世紀後半のドイツ大衆小説は一様に美の問題に余念がなかった。美とは、人生にふさわしい意味を与えるために存在すべきものであった。[★3] しかし、何十万という人に読まれた小説のみならず新しい政治様式にも注入された美の概念とは、いかなるものであったろうか？ その分析を試みる前に、まず美が果たすべきとされた機能を理解しなければならない。十八世紀の多くのドイツ人——たとえばフリードリヒ・シラー——にとって、美とは社会における統合要素だった。[★4] 美は社会の全成員に共通なことを物語った。なぜなら、美は万人に自己完成への能力を呼び起こし得る、時間を超えて全《まった》きものと考えられたからである。美しきものは、人の本性において相対立するもの、つまり、勇気と忍耐、自由と法規といったものを結びつけることができた。それゆえ「美」は、一つの理想型だった。その理想型とは人間の性格に永続するものから生まれ、それによって、生活に染み入り生活を気高いものにするものだった。[★5] こうした美の機能的要素は、十九世紀初頭までには人々によく理解されていた。

見目よきものの美学を創造するという十九世紀の最も重要な試みは、偶然にすぎないものを排除することを主題とした。その目的は、生活の現実に人間を調和させる高次の実存を意識させることである。フリードリヒ・テオドール・フィッシャーの『美学または美しさの科学』(*Ästhetik, oder die Wissenschaft des Schönen*)六巻は、この世の生活を美しく健やかなものに変えることが可能であると証明するために、一八四六年から一八五七年にかけて書かれた。これを成し遂げるものを、当初フィッシャーは人間の幻想、のちに人間の霊魂と呼んだ。理想化する能力を人間は持っている、とフィッシャーは主張した。というのは、もし、我々の目が顕微鏡のごとくなら、自然や人間を美しいとは見ず、木の葉の上のシラミやら最も柔らかな人肌にすら欠点を見いだすであろう。さらに美とは、存在すべての基盤である「絶対理念」に光をあてる、事物と生活の鑑賞方法となる。この理念は粉砕されアトム化された世界によって曇らされているが、なお常に我々の中に存在している。

現代は無秩序と混沌の支配する唾棄すべきブルジョア的世界であり、そのため美は人間の霊魂の中へと逃げ込み、シンボルによってのみ引き出すことができるのだ、とフィッシャーは信じた。霊魂が対象に美の雰囲気《ムード》を吹き込むことで、美の理想は生活世界の人間疎外を打破し終息させることができた[★6]。一八五七年以降、十九世紀も後半に入るにしたがって、人間に神話と宗教が必要なことをフィッシャーがますます強調するようになったことは、より一般的な知的世界の展開として典型的であった[★7]。意識の理性的な限界を超えた美を生活世界に浸透させることで、この世界を変える必要がある、と人間の魂は感じていた。フィッシャーが唱えた美の理想は機能的であり、いやしくも美学という以上自己表現すべき理想型が、実際にはまったく定義されなかった。美の感覚が、工業化社会の日常生活と異なる現実を人間に与えることによって、この世界に人間をくつろがせることになっていた。

熱烈な自由主義者として、フィッシャーは一八四八年のフランクフルト国民議会に参加し、参政権の拡大を主張した。しかし、十九世紀後半の多くの人々と同様、彼にとっても、議会主義的政治活動は広く共有された美の探求にほとんど貢献しなかった。ほとんど全員がフィッシャーの美学を出典を明記せず利用した、と書いた歴史家ハインリッヒ・フォン・トライチュケは正しかった。[8]

つまり、同時代の大衆文学はフィッシャーの理念を反映していた。世紀転換期にその作品が何十万部と売れたマルリットのような小説家にとって、近代唯物主義に対抗し超越したこの美の理想は、生活に統一と目的をもたらすものだった。美の称揚によって、真に鋭敏な人間の霊魂が顕示された。その霊魂は、この理想を小説の中で世界に向けて描き出した。このような霊魂がまた、秩序と調和をいつくしみがちなことはまったく象徴的である。美の世界というものは「すべてがその定められた場」にある世界、つまり「落ち着いた」世界だった。[9] 十九世紀末のマルリットのような大衆作家にとって、これは調和的で結合力のあるブルジョア的世界を意味した。フィッシャーにとって、美は秩序の本質要素であり、彼は「混沌芸術《カオティック・アート》」を痛烈に非難した。美的対象の描写が当時の小説で相当の量を占めたことは偶然ではなかった。たとえば、パウル・ハイゼのような有名な作家の作品は、そうした長い描写で満ちている。彼の場合、そうした美の内容はブルジョア趣味、つまり絢爛さ、安逸と秩序の結合に関わっていた。しかし、こうした作家すべてにとって、美の概念は主として癒《いや》しの機能と関連していた。これは文学芸術にとってだけでなく政治にとっても重要なことだった。フィッシャーの生きた時代の前後を問わず、国民的祭祀《カルト》によって想い描かれたように、彼は美の機能主義を叙述していた。この美の内容とは何だったのであろうか。そして、何が手本とされたのであろうか。

　この美の最も重要な理想は、古典古代、とりわけギリシアに由来する。この理解においてヨハン・ヨアヒム・ヴィンケルマンの作品は、鍵となる役割を果たした。彼は、十八世紀後半にギリシア芸術の美を再発見したのである。十九世紀と二十世紀をとおし、ドイツの知識社会の主だった人々は「世界にますます広がっているよい趣味はまずギリシアの空の下に形成されたのだ」という彼の言葉に同意した[★10]［図2］。真の美を把握するために、芸術家たちは今やギリシアの手本を模倣せざるを得なくなった。

　それでは、ギリシア美の理想の本質とは何だろうか。ヴィンケルマンはそれを彼の『古代芸術の歴史』（*Geschichte der Kunst des Alterthums*, 1767）で表現しようとした。ギリシア美術の

図2　古典主義建築のモデルとされたアテネのアクロポリス（紀元前427–424年）。

均整と構成の双方に美が存する、と彼は主張した。この均整とはシンメトリカルでなければならなかったが、しかしこれは真の美を導く主要な基準ではなかった。むしろ、個々の多様性をすべて包含する形式の統一性に美は存在した。ヴィンケルマンが述べたように、裸体彫刻の美しいフォルムももし無関連に並べられたなら、そこに美しさを感じることはできない。つまり、鏡のように滑らかに見え、しかしながら絶えず動いている大海のごとき均一性を、彫刻は持っていなければならない。[★11]つまり美はいつもその全体として捉えられるべきだったし、理想的人間体形の細かな均整の数々を一つの調和にまとめねばならなかった。形式の統一は、彫刻に描かれた点や線だけでは表現できなかった。他方、単に偶然または特異なものがその「理想の形式」を損なうことは決して許されなかった。個性ではなく、「美しき人間性」が、ギリシア美術に表現されていた。[★12]美は、すでに本章で分析した機能を果たしていた。つまり、それは調和と秩序を、人間性の「理想型」を、そして形式の厳密さを強調していた。この美の機能は、「気高い簡素さと静かな偉大さ」を象徴するものとして、ギリシア美術によってのみ主張されたものである。[★13]

十九世紀ドイツの美の概念は、過剰な動きと装飾的細部に反対した。海蛇に締め殺されるラオコーン像［図3］は、ヴィンケルマンが語るところによれば、その溢れる熱情《パッション》にもかかわらず、偉大で静かな精神を表現している。[★14]彫刻の過剰な動きは、閉じ込められた荒ぶる魂、つまり「真に崇高な理想的美」とは正反対なものを表現していた。ギリシア人は、蒼天の下に暮らす調和的民族であり、人々を困難な世界と和解させた。ヴィンケルマンが定義したように、真の熱情《パッション》は「静かなやすらぎ」から成り、それによって熱情《パッション》は人格的調和を乱すことなく輝くのである。彼はあらゆる極端な感情的芸術表現を拒絶したので、当然のことながら、バロック美術を最も嫌っていた。[★15]

ヴィンケルマンに倣って自身の目でギリシアを見た詩人フリードリヒ・シラーは「美しきものがもたらす必然的効果は熱情《パッション》からの自由である」と述べた。シラーにとってもまた、美は相対立するものを結びつけ、それらを一つの調和に融合するものであった。これは、個々の部分に乱調はあり得ないという意味ではなかった。そうではなく熱に憑かれて不安定に陥らないように、全体にわたる効果は「完全な安静と過剰な動作」を結びつけねばならない、ということを意味した。シラーにとって、人間は常に自由かつ神聖なものでなくてはならなかった。[★16]フィッシャー同様シラーにとっても、美は決して混沌としたものではなく、秩序の法則と原理を持っていた。この美のイメージは、大衆と祝祭の組織化に影響を及ぼすのに十分なほどよくできていた。このように、美学理論の存在を意識せずして採用され、しかしなお、美の理想において美学理論と結びついている美のイメージに、しばしば本書でも言及することになる。そうした美の理想は究極のところ美学原理に基づいていた。美にふさわしい均衡は、美貌の幾何学様式において数学的に表現されたが、それは調和した全体の一部にすぎなかった。美の均衡において、芸術は自然に優らねばならない。美しい自然は存在はするが、それはほんの端々《はしばし》にであって、一方芸術家は醜悪な混ぜ物の少しもない完全な美を創造する、とヴィンケルマンは主張した。[★17]こうした原則は、ギリシア彫刻やギリシア建築の詳細な描写で示された。彼の『古代芸術の歴史』は理論を具体例に結びつけ、理論そのものはしばしば、読者の心を打つ力強い警句で表現された。

　この美の概念は「古典主義的形式」の理想を具体化し、そこに意味を与えた。ヴィンケルマン没後の一七九四年、フリードリヒ・フォン・シュレーゲルは、近代性とは対照的なギリシアの範例への憧れを謳い上げた。「古典古代の調和状態に対し我々自身の分断状態を、彼らの大らかな集合に対し我々の際限なき混合を、彼らの簡素な決断に対し我々の卑しい逡巡と困惑を引き比べてみるとき、当然彼らが最も高尚な人間であったという確信は深まる」。シュレーゲルは彼の同時代人がいっそう偉大な美の完成を見る可能性を信じていた[★18]。それにしても、古代人はかつてそれに成功したのであり、近代人はまずやってみなければならなかった。

古典古代の芸術は、その美観によって近代性のジレンマを解決することができた。その現存例は、のちになってもなお観賞者を惹きつけた彫像や神殿だった。その外面形式は人間精神の機能を擬していたので、重要だった。表出された形態は精神のあり様に結びついており、それはフィッシャーも強調した連関だった。観賞者にとって、表出されたその形態は理想型を喚起するものに違いなかった。人間の抱き得る最も高次な概念である美は、理想型を喚起することで他人に伝えられるものだった。その形象と全構成要素の総体的調和は、人間の内にある最も高貴なものの発現であるとされた。

「人の顔面の造作において、いわゆるギリシアの横顔《プロフィール》は、高揚する美しさの最も印象深い要素である」[★19]。この判断は、一七六七年にヴィンケルマンの下したものだが、十九世紀、二十世紀にも通用するものだった。ヴィンケルマンの称賛したギリシア彫像［図3］の時代から、ヒトラーの新しい総統官邸の入口に守衛として立ったアルノ・ブレッカー作の彫

図3 「ラオコーンとその息子たち」。トロイの神官ラオコーンはギリシア軍の木馬の計略を見破ったために息子ともどもアテネ女神の送った海蛇に巻き付かれた。1506年ローマで発見された紀元前一世紀頃の複製彫刻（修復前のもの）。

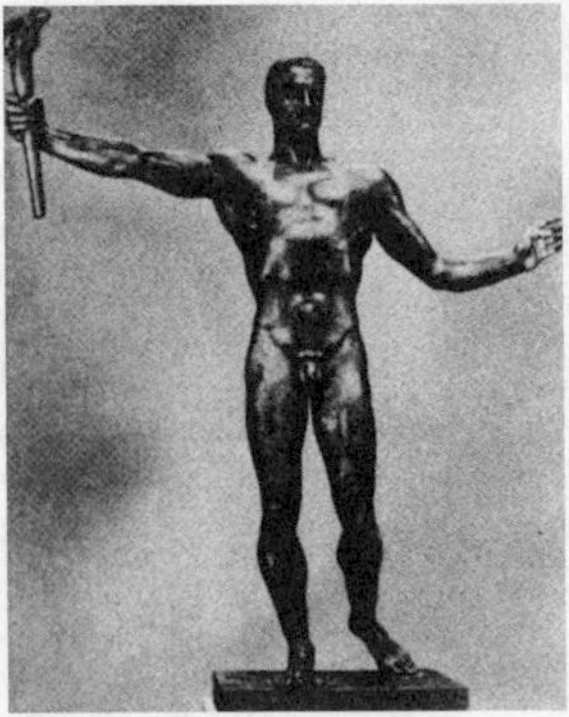

図4 新総統官邸入口に立つブレッカー作「アーリア人」像（1938年）。松明を持つ左の像が「党」、剣を持つ右の像が「国防軍」と命名された。

像［図4］に至るまで、「理想的ドイツ人」はこの判断によって定義された。美は、ステレオタイプによって表現されたが、このステレオタイプは十八世紀以来ずっと影響力を持ち続け、ついにはナチ党員やその先達が絶賛した「アーリア人タイプ」に溶け込んだ。一九三〇年代にハンス・F・K・ギュンターが物したような重要な人種差別的著述の多くは、ヴィンケルマンの概念と叙述を単に繰り返し、それがアーリア人種の独占物である、と主張した。人の顔面の正確な比率を計り、しかるべく人間の価値を階級分けする器具が発明された。この傾向は十八世紀末に始まったのだが、ほとんどそのまま人種の等級分類に応用された。

ヴィンケルマン自身は用心深く人種的判断を避けたのだが、人類学者たちはギリシア美術で表象される「理想型」に感銘を受けた。ヴィンケルマンはユダヤ人の鼻も黒人のつぶれた鼻も醜いと指摘したが、彼はただちにこの特殊な偏見は白人特有の生来の感受性に関連があるとし、同時に、たとえば、黒人にとってはつぶれた鼻もあるいは美しいのかもしれないと認めていた。★20 しかし、古典古代の美の概念を応用するほとんどの人は、このような慎重さをすっかり忘れてしまった。たとえば、権威あるオランダの解剖学者ピーター・キャンパー（一七二二―八九年）は、黒人と猿の顔と頭蓋骨の計測比較によって、人種的差異の調査を試みた。彼は、あらかじめ人種の進化を定義し、評価する美的基準を前提としていた。理想的な形態はギリシア彫刻に代表されるものであり、人種はそれから離れれば離れるほど、人間性の物差しではより低く評価されねばならなかった。[21]黒人は人間と動物の間のどこかしらに位置する種になった。もし白色人種が、美と高貴を象徴し続けようとするならば、他の人種と混交せずギリシアの理想的形態を失うような子孫を生まないことこそが重要だった。かくして人種優生学の始まりはギリシア風で高尚な美の決定論的シンボル表現と密接に関係していた。

この美の理想は、人類学者のみならず主要な社会的政治的な諸集団にも採用された。たとえば体操運動は、ドイツ解放の戦士を鍛えるために支持された。しかし、この自由の戦士が有能であるためには、美学と個性の間のいかなる区別も許さない美の理想、すなわち個人の独自性とすべてのドイツ人を統合する美の祭祀《カルト》を、自由の戦士が体現しなければならなかった。着用が義務づけられた体操服が考案されたのは、体操家の貧富の差を解消するためでもあり、また体操をよりしやすくするためでもあった。しかし、制服にはまた別の機能もあった。その簡素さは、古典古代の美の概念に由来する形式の厳格さをも象徴していた。フリードリヒ・ルートヴィヒ・ヤーンは、一八一一年に体操運動を創始したが、象徴すべき形式の高尚な簡素さから体操家たちが逸脱するのを非難していた。「腹が脹《ふく》れれば脹れるほど、目つきはより動揺したものとなり、魂はより空疎になる」[22]。ドイツ学生組合《ブルシェンシャフト》運動は、一八一〇年の創始以来、同様の美を崇拝した。それは十九世紀末に始まった青年運動へと引き継がれた。真のドイツ人は美しい肉体を持たねばならぬという不断の主張によって、ギリシア的模範の崇拝が繰り返された。

この伝統は、十九世紀の国民的記念碑の石とモルタルにおいてもくりかえされた。国民は統一への追求をギリシア的なモティーフと神殿によって思い描いた。レーゲンスブルク近くにある「ヴァルハラ」［図5］は、ドイツ統一の精神を保持するために、バイエルンのルートヴィヒ一世の要請で一八三〇年から一八四二年にかけてドナウ河畔に建てられた、ギリシア風の神殿であった。そこを埋め尽くした著名なドイツ人の彫像は、ギリシア人が彼らの有名人を祝福した作法を真似ていた［図24］。この「ヴァルハラ」は決して突出した例ではない。ケールハイムのいわゆるドイツ解放記念堂《ベフライウングスハレ》［図6］、ミュンヘンの栄誉会堂《ルーメスハレ》や凱旋門、これら各々がギリシアを模倣した。ラインラントの「ニーダーヴァルト記念碑」［図30］、さらにのちに「諸国民戦争記念碑《フェルカーシュラハトデンクマール》」［図7］が、対ナポレオン戦での勝利を記念すべく建てられたのだが、その建築様式あるいは壁面装飾はギリシアのモティーフを繰り返している。同時期、プロイセン王フリードリヒ・ヴィルヘルム四世は北方の古典主義を継承し、洗練させた。十九世紀全体に及ぶこうした記念碑は、ドイツ国民の自己表現として、「ドイツにおけるギリシア趣味の支配」を繰り広げた。ヴィンケルマンが述べたこの「よい趣味」はギリシアの蒼天の下のみならず、ドイツの灰色の空の下にもその在処を得た。ヴィンケルマンは、この趣味が広く行き渡ることを切に望んだが、それが実際にドイツ国民の自己同一化に不可欠な要素となろうとは予見できなかった。

（右上）図５　レーゲンスブルク近郊の「ヴァルハラ」記念堂（設計クレンツェ）。1830–42 年に建築されたドリス式の周柱式神殿。北欧神話でオーディンが戦没兵士を迎えた天堂に由来する。

（左上）図６　ケールハイムの「ドイツ解放記念堂」（設計フォン・ゲルトナー）。

（下）図７　ライプツィヒの「諸国民戦争記念碑」（設計シュミッツ）。1894 年（公式には 1900 年 10 月 18 日）に建築募金が開始され、ライプツィヒ会戦百周年の 1913 年に落成式が行われた。

芸術的表現様式の発展は決定的に重要であり、国民を体現する建造物に習熟した建築家たちは、古典主義的様式において養成された。彼らはローマやギリシアに旅し、スケッチブックいっぱいに古典古代の記念碑を模写し、十八世紀後期プロイセンにおける古典主義建築の再興から深甚なる影響を受けた。カール・フリードリヒ・シンケル（一七八一―一八四一年）、また特にフリードリヒ・ジリー（一七七二―一八〇〇年）のような人たちは、後代にも魅力を及ぼし続けた。ヒトラーのお気に入りの建築家アルベルト・シュペーアは、彼の芸術的趣向の発展においてジリーが重要だったと証言している。[★23] フリードリヒ・ジリーは実際の建造物よりむしろ、彼の設計図や教授内容によって後代に影響を及ぼした。彼は晩年に至ってようやく「建築の」依頼を受けたのであり、そのいずれも彼独特の記念碑的建造物の建築ではなかった。しかし、公的記念碑や新しい都市の設計図を展示することで、またベルリン建築学校《アカデミー》で講義することで、理論を実践に移す機会を得る後進の建築家たちを指導した。ベルリンの大半を再建したシンケルや、ミュンヘンを変貌させたレオ・フォン・クレンツェ（一七八四―一八六四年）らは、彼の生徒だった。しかしこのような個人的影響のほかに、彼の設計図は、彼の早逝ののちも生き続け、人を動かさずにおかない魅力を及ぼした。

こうした初期の古典主義者たちの影響力を増大させたのは、誰をおいてもまずレオ・フォン・クレンツェだった。「ヴァルハラ」を建築した彼は、またバイエルン王ルートヴィヒ一世の古典主義趣味に合わせて一八四〇年代にミュンヘンを大胆に改造した。ゴットフリート・ゼムパーとその他大勢の建築家は、十九世紀後半もこの伝統を引き継ぎ、このような人々の範例がヒトラー自身の審美眼にひらめきを与えた。ミュンヘンの建築家パウル・ルートヴィヒ・トローストを通じて、ヒトラーはクレンツェの作品を称賛するようになった。[★24] 古典主義は四面楚歌の中で生き残った。つまり、ロマン主義と和を結んだ——実際にはそれは融合というよりむしろ共存を意味したのだが——のみならず、さらに、世紀転換期に大変人気のあったアール・ヌーヴォー（ユーゲント様式《シュティール》）の反動としてもいっそう活性化した。ここで言及した建築家たちは、このような連続性の文脈において最も著名な例にすぎなかった。

しかし、ことに国民的記念碑の建築においては、ヴィンケルマン独自の美の定義は重大な変化をこうむった。彼は簡素さを讃え、宮殿より美しい簡素な家屋があり得ると信じたが、石やモルタルに国民感情を活写しようとした建築家たちはもはやそれには同意しなかった。十九世紀の初めから、古典主義的なものは記念碑的壮大さと混同されがちだった。彼らは、ローマのコロッセウム［図8］の伝統を、ギリシアの美的理想と混同した。この記念碑的壮大さへの衝動は、ヴィンケルマンなら形式の誇張と呼ぶであろうものだが、高まった国民的躍動感の論理的帰結だった。つまり、国民の威光が象徴されねばならなかったのである。しかも、ドイツ精神に永遠不変の特性が考慮されねばならなかった。したがって記念碑は広大な範囲から見えるもので、それを取り巻く自然環境を威圧するものでなくてはならなかった。

威光や不滅性と記念碑的壮大さとのこうした混同は、深い歴史的根源を有している。それはローマだけでなく、（後述する）エジプトのピラミッドの壮大な形にも影響されていた。しかも、「記念碑主義《モニュメンタリズム》」は美学と国民主義の結合に由来していた。記念碑的壮大さへの潮流はさらに、国民的祭祀《カルト》において決定的役割を果たした公的祝祭にも見受けられた。というのは、記念碑的壮大さへの衝動は、一般大衆が国民国家統一のアジテーションへと引き込まれた大衆運動の時代において国民主義の成長に必須の要素だったからである。ゲーテは、イタリア旅行（一七八六年）でヴェローナの円形劇場を描写したときすでに、その要素に気づいていた。劇場内で大衆は、同一の形をとって唯一の精神になり、自動的に統一体に組織される。[★25] それは、円形劇場の簡

図８　共和制ローマ、フォルム地区の復元模型。円形闘技場「コロッセウム」（右上）は、紀元前72-80年頃建造。四層の観覧席を持ち約５万人を収容した。左下はカンピドリオ。

素さとその記念碑的壮大さのもたらす効果だった。十九世紀をとおして、政治指導者は詩人同様、ますます大衆政治と大衆民主主義に関して考えるようになった。この展開はギリシア美に固有な概念を記念碑芸術に移し変えることに反映されていた。

さらにのちになって、メラー・ファン・デン・ブルックの『プロイセン様式』（*Der preußische Stil*, 1916）は、プロイセン様式とはじつのところ十八世紀末から十九世紀初頭のベルリンで際だった古典主義様式であるということを再確認した。彼は再び古典主義と記念碑的壮大さとを同一視して次のように述べた。記念碑的壮大さによって、建築様式は卓越性と男らしさを演出できる具体例を手に入れたのである。メラーはロマン主義を女々しいものとして糾弾した。なぜなら、それは古典主義的形式の規範を欠いており、力強く厳密な美意識の代わりに脆弱で甘ったるい情緒を用いていた。ロマン主義様式は人気を博したかもしれないが、プロイセン様式こそ人間が崇拝できる聖なるものを象徴するとメラーは主張した。その簡素さや記念碑的壮大さをとおし、人間がすなわち英雄や芸術家だった時代にプロイセン様式は立ち戻った。したがって、プロイセン様式は束の間のもの、または偶発的なものすべてを見下し、自ら不朽のものとなって立ち現れた★[26]。

メラーはギリシア的理想を保持し、美の永続的機能のために、美学から偶発的なものを取り除くヴィンケルマンとフィッシャーの努力を繰り返した。メラーの思想はナチ建築にも生かされることになった。自由主義時代に芸術は個人主義的になり、もはや共同体全体に語りかけることができなくなったので、芸術における記念碑的壮大さは十八世紀後半に衰えてしまった、と国民社会主義者は苦々しく訴えた。「記念碑的壮大さ《モニュメンタル》」という語は、彼らの言によれば、「時機《モメントゥム》」の語に由来し、積極行動主義を求める訴えのように響いた。しかも、記念碑的様式は国民社会主義者の道徳的偉大さと人間精神の衰えぬ力を象徴していた。[27]

しかし、記念碑的壮大さを正当化するいかなるイデオロギーもなかったとしたところで、やはり記念碑は純粋に実用的問題の解決に役立つものであった。大衆運動には、祝祭に参加する人々を収容できる広い空間が必要だった。十九世紀後半において、この問題は主として国民的記念碑に向かい合う「聖なる空間」の確保と関連して、すでに広範に討議されてきた。しかし、国民崇拝の適切な環境作りに関わるこの議論は、また約七万五〇〇〇人以上の人間を収容可能な祝祭会堂の構造にも関係していた。ナチ党大会が催されるはずだったニュルンベルクの会議堂《コングレスハレ》［図9、10、11］は、ローマのコロッセウムに似ていた。古典主義の伝統は一九三三年にはまだ実用的であり、建築家は高貴な簡素さというギリシア的原則の保持さえ試みた。「民衆を常に心にとめて一五万から二〇万の民衆を収容し得るスタジアムを建てねばならない」[28]と言ったヒトラーは、ただ単に常識的なことを繰り返していたにすぎなかった。

ナチ芸術とナチ建築は、十八世紀後半の古典主義復興期の個人主義を非難したにもかか

（上）図 9　1945 年完成予定とされたナチ党「ニュルンベルク党大会式場」全体模型（設計シュペーア）。手前がスタジアム、左上にツェッペリン広場と会議堂。
（中）図 10　会議堂の全体模型。ルードヴィヒとフランツのルフ兄弟の設計で 1935 年に建設を開始したが戦争勃発により中断。外装のみ現存。
（下）図 11　同、内部模型。

わらず、その古典主義に深く影響されていた。記念碑的壮大さは常に、ギリシアの形式と調和が持つ「高貴な簡素さ」に重ね合わせられた。しかし、古典主義の理想は最初からロマン主義運動とその内部のドイツ的なシンボルと神話の復活に直面せねばならなかった。この対立はいくつかのレベルにおける総合《ジンテーゼ》に至った。そのレベルの一つは、古典主義的で記念碑的な伝統を正当化するために、先に引用したゲルマン精神の力を利用することで示された。

十九世紀初期においてロマン主義は、ドイツ統一の理想に燃える多くの人の想像力を虜《とりこ》にした。かくして一八一四年エルンスト・モーリッツ・アルントは、ライプツィヒでのナポレオンに対する勝利を祝って建てられる記念碑は「『世界の七不思議の一つであるロードス島の』巨像のごとく、ピラミッドやケルンの大聖堂《カテドラル》のごとく、大きくかつ素晴らしくなければならない」と提案した。アルントの提唱は、記念碑的壮大さを東洋的《オリエンタル》かつ中世的な霊感と結びつけた。それは典型的にロマン主義的なノスタルジーの混交物だった。フリードリヒ・ルートヴィヒ・ヤーンもまた（一八〇〇年に）国民的記念碑の建築を提唱したが、その願望を歴史のロマン主義的魅力と結びつけた。「記念碑は、時を超えていかなる敵の猛威をも耐えて存続するだろうが、民衆の魂の中に国民の歴史が生き続けないならば生気なきものとなる」。アルントは古典ギリシアについては何も語らなかったが、ヤーンは、あらゆる世紀を通じあらゆる民族がギリシアやローマの神殿へ巡礼した以上、古典古代の記念碑は生きた範例として役立つと信じた。★29 古典主義的伝統とロマン主義は単に国民意識の精神的高揚において互いに対峙しただけではなかった。両者は緩《ゆる》い総合《ジンテーゼ》として、あるいはむしろ共存において結びついた。この結合が、ドイツ人の国民精神とその崇拝を表現する方法を決することになった。

確かに、ロマン主義のお気に入りであるゴシックの要素は、ヘルマン記念碑［図29］のような国民的記念碑の中にも見て取ることができる。しかし、ロマン主義的な中世的衝動が、疑似ゴシック風の国民的記念碑の建造で表現された例はほとんどない。初期ゴシック期に歴史を遡る城やその他の建築は、舞台背景として、すなわち国民崇拝のための既存の舞台装置として用いられた。古典主義的伝統は、ロマン主義的かつゲルマン的なものの強調とともに、この中世的舞台装置の中へと統合された。初期学生運動は、職匠歌人《マイスタージンガー》が祝祭を開きルターが聖書を訳した中世のヴァルトブルク城［図12］を、ドイツ統一の重要な示威行動の舞台装置として利用した。しかし、十九世紀も押しせまって、キフホイザー山に記念碑［図13］が建てられたとき、すでにロマン主義的景観はその舞台装置に備わっていた。つまり、記念碑の建てられた「聖なる山」が舞台装置であり、この記念碑の構造そのものもまた古典主義のモティーフを持っていた。ロマン主義的なものと古典主義的なものは併存可能であったし、後述するように、緊密な統一も形成し得た。しかし、ロマン主義的なものが古典主義的なものに取って代わることは稀だった。

(上) 図 12 「ヴァルトブルク城」アルブレヒト・ブルック画 1905 年、中世においては「歌合戦」《ミンネザング》の宮廷文化の中心地であり、宗教改革期にはマルティン・ルターがこの城に逃げ込み、聖書のドイツ語訳を完成したことで知られる。宗教改革 300 周年とライプツィヒ諸国民戦争四周年記念を兼ねて 1817 年 10 月 17・18 日に 500 名の学生が愛国主義的祝祭を行った。ナポレオン法典やプロイセン警察法典などの焚書を行った。
(下) 図 13 「キフホイザー国民記念碑」全景。

同時代人はこうして古典主義的なものが優勢になったことに気づき、それを嘆く者も多かった。たとえば、有名な建築家カール・ベティヒャーは、一八四六年に、高い天井とアーチによって広大な構造を可能にしたドイツ様式の建築を賛美した。そのようなドイツ建築はギリシア建築より望ましいとされた。ベティヒャーの発言によってヴィンケルマンのヘレニズム的伝統はドイツから消滅したと、ある評論家は一八九〇年に述べた。[★30] これはとんでもない誤りであった。一八八六年になってなお、中世的社団国家の唱導者で幾分尊大な政治的文筆家であったコンスタンツィン・フランツは、「ドイツの国民意識の覚醒は美学的衒学に陥り古典主義的ゲルマン人像こそ創ったが、真のドイツ芸術は何も創造しなかった」、と悲しみ嘆いていた。リヒャルト・ヴァーグナーの弟子たちによって刊行された『バイロイト通信《ブレッター》』での文章で、彼は真のドイツ的ロマネスク精神の復興を呼びかけた。彼の告発は正しかったが、ロマンティックな中世主義にはふさわしく見えたとしても、彼の解決策は何らの賛同も得られなかった。[★31]

古典古代の美の概念とその機能は温存され、ドイツ人の「理想型」の輪郭と国民的記念碑の意匠を規定し続けた。しかし、その意匠はゲルマン的シンボルに取り囲まれており、森林と柏《オーク》がたいへん重視された。また公的祝祭や国民的記念碑に集う民衆も、そうした舞台設定を好んだ。このことは、十九世紀後半において国民的記念碑が公的祝祭と密接に関連するようになったとき、特にそうだった。両者はともに祭祀儀礼《カルト》を構成したのであり、記念碑そのものとほとんど同じくらい記念碑の周りの集会場所にも配慮がなされた。かくして、実際のキフホイザー記念碑は、大衆が集まることのできる、つまりゲルマン的な森に囲まれ、国民崇拝の行事が演じられる地形に配されるべきものとされた。[★32]

民族《フォルク》の新しい世俗宗教は、その発展において、以上の方法で美の古典古代的な概念――それは本質的機能を保持していた――を破壊することなしに、ロマン主義的要素と古典古代的要素を結びつけた。だが、このゲルマン的風景の崇拝は決してギリシア趣味の優勢に取って代わることはなかった。ギリシア様式はほとんどの国民的記念碑に顕著であり、のちの国民社会主義の建築(たとえばニュルンベルク・スタジアム[図9])でもそれは同様だった。

ロマン主義的なものと古典主義的なものとは、国民的祝祭の舞台演出上で単に協力し合っただけではなかった。それらは密接な総合に達することが多かった。簡素さというギリシア的理想は、国民的遺産の一部としてこの理想を称揚したゲルマン的伝統に融け合っていた。十六世紀ドイツの人文主義者たちは、(彼ら自身古典作品に影響されていたが)すでに、ドイツの国民性には簡素さと率直な性格を強調する倫理があると考えていた。これには、十六世紀にタキトゥスの『ゲルマーニア』が再発見されたことも作用していた。というのは、タキトゥスがこうしたゲルマン的美徳とローマ人のデカダンスを対照したからである。

しかも、古典主義が記念碑的壮大さへと進展するにしたがい、ロマン主義的なものは、

「自然の効果を高める」傾向や途方もないものへの愛情を古典主義と共有していった。こうした自然の拡大への熱望は、オープン・スペースの活用、木石の配置によって実現された。たとえばルイ十五世の建築家クロード－ニコラ・ルドゥーがフランス王のために建てた避暑用の岩屋《グロット》のように、奇を衒った形式を採ることもありえた。しかし、それにとどまらず、ルドゥー自身、自然に与えようと努めた強調効果を、自らの建築の途方もない規模によって同じ効果を生み出そうという試みと結びつけた。★33 その途方もなさは、日常生活を超越しており、人間の実存の高位を象徴していた。そうした発想と聖なるものとの間でアナロジーは容易に生まれた。というのは、祭祀儀礼《カルト》も、宇宙から、また人の魂から溢れ出た途方もなさを人に印象づけるために改造されていった。自然と建築はともに、その途方もない力に結びつけられ、尋常なものの外に置かれねばならなかったからである。

古典主義的様式とゲルマン的ロマン主義は、また別のレベルにおいても手を結んだ。それは、最も広く行き渡ったドイツの国民的記念碑、ビスマルク塔によって具現されている。十九世紀末から二十世紀初頭にかけてドイツ国民はドイツ統一をもたらした宰相を讃えるためにビスマルク塔を各地に建立した［図14、15］。ヴィルヘルム・クライスは、一九〇〇年から一九一〇年の間にこうした塔を五〇〇基も建てたのだが、圧倒的な古典主義には当惑していた。彼は、ドイツ人が自らの様式を見つけ、異国のモデルを模倣することはやめるべきと考えた。しかし、クライスには古典主義的伝統をすべて排除することに賛成す

（右上）図 14　クライスによる「ビスマルク塔」完成予想図。
（左上）図 15　ハイデルベルクの「ビスマルク塔」（設計クライス）。

図 16　ラヴェンナ（イタリア）の「テオドリクス大王墳墓」。

る気はなかった。というのは彼もまた、古典主義の美の概念によってドイツ特有の高潔な魂が象徴され得ると感じていたからである。古典主義者ラヴェンナにある東ゴート王国テオドリクス大王の墳墓に彼は理想的な妥協点を見いだした[34]［図16］。テオドリクス大王（四五四―五二六年）は、最初はニーベルング叙事詩の一部として、そしてのちに妖精物語と冒険物語の題材としてゲルマン伝説の中に入った。王はキリスト教的騎士道の象徴となっていた[35]。だが、国民国家統一への闘争の中で、この東ゴート王はローマの文化や勢力に対抗した好戦的なゲルマンの英雄へと変身した。フェリクス・ダーン作『ローマ攻防戦』(*Ein Kampf um Rom*, 1867）は、イタリアにおけるローマ人対ゲルマン＝ゴート人の闘争を人口に膾炙《かいしゃ》させ、テオドリクスは勇気ある高潔な人物の代名詞になった。したがってこの墳墓は、その建築が古典主義形式をとどめていようとも、それはゲルマン的理想のシンボルであった。

ビスマルク塔を建てるためこれをモデルとしたので、クライスの建築は賛助者の国民的目的を満足させることができた。ビスマルク塔建立の学生賛助者によれば、これらの塔は古代のザクセン人とノルマン人が何の装飾もない石柱によって英雄の墓を崇拝した方法を真似て建築されたものであった[36]。テオドリクスの墳墓も、まさに石を山と積み上げたように見えたが、しかしまた古典主義形式をとどめようとしたものでもあった。

クライス自身は、十八世紀末のプロイセン古典主義建築の影響を受けていた[37]。テオドリクスの墳墓が無数のビスマルク塔のモデルとなった一方、より野心的な記念碑がこの英雄宰相のために建てられるようになると、クライスは再び古典主義の虜《とりこ》となった。この中にはパンテオンに模して創られたものもあったが、それは古典古代の形式美をローマに特有の記念碑的様式と融合したように見えた。クライスはいつも古典主義に回帰するのだが、テオドリクスの墳墓をモデルとしただけでなく、彼の記念碑にとって最もふさわしい場であるドイツのロマン主義的景観を強調することによっても、古典主義から抜け出そうと何度も試みた。★38 彼が述べたように、崇拝の殿堂である国民的記念碑の印象にとって、それが配される景観は最も重要なものだった。しかし、そのようなロマン主義的ゲルマン的舞台設定において感銘を与えるためには、建造物は壮大で立方体の形をしていなければならない。立方体的形式の強調で、クライスが意図したのは古典主義的な調和、シンメトリー、均整を保持することであった。★39 古典主義的な美の意味は、民族《フォルク》のシンボルと結びつけられねばならなかった。統一戦争で犠牲になった兵士を顕彰すべくドイツ学生組合運動《ブルシェンシャフト》によってアイゼナハに建てられた記念碑は一九〇三年に完成したが、それは古典主義的かつロマン主義的な総合を完璧に体現している。同時代の建築専門雑誌『建築新聞《バウツァイトウング》』はそれを「最古のギリシア建築様式である」ドリス風円形建築の「ゲルマン神殿」と表現した。それは「記念碑的静寂」と、形式によって抑制された力を象徴していた。ここにもまたヴィンケルマンによる美の釈義の影響力の強さがうかがえよう。しかし、ギリシアの模範は今や民族的《フェルキッシュ》なものに、つまり、雑誌の表現によれば「ギリシア芸術の素晴らしい民族的《フェルキッシュ》調和」になっていた。[★40] だが、ここでは自然もまた重要である。なぜなら記念碑の芸術はそれが置かれた自然の景観に醸し出される雰囲気と結びついたものだったし、どちらも一致団結した祖国の統一を象徴していたからである。クライスはアイゼナハ記念碑、別名「学生組合記念碑《ブルシェンシャフツデンクマール》」の建築家だが、そのシンボル表現はビスマルク塔についても同様にあてはまるだろう。例のごとく、再びヴィンケルマンの伝統によって、クライスはできる限り装飾を省いた。代わりに、記念碑内の壮大な広間には特別に設計された窓から射し込む「神秘的な光の海」が溢れていた。[★41] 特に独創的というわけではないが、クライスはこの時代に生きた他の多くの建築家、つまり国民の具現化につとめる美学を持った人々の典型であった。

クライスはナチ時代まで生き、アドルフ・ヒトラーから惜しみない賛辞を受けることになった。[★42] 彼が唱えたこの総合がナチ政治の祭儀にとって決定的に重要であったことは不思議ではない。彼は、第二次世界大戦期の戦没兵士記念碑建築の権威者となり、英霊埋葬地の設計者に選任された。ここでもまた、ロマン主義的景観が本質的に古典主義的な建築を取り巻いた。

古典主義的なものとドイツ的なものとの総合は、どちらでもない特異な形をとった。アルントがピラミッドを参照したことは、もうひとつの重要な伝統的要素であった。エジプト建築へのドイツ人の関心は十六世紀に遡る。ローマへの旅行者は、法王の「ローマ凱旋」に、より高次な意義を与えるべく戦略上建てられたオベリスクを見ることができた。十八世紀には、エジプト様式の使用への関心が高まったことが確認できる。十八世紀初め、フィッシャー・フォン・エルラハは、当時最も重要なバロック建築家であったが、オベリスクとピラミッドを使うことで景観の設計に活気を与えた。[★43] 他の建築家たちも、カッセルのヴィルヘルムスヘーエ公園（一七〇六年）にあるようなピラミッドを建てたり、あるいはエジプト風神殿そのものさえも建築している（ドレスデンのヨハン・メルキオール・ディングリンガーのアピス［古代エジプトで神と崇められた聖牛］の祭壇、一七三一年）。ジリーがこの流行に棹さし、それを彼の古典主義形式への愛着と結びつけたのは典型的なことだった。彼のスケッチブック（一七九一年）は、そのような結合をよく示している。[★44] 上部の平らなピラミッドと古典主義的柱列の入口が、それである［図17］。

図 17　ジリーによるピラミッド設計図。

ここでもジリーの範例は、相変わらず重要だった。彼の学生、ハラー・フォン・ハラーシュタインは、古典主義とエジプト様式を結合した「ヴァルハラ」の設計図を提出しているが、プロイセンのフリードリヒ大王を記念する記念碑の少なくとも一つの設計図ではジリーのもの［図21］を模範にしていた。[★45] もちろん、ピラミッドは神秘性、崇敬、そして驚異の象徴になっていた。さらに、ピラミッドは遠く離れたところからも見ることができた。ジャンバティスタ・ピラネーシの『ローマの文物』(*Antichita Romane*, 1756)は、ピラミッドを永遠のシンボルとして普及させ、彼の銅版画集は全ヨーロッパでよく知られるようになった。この本で彼は、古代ローマ墓地の本来の姿を示そうとした。つまり、ピラミッド、オベリスク、塔、そして石棺が、上下左右に入り乱れて、永遠の時間を表現した。ピラネーシにとって、これこそ古代ローマの記念碑だった。[★46] こうしてピラミッドは永遠性、さらにローマと結びついた。ローマの建築こそ、まさに美と記念碑的壮大さの規範として絶賛されていた。ヘルダーもまた、一七七四年、その簡素さ、さらに四角と円の総合のゆえにピラミッドを称賛した。彼にとってのギリシアは、アジアとエジプトからの文化的霊感を受けたものだった。[★47] ロマン主義運動は、神秘性と非凡さを愛したので、インド文化にもエジプト文化にも魅せられた。十七世紀に、イエズス会士キルヒャーはインドはエジプト人の植民地だと考えていた。[★48] またフリードリヒ・シュレーゲルはエジプトの美術と建築はインド亜大陸からの刺激によるものと見なした。彼は、「近代建造物の脆弱な卑小さとは対照的な、エジプトとインドの建築の並はずれた壮麗さと恒久性」を賛美してやまなかった。[★49]

ピラミッドもまた壮麗さと恒久性に関係しており、したがって永遠の印《サイン》と見なされた。十八世紀半ばから十九世紀にかけて、ピラミッドは特に墳墓として人気があった。[★50] ピラミッドのシンボル表現の影響で、フランスの建築家ルドゥーは「重要な建造物を極めればピラミッド様式に至るに違いない」と信じるようになった。ルドゥーもジリーも、この形式が壮麗さと巨大さを強調したことに魅了された。しかし、エジプト形式は決して「美の概念」を代表するには至らなかった。その課題は古典主義に残された。フリードリヒ・ルートヴィヒ・ヤーンはギリシア・ローマの神殿をエジプトのピラミッドと比較した。ピラミッドも長い時を超えて残ったが、しかしそれが象徴した国民史は忘れ去られた。ギリシア・ローマの神殿は今なお栄光ある過去を具現していた。「国民史のシンボルとして、鉄やダイヤより強固に、花冠をもって祖国を奉じる」[★51]国民的記念碑にとって、古典主義的なものが有効な先例であることは明白だった。

記念碑の印象を強めるために、エジプト形式を古典主義的枠組みの中で用いることは可能だった。ジリーがいかにピラミッドを用いたか、またエジプト形式がいかに国民的表現の領域に現れたかを見れば、それは明らかだった。ヴィルヘルム・クライスが範例としたテオドリクス大王の墳墓もピラミッドの要素を含んでいたこと、国民的記念碑の最も多作な建築家の一人であるブルーノ・シュミッツが絶えずこの形式に回帰したことは、偶然の一致ではない。つまりここには、美の古典主義的理想を記念碑的壮大さへと拡大するのに用いることができ、そして観賞者に崇敬の念と驚嘆さえ抱かせるような霊感があったのである。

国民的記念碑は最も明確に、「新しい政治」とその発展に関わる美の概念を提示した。

しかし神聖な国民的儀礼で使われた他のシンボルも忘れることはできない。聖火はゲルマン主義のシンボルとして最も重要なものだった。そのような炎はビスマルク塔にも冠せられるはずであったが、国民主義におけるこのシンボリックな用途は十九世紀初頭にまで遡る。一八一四年、諸国民戦争の一周年記念祭でナポレオンに対するドイツの勝利が祝われたとき、ドイツ全土の都市町村で催された式典のほとんどで、丘や山上で飾灯された「炎の柱」が中心となった。ときには、こうした火の祭壇が公共広場に設けられた。これは、「ドイツ救国を象徴する祭壇であり、同時に神への賛美の祭壇であった。ドイツ統一の聖火よ、その聖なる光を投げかけよ」。★52

火と炎のシンボル表現は、原始に遡る。火と松明は悪魔と戦うのに用いられ、(しばしば、宇宙または神に由来する炎の起源を象徴した稲妻によって連想されたが) 炎の力は地上と天上を結びつけていたという事実に由来するものだった。[古代の] 異教的ドイツではその関係が重要でなかったようだが、太陽崇拝と聖火との間に関係があったことは疑いない。復活節の蠟燭、炎の神聖化など、聖火のキリスト教による利用は同様に重要であった。聖書の解釈者には火の中に神の愛のシンボルを見る者もいた。しかし、何よりも言葉や絵画聖書の中で、聖霊はしばしば火や炎の特性を与えられた。★53 さらに祭壇上の永遠なる輝きは、キリスト教と聖火を結びつけた。

キリスト教と異教のシンボル表現はともに混ざり合った。人々は神への感謝を捧げるために教会に行ったが、典礼を支配したのは聖火または火の柱だった。ドイツ柏《オーク》のシンボル表現も加えられ、祝祭行列に加わる人はその葉を身につけた。柏が炎の中央に置かれることも多く、二つのシンボルは結びつけられた。村や町では、柏がフランス革命の祭典で広まった「自由の木」［図18］として思い浮かべられた。[★54] 柏は、おそらくその堂々たる大きさ、そして強い生命力を持つことから、太古において最も聖なる樹のひとつだった。「聖なる柏」はドイツのすべての地域に見ることができた。キリスト教もまたこのシンボルを取り込んだ。柏崇拝は乙女マリア崇拝にも結びついた。ある聖堂が建てられるはずの

図18　1794年ケルンにおけるフランス革命軍の「自由の木」植樹式。

図19　1936年ベルリンのルストガルテンにおける「国民労働の日（旧メーデー）」式典で「五月の木」を囲む軍楽隊。

場所で、柏の幹の洞《うろ》の中からマリアの絵が見つかるという奇跡が起こった。[★55] 柏のシンボルは、聖火と同じく、民間信仰の一部であったし、だからこそ国民の自己表現に難なく利用されたのだった。

一八一五年の国民的祝祭では、フランスに対する勝利が祝われようとしていたのだが、ゲルマン的、キリスト教的シンボルのみならず、フランスのシンボルさえもが混在していた。しかも、このゲルマン的シンボル、なかんずく聖火は、すでに宗教的役割を担っていた。それは、崇拝のロマンティックな雰囲気を醸し出す祭祀《カルト》的儀礼の一部であった。炎と火は、国民的儀礼の中心としてますます重要になっていき、結局、世俗宗教を創っていく過程でキリスト教の祭壇に取って代わることとなった。

新しいドイツ祭祀《カルト》で理解されたように、火の機能としてさらに一つ重要な次元を加えるべきだろう。それは永続的再生、したがって、たゆみない成長と発展の思想である。炎はそのまま、夜陰に対する太陽のように、暗闇をしのぐ光明を象徴した。それは、人間に活力と生命力をもたらす、生命の源である太陽の神秘的力を反映した。ナチ党にとって炎は「浄化」を意味し、同胞共同体を象徴し、党員たちに「生命の永遠の成り行き」を気づかせるのに役立った。[★56] しかし、これは昔から常に、このシンボルが意味したことであって、場合によっては、光明の与え主たる女神フライア［北欧神話の愛と美と豊饒の女神］にも結びついた。さらに、立ち昇る炎もまた、「永遠の再生」を象徴し、高揚する生命を意味した。[★57]確かに、ここで古代アーリア伝説がその役割を演じた。というのも、それが十九世紀初めに再発見されたからである。インド古代は、しばしば「カルマ」、つまり魂の永続的再生という概念を含んだアーリア民族の遺産の一部として人口に膾炙した。このような神秘主義は世紀末にかけて多くのドイツ民族理論に取り込まれた。鉤十字そのものは、ナチ党員がしばしば考えていたごとく、「輪転花火《フォイヤー・ラート》」[夏至の祭に、太陽になぞらえて山上から火を放って転がす輪]としてさえも、まだ民族《フォルク》のシンボル表現において何らの役割も演じてはいなかった。

聖火はかくして、生命、宇宙、そして闇に対する光の勝利、寒い夜陰に対する暖かい太陽に基づく多様な意味を表象した。夏至祭は、古代の民俗的祝祭だったが、今や新たに覚醒した国民がこれを要求した。旗もまた、ローマ軍、古代ゲルマン人やアラブ人の軍隊、そして広く中世で使われた最も古い政治シンボルであった。その旗は、十九世紀そして二十世紀ドイツの世俗的祭祀《カルト》を形成するうえで重要な役割を果たした。教会は旗に世俗的意味も宗教的意味も等しく与えることで、旗の祭祀《カルト》を取り入れた。もちろん、中世初期、いや後期でさえも、十字架と旗の間には明確な関係が見られた。[★58]中世において、旗は戦いの勝利の標《しるし》であり、それを引き渡すことは敗北の標であった。しかし旗はまた平時の支配者によってもシンボルとして使われた。ナポレオンに対する解放戦争の時代までに旗はシンボルとして長い歴史を持っていた。まず、旗そのものの所有が重要なのであり、その色彩は重要ではなかった。★[59] しかし、旗が王朝ではなく国民のシンボルとなったとき、もっぱらその色柄が重要になった。学生組合運動同様、ナポレオンと戦った義勇軍《フライコール》は統一国家《ライヒ》を象徴するようになる黒・赤・金の配色を考案した。実際には定まった色の規格は以前の時代には知られていなかったにもかかわらず、「ドイツ国民の神聖ローマ帝国」の旗はこの三色であった、と信じられた。★[60]

服装そのものも国民主義的集団においては象徴的になった。ヴァルトブルク祝祭に集まった学生たちは、擬古的ゲルマン衣装で現れるよう要請された。★[61] しかしながら、ヤーンが体操家のためにデザインした制服はゲルマン的であるのみならず、部分的にはギリシア様式で体現された美しい肉体への賛美にも影響されたものだった。★[62] 十九世紀初頭の衣装に関する論文を読むと、国民的祭祀《カルト》用衣装のシンボリックな価値が十分に理解されていたことがわかる。

古典主義的主題は、十九世紀以降も引き続き再登場した。一八一四年のライプツィヒ会戦記念祝典において、ときおり祭壇と炎の周りをねり歩く群集の掲げたプラカードには、「この偉大なる勝利を世にもたらした賢き女神」パラス・アテネが描かれていた。ミネルヴァ［アテネ女神のローマ名］の楯は、ドイツ民族の敵に訪れる恐るべき宿命を象徴するのに用いられた。★[63] 古典古代的シンボルは常に、ゲルマン的シンボル表現の中心に生き続けていた。そうしたシンボル表現――風景と記念碑と聖火――は、長らく失われていた国民的遺産を呼び覚ますものだった。

このシンボル表現は、さらなる美の概念をゲルマン的理想に導入した。ロマン主義作家カール・グスタフ・カールスは一八四九年に、この理想型を的確に描写している。太陽の力によって、白い肌と金髪碧眼が授けられた。こうしたすべての特徴は、太陽が象徴した生命力を反映していた。[★64] ヴィンケルマンは、場合によっては茶色い肌が美しいこともあり得ると信じたが、[★65] この見解は今や拒否された。美の古典主義的理想とその機能が再び称揚されたが、今やそれは金髪の容姿と融合されていた。ヴィンケルマンはギリシア彫像の肌の白さを称賛したが、それは今や白い肌への、またアーリア的理想型となった一定の容姿への強迫観念となった。雄々しく剛健であることがそのような外観と結びついた。それはちょうどメラー・ファン・デン・ブルックが十八世紀後半の壮大なプロイセン様式に認め、またフリードリヒ・ルートヴィヒ・ヤーンが体操家に要求したのと同じ雄々しさであった。この「ゲルマン的人間」は聖なる炎で祝福され、国民的未来への希望と確信の祝祭となった夏至祭で讃えられた。

以上に例として検討したゲルマン的シンボルは——十九世紀ロマン主義の気運に乗じて燃え上がり、古典主義的モデルの影響と結合し——、ドイツ国民意識の構成要素となった。こうした観念は国民的祭祀《カルト》の基礎を形成したが、同時に国民的記念碑とその舞台背景との総合は新しい世俗宗教の教会を創り出した。この教会は石とモルタルの建造物ではなく、国民崇拝の催される舞台環境全体である。それは、「聖なる丘」であり、同じく聖なる火の柱、国民歌の合唱がこだまし、兄弟の誓いが応誦されるドイツの森だった。国民的記念碑はしばしばこの演出を統合する要素であり、その舞台環境を基礎づける固定的シンボルであった。これらすべてが、「祭祀的空間《クルトラウム》」を形成した。その空間の美しさが、きまりきった日常生活から人間を引き上げ、より高い目的と団結を自らの生き残りをかけた闘争に与えたのである。

こうした儀礼は、国民的規模で現実逃避と、完全なる生への衝動を生み出した。それは内輪の市民的社交界の祝い事でも確認できる。たとえば、トーマス・マンが『ブッデンブローク家の人々』(*Buddenbrooks*, 1901)で描いた饗宴はじつに絢爛たるものであった。ここでもまた、美は完成へと向かう生を表現した。トーマス・マンにおける祝祭の概念は彼だけのものではなかった。それは市民階級と労働者階級にもまた共有されたものだった。かくして、リヒャルト・ヴァーグナーの妻コジマはこう書いた。「私はお祭りやお祝いが大好き。荘厳に繰り広げられるのはもちろん、居心地よく親しみやすいものも」★66。もちろん、宗教的熱狂の発現はすべて深い共感をもって眺めるべきだと彼女がつけ加えたとき、ヴァーグナー家のサークルよりもっと広い公衆に向けて語っていた。祝祭行事が家庭や仲間内の枠を越え、それまで互いに関係のなかった大勢の人たちを巻き込むようになると、こうした祝祭は、共通の目的に人々を引き込む理想のために、祭祀《カルト》儀礼として新しい次元を獲得した。

この理想は永遠の美の概念によって象徴された。国民主義運動であれ労働者運動であれ、政治的態度の表明は世俗祭祀《カルト》となり、世俗宗教の儀礼として、美学的理想を表現する神話とシンボル表現で覆い尽くされた。この「民衆《ピープル》」は単に個人の集まりとは考えられず、外的世界に投影された精神の美しさという観念《イデア》を具現した。フィッシャー自身、この観点で民衆を見ようと試み、十九世紀の大衆運動は自らの自己同一化《セルフ・アイデンティフィケーション》の方法としてこの美学的概念を獲得した。ここまで検討してきた美学的概念は政治的意味を帯びるようになっていった。実際、美学的概念は新しい政治様式の本質と枠組みを形成した。今やこのドラマには、単なる舞台演出《ミザンセーヌ》としてだけではなく、「新しい政治」の中核として、より細心の注意を払わねばならない。

たとえば国民的記念碑は、国民の自己表現の最も本質的外観のひとつを形成した。それらは国民的シンボルとして民衆の意識に浸透した。国民的記念碑について、ここまで何度も言及してきたが、以下では、その展開をより深く検討しなければなるまい。

第三章　国民的記念碑

ある演説者がドイツ帝国建国の記念祝典で聴衆に語ったように、国民的記念碑はシンボルと神話の宇宙を啓示することで我々の魂に秘された音楽に作用する。[★1] 歴史家トーマス・ニッパーダイは、国民的記念碑を民主的に統御された国民の自己表現、つまり国民が賛同するはずの理想の具現化として描写した。[★2] しかし国民的記念碑が常にそうしたものだったわけではない。十九世紀以前、そのような記念碑はそのほとんどが王や将軍たちの栄誉のために建てられていた。十九世紀初頭にようやく、政治的および軍事的次元に文化的次元が加わり、詩人や作家の記念碑もそこに含まれるようになった。[★3]

初期の記念碑は、顔の表情や衣装にシンボル表現のある彫像であった。最初はそれだけだったが、すぐに記念碑は周囲を取り巻くシンボルを身につけた。たとえば、英雄の乗る馬は平和または戦いの女神の古典主義的彫像に導かれ、また英雄には月桂樹の冠がかぶせられた。あるいは、英雄像の建つ台座はその功績と有徳を示す浮き彫り《フリーズ》で装飾された。そのような記念碑は常にシンボリックな意味を持っていたが、十九世紀初頭にはその意味は

図20　ベルリンの「宮城橋」と右後方のベルリン博物館。

さらに声高に表明されるようになった。国民の自己表現が、旧時代のそれほど複雑ではなく純粋に王朝的なシンボル表現に取って代わり始めたのである。

古典主義の「よい趣味」は、このような国民的自画像の発展に重要な役割を果たした。というのは、ギリシアまたはローマから採られたシンボルは、君主の単なる彫刻以上の意味をもたらしたからである。たとえば、カール・フリードリヒ・シンケルによるベルリンの宮城橋［図20］のための意匠（一八一九—二三年）は、アテナ女神によって冠を授けられている裸体の若い勇士を特徴としていた。そして、その橋を装飾するすべての彫像群は同じ意匠を模していた。★4 シンケルは、ギリシアの英雄勇士の祝福をなぞることでナポレオンに対するプロイセンの勝利を祝った。そのような古典主義的理念は、特定の人格よりむしろ抽象的理想を強調する国民的表現へとつながって行った。また、シンケルはベルリン博物館［図20］を、ギリシア神殿の形式で建立した。重要なことは、

図21　ジリーによる「フリードリヒ大王記念廟」完成予想図。四方のオベリスクとピラミッド的構成が特徴。

ナチ党の指導的美術専門家がこの種の博物館で「聖性」――すべての美術がかく遇せらるるべき崇敬の念――を強調した十九世紀で唯一のものだと信じていたことである。★5

シンケルが師事したフリードリヒ・ジリーは、その後代への影響力という点でさらに重要となる人物だった。彼のデザインは彼自身より長く生き続け、未来の世代を啓発した。このうち最も重要なのは、プロイセンのフリードリヒ大王記念廟の構想であった。最初、ジリーはローマのアッピア街道に並ぶ墳墓を模倣しようとしていた。しかし、最終的に彼が選んだデザインは、人工の小丘に建つギリシア風神殿であり、アクロポリス［図2］を模したものだった［図21］。フリードリヒ大王の功績は聖なる建造物によって象徴され、王その人は単に記念廟内の彫像によって表現された。この記念廟は実際には建てられなかったのだが、そのデザインは一世紀半ののち、アルベルト・シュペーアのベルリン都市改造［計画］の仕事に大きな影響を与えた［図76］。

シンケルと違ってジリーは記念碑主義《モニュメンタリズム》に向かう傾向があった。彼はギリシアの美にも記念碑的壮大さを持つローマ様式にも影響され、事実、それゆえ彼は国民社会主義に重要な影響を及ぼした十八世紀の建築家になった。のちの世代にとって、ギリシアの形式とローマの壮大さとの結合は、ジリー自身にとって当然そうであったように、「聖性」の表現となった。ある熱狂的ナチ作家が述べたように、ジリーの設計は浴場さえも「聖なる建造物」に変容させることができた。★6

プロイセン古典主義の再興が、未来への霊感の唯一の源泉ではなかった。十八世紀フランスの建築家たちもバロック様式を打ち破った。フランスの建築家ルドゥーは、部分的にエジプトの形式やローマの模範に影響された古典主義を採用した。いずれの建物も記念碑もそれ自体が創造的なものでなければならず、明確にその目的を表現せねばならないと彼は信じた。彼の弟子の一人は、この立場を次のように要約した。つまり、教会は見る者に畏敬の念を抱かせ、幽閉の恐怖さえも感じさせねばならない。だがルドゥーの基本的理想は、穏やかで動きに欠けたヴィンケルマンの美の概念とよく似たものだった。★7 多くのドイツ人同様、ヴィンケルマンもこの態度が崇敬と聖性を象徴すると信じていた。

ルドゥーは、パリの「市門」を特徴づける楼門《パヴィリオン》と円柱を建て、古典主義形式に堂々たる基盤を与えた［図22］。彼が指導したフランスの古典主義派もまた記念碑的壮大さへの傾向があった。それは、いわゆる「語りかける建築《アルシテクチュール・パルラント》」であった。[★8]というのは、それは余分な装飾の助けなどなしに、その目的を見る者に語ったからである。その目的はたいてい記念碑の形式において表現された。ブレーはこの十八世紀フランスの建築流派による他の重要な例を提供している。彼は古代文物を崇敬したが、その形式を円柱と立方形、三角形と球体に結びつけた。[★9]これは新たに、堂々たる奇抜な効果を示した［図23］。しかし、結局、「シンメトリー、均整、そして多様性」がブレーの様式の本質となった。彼にとってシンメトリーとは素材の合理的配置を意味し、均整は仕上がりの簡素さを意味した。ここで円と四角は最も価値のある幾何学的形式を象徴した。[★10]ブレーの建築原則は、ヴィンケルマンのギリシア美の理想に酷似していた。この十八世紀末の二、三〇年間にフランスで台頭した建築流

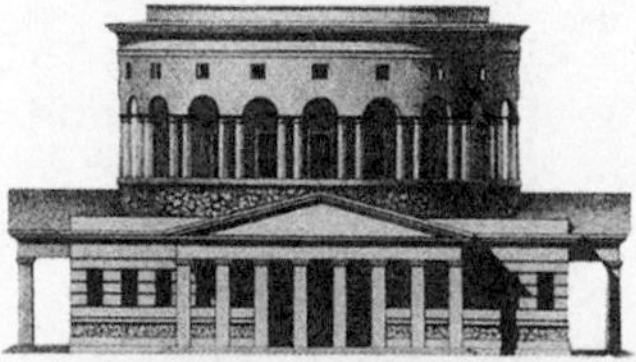

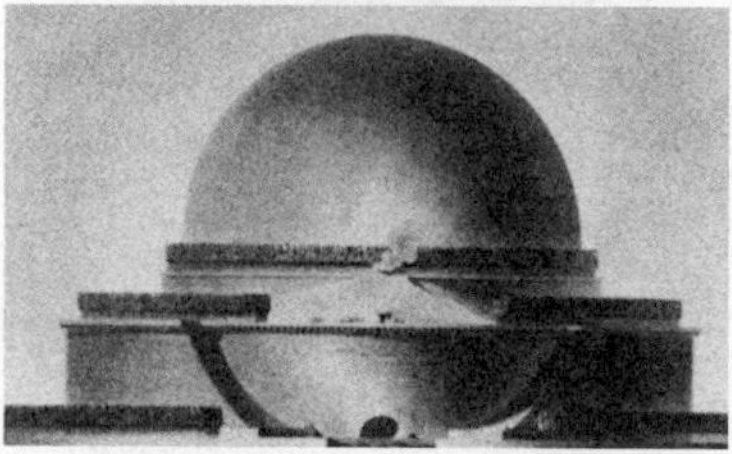

（上）図22　ルドゥー設計の「サン＝マルタン市門」（ラ・ヴィレット大通り）。1780年代にパリをとりまく税関所として設計されたものの一つ。
（下）図23　ブレーの「アイザック・ニュートン記念堂」案の図面（1785年）。

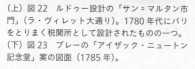

派は、ライン川対岸のプロイセン古典主義ルネサンスとそれほど違うものではなかった。記念碑的壮大さはここでも重要な役割を演じたし、この時代の最も有名な建築ハンドブックであるジャン・ニコラ・ルイ・デュランの『建築教程要理』（*Précis des Leçons d'Architecture*, 1802）は、ローマのパンテオンの荘厳さと簡素さを称賛していた。[★11]

しかしフランスでは、この様式は存続できなかった。他方ドイツでは、それはドイツ固有の基盤の上に存立できた。ヒトラーはのちに円形を公然と称賛し、デュランまたはブレーの教会設計図によく似たドームを建てようとした。[★12] さらに、ヒトラーのコロッセウムへの称賛はナチ建造物に反映された。[★13] 美と壮麗さについてのナチ党員の理想はフランス新古典主義派の亜流にとどまっていた。しかし、ナチ党員がフランスの建築運動に実際なんらかの理解を持っていたかどうかは疑わしい。アルベルト・シュペーアはナチ時代になってようやくブレーを発見したのだが、その発見で彼は自らの建築的趣味に自信を持った。[★14]「語りかける建築」は、美しいもの、聖なるものの理想を直截《ちょくせつ》に明白な手法で象徴した。そうした実用主義は民衆にも容易に理解できたので、国民的祭儀の発展にとっては重要だった。この直接的訴えかけは、のちに二十世紀の大衆運動によって用いられた際には「プロパガンダ」と呼ばれるが、実際には十八世紀の古典主義復興に立ちもどる意志の表現だった。フランスとドイツの建築家たちは、真の美の形式を自らの理解にそって創造する純粋な意志、つまりバロックの軽薄さを一掃する高貴な簡素さを模倣する意志に満ちていた。

記念碑主義《モニユメンタリズム》、フランスで「壮大主義《グロシスマン》」と呼ばれたものは、★15最初から重要な役割を演じた。公的建造物とは、人をして崇敬の念を惹き起こさせ、当たり前に過ぎてゆく生活から救い出すものでなければならなかった。

「聖なる《セイクリツト》」という語は、これまでの分析で重要な役割を演じた。それは、十八世紀においてさえ、政治的なものを宗教的なものへ変容させる衝動を象徴していた。ドイツ敬虔主義《ピエティズム》はすでに「魅惑の空間（奇跡の空間《ヴンダーラウム》）」としての祖国、すなわち「神秘なる祖国」について語っていた。★16敬虔主義の圏内では、この空間はなお人間の魂の中に閉じ込められており、いまだ国民の自己表現のためだけに特定された具体的な「聖なる空間」へと変換されてはいなかった。しかし、この「魅惑の空間」は、ジリーのような建築家のデザインにおいて、国民的記念碑を取り巻く環境の創造によって外《おもて》に現れた。

国民的記念碑の企ては、祭祀《カルト》儀礼に、つまり国民の世俗宗教的崇拝に至ることになった。これは、シンボル表現が人格の単なる可視的表現に取って代わることを意味した。つまり、ジリーのフリードリヒ大王記念廟の設計により完成した理念である。しかし、英雄の際だった彫刻なしで済まそうとする建築家はまだ、ほとんどいなかった。

A・F・クラウスは、ジリーの同時代人であるが、さらにそうした記念碑の祭祀《カルト》的性格を拡大したフリードリヒ大王記念碑の設計図を提出した。クラウスはフリードリヒ大王の胸像を王が埋葬されるはずだった祭壇の上に置いた。毎年、プロイセン軍がフリードリヒ大王の名声に敬意を表するために、この祭壇の周りに集まることになっていた。その墓碑は愛国的プロイセン人たちの記念碑が置かれるべき森の中に設けられた。クラウス自身の言葉を借りれば、「巡礼の路」がベルリンの市街からその祭壇まで続いていた。この構想は、キリスト教の伝統的な崇拝に代わるプロイセン国民の崇拝という意識的な代替物を提示した。クラウスのこの墓碑構想は古典主義的であったので、愛国的プロイセン人たちの彫像はギリシアのモデルを模倣して造られることになっていた。[★17] この森と祭壇のシンボル表現は、聖火の冠された祭壇がライプツィヒ会戦一周年記念を祝うのに用いられるよりも約二〇年先んじていた。

国民的記念碑は古典主義的模範を踏襲し続けた。マクシミリアン一世によるバイエルン憲法の欽定を祝うため、一八一八年ブライバッハに円柱が建てられた。それはパリのヴァンドーム広場のいわゆる「国民の円柱」から直接的な影響をより多く受けつつも、ギリシアから発したローマの伝統を引き継ぐものだった。しかし国民的記念碑としての円柱は、エジプトのオベリスクからもなにがしかの影響を受けていた。これはときとして、永遠の生命の炎を象徴する「太陽の光の具現化」と考えられた。しかし、十八世紀にエジプトが有したのと同じ神秘と驚異の霊気《アウラ》はオベリスクにもあったが、それはまた古典主義的伝統に属していた。ヨーロッパ人の想像力で最も容易に理解されたのは、十六世紀の教皇によるローマ再建時に印象的に用いられたオベリスクだった。そうした例から、バイエルンのルートヴィヒ一世は、ミュンヘンに［ナポレオンの同盟軍として］ロシア遠征で犠牲となったバイエルン人たちを記念するためのブロンズのオベリスクを建てた[★18]。

円柱もまた力強さと活力の重要なシンボルになり、しばしば樹木の力強さと美しさになぞらえられたが、古典主義の円柱またはオベリスクは国民の自己表現衝動を十分に満たすことができなかった。この欲求不満を、一八三二年［ハンバッハの］愛国的集会の参加者の一人［フィリップ・ヤーコプ・ジーベンプファイファー］の発言はよく表現している。「我々は諸国民戦争の戦士のために円柱を建てる。しかし、ドイツ国民の大多数を反映するほどの国民的記念碑が建つ場所はこの広いドイツの国土のどこにも見いだせない[★19]」。

この悲観論は誤りだった。事実、自立円柱（栄誉の円柱《ルーメスゾイレ》）は限られた将来性しか持たなかったが、石柱そのものは国民的記念碑の重要な要素になった。ルネサンス期には事実、ウィトルウィウスにまで遡った解釈に基づき、石柱の詳細な分類がなされた[★20]。ドリス式石柱は簡素で男性的資質があると考えられ、一方イオニア式の石柱は、その「たおやかな」装飾とともに、女性らしさを象徴すると考えられた。この伝統は十九世紀にまで残り、国民的記念碑の石柱には国民の活力や雄々しさが表現されねばならなかったので、ドリス式の特徴が採用された[★21]。その力強さと簡素さは国民精神を象徴するものとされた。他方、ゲルマン的シンボルは、石の柱ではなく、遠くからも見える、炎によって擬せられる光の柱の構築によって具現化された。このような十九世紀初頭の古典主義的シンボル表現から、炎を冠したビスマルク塔の建立へ至るまで一直線に展開を跡づけることが可能である。

じつに典型的なことに、国民的記念碑ヴァルハラはアクロポリスの神殿に似た、「石柱を持った」建造物として想い描かれた。[★22] 初期のギリシア人にとって、石柱は彫像を意味していた。ギリシア語の「石柱」と「彫像」は、ギリシア彫刻が芸術的極致に達したときでさえ同一であった、とヴィンケルマンは間違った指摘さえしている。[★23] 石柱は単にギリシア建築の一要素と考えられただけではなく、それ自体がゲルマン的雄々しさとギリシア芸術に表れたある種の美を象徴していた。エジプトの範例も、ピラミッドではなくローマ人もすでに使っていたオベリスクの模倣により、シンボリックな円柱の建設に影響を及ぼした。しかしながら、この時期建てられた国民的記念碑のほとんどはいっそう洗練されていた。レオ・フォン・クレンツェは、ひたむきな古典主義者だが、一八二五年から一八四八年までバイエルン王国を治めたルートヴィヒ一世の建築師長として、この伝統の継続に影響を与えた。彼は一年ほどジリーに学び、のちにパリ、ベルリン、ローマで研究を続けた。彼はバイエルンの王太子ルートヴィヒと一八一四年に知り合い、その関係はその後四八年間にわたることになった。バイエルンの君主と建築家との間に緊張がなかったわけでもなく、一八三九年から一八五二年にかけ、クレンツェはプロイセン、そしてロシアで働き、そこでレニングラード［現、サンクト・ペテルブルク］の有名なエルミタージュ宮殿を建築した。[★24]
しかし彼の真のライフワークは、今日なお存在する姿にミュンヘンを事実上再建したことであり、またドイツ統一の観念に取り憑かれた王のために造った国民的記念碑であった。

こうした国民的記念碑のうち最も重要なものは、一八三〇年から一八四二年にかけレーゲンスブルク郊外ドナウを望む地に建てられたヴァルハラであった［図5］。それはジリーの有名な設計図《デザイン》がついにここに完成したのかと思えるような出来映えだった。ルートヴィヒ王は、ドイツ統一のためのこの聖なる記念碑はアテネのプロピュライア［アクロポリスに見られるような、周壁の入口にある門］とローマのパンテオンとを結合したものであるべきだ、とはっきり指図していた。[★25] しかしクレンツェは王の指図を実行することは不可能だと確信していた。彼はローマではなく、ギリシアの建築形式に固執していた。それは音楽の和音や言語の韻律法則のように到底新たに創作することなどできないと、クレンツェは真の建築について書いている。ギリシア人によって実現されたこの「完全なる建築」は、互いに異なる要素を一つの調和した全体に統合する神聖な秩序に基づいていた。[★26]（ちなみにルートヴィヒの命でギリシアに旅し、ルートヴィヒの息子のギリシア王［オットー一世］に働きかけ、アクロポリスの破壊を防いだのはクレンツェであった。）

ルートヴィヒ［一世］は、ナポレオン支配当時にヴァルハラを計画し、戦いで傷つきまたは戦死した英雄の集う神話のオーディン（またはヴォータン［ゲルマン神話に登場する神々の父］）の宮殿の名を与えた。エッダ［古アイルランド語で書かれた北欧神話］のサガ［英雄物語］には、オーディンが毎日のように戦友を選抜したヴァルハラまたは「金色に輝く」会堂、すなわち戦場を象徴した会堂についての記述がある。[★27] 記念碑そのものは、高さ六〇ヤード、幅一三六ヤードのギリシア神殿の形をしていた。軒先は人物像で装飾されていて、南面は勝利の女神ゲルマーニアの周囲に集うドイツの諸邦が表象され、一方北面にはケルスキ族（古代ゲルマン人の一種族）のヘルマンがローマ軍団とトイトブルクの森で戦う姿があった。記念碑そのものの内部は大きな二つのホールがあり、壁と天井はゲルマンの神々と彼らを崇拝するシンボルで装飾されていた。神殿の内部は、ドイツ的シンボルと結びついたギリシアを範とする形式であり、チュートン［北欧系ゲルマン民族の一派］的特徴が際だっていた。著名な愛国的ドイツ人たち、つまりヴァルハラに入った英雄たちの彫像を、神々が見下ろしていた[★28]［図24］。

歴史家ヨハネス・ミュラーに助けられ、ルートヴィヒ王はかなりの時間をかけてこの聖域《サンクチュアリ》に入れるべき人物の選定をした。選別の基本原理は、国民主義の発展において言語の果たした重要な役割に対応して、栄誉を受ける者が属すべきゲルマン語族に基づいていた。したがって、ドイツ人だけではなくスイス人やオランダ人も含まれた。新しい英雄のほとんどは君主、将軍であり、芸術家や科学者からはほとんど選出されなかった[★29]。このような遺漏はときおり修正された。最初バイエルン王、続いてドイツ連邦《ブント》［一八一五―一八六六年］、次にバイエルン政府、そして最後にヒトラーが、誰の彫像が立てられるべきかを決定した（ヒトラーは作曲家アントン・ブルックナーを提案しただけだったが、華麗かつ物々し

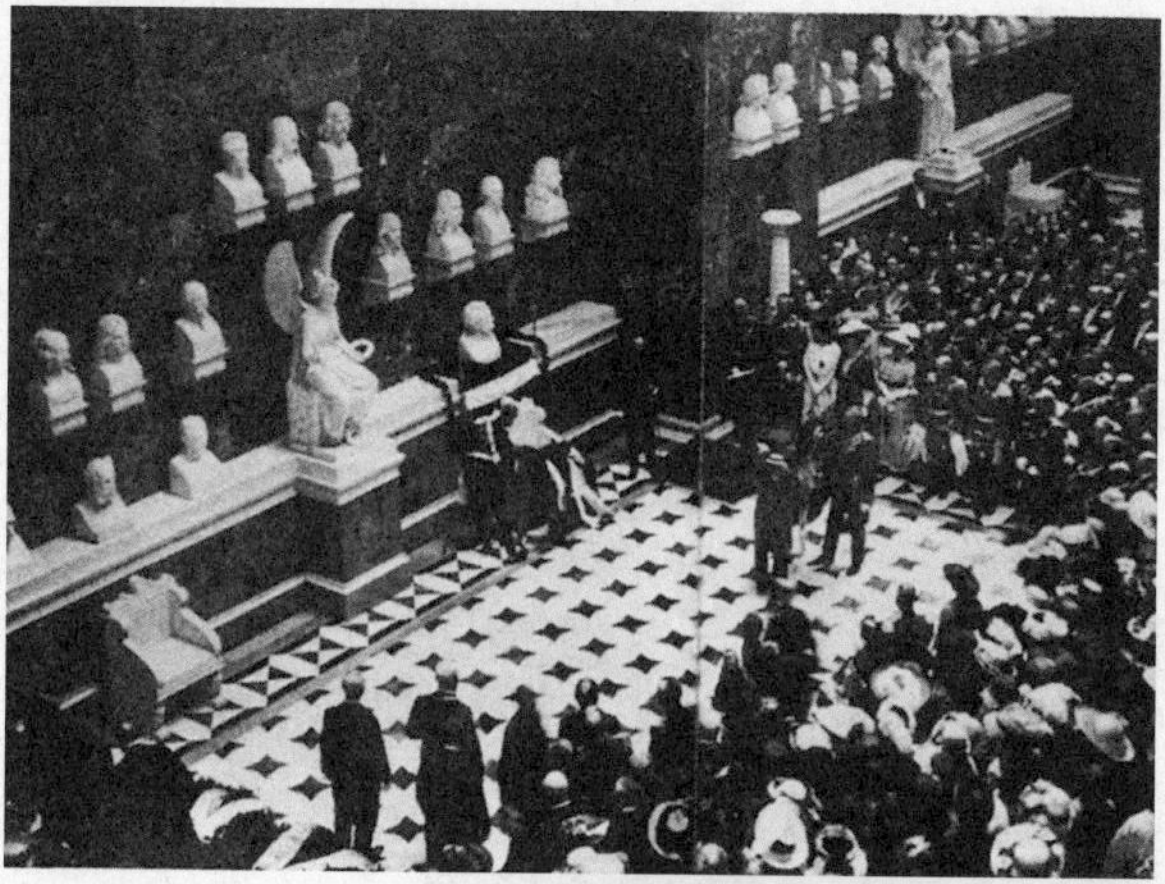

（上）図24 「ヴァルハラ」記念堂内部。1913年、新たにリヒャルト・ヴァーグナーの胸像が設置された式典場面。
（下） 図25 1937年、ヒトラーにより作曲家アントン・ブルックナーの胸像がヴァルハラに納められた。

く、胸像の除幕に列席した）[30]［図25］。今日では再びバイエルン政府がこの英雄の殿堂に入る価値を決定している。

ヴァルハラはドイツ統一を崇拝する「聖なる記念碑」とされた。ルートヴィヒ王は、一八三〇年にその礎石を置いたが、ちょうど別々の石をひとつに集めて建設されているこの建造物のようにドイツは統一されるだろう、と彼の希望を述べた[31]。ヴァルハラは国民的巡礼の舞台装置になるはずであり、それにふさわしく、一八四二年のライプツィヒ会戦の記念日に開堂された。しかしヴァルハラは、崇拝目的でやってくる大衆を収容するような構想のもとに設計されたものではなかった。その混み入った内装は美術館に似ており、国民的祝祭を開くような余地はそこにはなかった。ずっとのちの一九二〇年代に、この記念碑の外に、愛国的な演劇やダンスが演じられるような「聖なる空間」を創るという提案が出された。それと同時に、血統上純粋なドイツ人でない英雄が記念碑の中に存在していいものかどうかという、バイエルン王は悩まなかった問題がもち上がった[32]。

ヴァルハラは、クレンツェが彼の王［ルートヴィヒ一世］のために建てた唯一の記念碑ではなかった。ケールハイムの解放記念堂《ベフライウングスハレ》もまた、ナポレオンからのドイツ解放を再度祝うために円形神殿の形式で造られた。ここの内部も聖なるホールであったが、今度は古今の英雄彫刻ではなく、代わりにフランスとの戦いの表象で埋め尽くされた［図26］。ご当地ミュンヘンにも、クレンツェは地元バイエルンの英雄を祝するために「栄誉会堂《ルーメスハレ》」（これもギリシア風の神殿）を建築した。この会堂は、アテナ女神に似た巨像、「バヴァリア女神像」を取り囲んでいた。バヴァリア女神像は今日に至るまでこの「栄誉会堂」とそれを取り巻く広い草地にそびえている★33［図27］。クレンツェもルートヴィヒ王も、王制を廃した一九一八年のバイエルン革命が、彼らの国民的記念碑のもとに始まるであろうと予見することはできなかった。ヴァルハラあるいはケールハイムの記念碑とは違い、周囲に広いオープン・スペースを持つ「バヴァリア女神像」は都市近郊に建てられたので大衆集会に便利な集合場所となった。

図26　ケールハイムの「ドイツ解放記念堂」内部。

クレンツェは自分のギリシアを範とした作品が非常に模倣的であるということに満足していたわけではなかった。しかし彼はよりドイツ固有のゲルマン的芸術の創造を望むライバル、画家ペーター・フォン・コルネリウス（一七八三―一八六七年）と王の寵愛をめぐり、苦しい争いを演じた。コルネリウスにとってゴシックは、十五、十六世紀のイタリアに固有なデザインと結びつけられねばならなかった。

図27　テレジアン・ヴィーゼの「バヴァリア女神像」。背後はバイエルンの偉人の彫像を集めた「栄誉会堂」。

彼は、抽象的シンボル表現を使うことでキリスト教絵画を復興させようとしていたナザレ派にローマで加わったロマン主義者であった。コルネリウスは、ミュンヘン古代彫刻館《グリプトテーク》［図67］――これはクレンツェが建てたが、シンケルのベルリン博物館に似ていた――のフレスコ画を描くことに成功した。しかし、彼は絵画を卒業して国民的記念碑の設計へと進む、という野望を成就することはできなかった。[★34]

コルネリウスは、実際にはゲルマン的様式――それが何を意味していたにせよ――を確立できなかったので、その埋め合わせとして古典主義に戦いを挑んだ。クレンツェは、彼のギリシア模倣に向けられた非難を自覚していたが、ある種のゲルマン的過去に（ヴィルヘルム・クライスがのちにしたように）立ち戻りはせず、その代わり他の様式の模倣に向かった［図67］。彼はミュンヘンの公共建造物にはルネサンス盛期の建築をコピーした。今日残っている中央郵便局は名だたるフィレンツェ孤児院のレプリカであり、公的な、国王の行列のための通り（ルートヴィヒ通り）はルネサンスの宮殿の側壁を有している。クレンツェとルートヴィヒ一世が抱いた国民の自己表現についての理念は、特異なものではなかった。プロイセン王フリードリヒ・ヴィルヘルム四世（一八四〇—六一年）は同じ時期よく似た方向を追求していた。このような人々が共有した過去の歴史への愛着は、必ずしも古代ゲルマンの過去への郷愁を意味しなかった。むしろ、彼らにとっての歴史はローマまたはギリシアの伝統によって規定されていた。フリードリヒ・ヴィルヘルム四世のベルリン市街とその郊外ポツダムの建築計画はローマ市街とローマ郊外の邸宅《ヴィラ》を模倣したものだった。さらに、一八四一年頃、王自身がフリードリヒ大王記念碑をデザインしたとき、それはほとんどジリーのデザインと同じだった。[★35] 古典主義の伝統はドイツの歴史的覚醒の一部となったが、これは多くの民衆にとっても十九、二十世紀を通じてあてはまった。後で述べるように、アドルフ・ヒトラーは、このドイツ的イメージを引き継ぎ、古代ゲルマンの芸術と彫刻を模倣することを軽蔑した。ヒトラーは一八三〇年代から十分に威力を発揮してきた伝統を受け入れていたので、そのような新古典主義を美の概念のみならず国民が象徴する美徳とも結びつけた。

イタリア・ルネサンスもまた、ときとして古典主義形式に取り込まれた。古典主義とルネサンスの混合が効果的であることが明らかにされ、もう一人の影響力ある建築家ゴットフリート・ゼムパー（一八〇三—七九年）によってのちの世代に伝えられた。近代建築は何よりもローマ帝国とルネサンスの伝統を継承発展させねばならないとゼムパーは信じた。

しかし彼は、建築形式は使われる素材から発展するものでなければならず、外的装飾やバロック風の曲線を使って無理な形に押し込められてはならないとも確信していた[★36]。各々の建造物はそれ固有の目的を明らかにするデザインの自立性を持つべきとされた。彼に先行したフランスのルドゥー派による伝統は、明らかにゼムパーに影響を及ぼしていた。ゼムパーは美を、匠の技とシンボル表現とを結合したものと定義した[★37]。彼はある注目すべき方法で古典主義的理想に変化を与えた。ヴィンケルマンは建造物を多彩に塗り立てることは古典主義的な美を損なうと信じた（「色彩は形式をいつわる」）。しかしながら、一方では、古代人が実際は彼らの建物に彩色していたことは判明していた。ゼムパーはそれゆえ古代人を真似た[★38]。これによって、特に彼が建てた相当数の私邸は、より多彩なルネサンス様式になった。ルネサンス風の邸宅《ヴィラ》は十九世紀末にかけてドイツ市民の大好きな住宅となっていた。ゼムパーの建築した邸宅《ヴィラ》に通されたあるイタリア人は「まるでトスカーナの邸宅《ヴィラ》だ！」と叫ばずにはいられなかった［図28］。しかしゼムパーは常にルネサンス様式を古代の精神でもって取り扱った[★39]。ちなみに、それはクレンツェにも同じくあてはまる評価だった。

こうした古典古代とルネサンスの模倣は、神秘的ゲルマン精神の創造にも用いられた。ゼムパーはリヒャルト・ヴァーグナーの友人であり（一八四八年の革命で両者はともに戦った）、ヴァーグナーのオペラの舞台装置となるミュンヘンの劇場を設計した。ここでルネサンスの遠近法と幻影の概念は、照明の驚異的な使い方にインスピレーションを与え、舞台で繰り広げられるドラマを邪魔しないようにオーケストラは視界から隠された。夢と現実とは一つに溶け合って経験された。[★40] ゼムパーがこの劇場を設計したとき、古典主義的なものはヴァーグナーのオペラに示されるようなロマン主義的なものと溶け合い、こうしたすべての要素はゲルマン的崇拝儀式において結合した。ヴァーグナーの祝祭劇場が最終的にバイロイトに建ったとき、それはゼムパーのモデルを踏襲していた。

図28　1870年代ブルジョアの理想的邸宅「ヴィラ」（ベルリン郊外）。

ジリー、クレンツェ、そしてゼムパーたちは、国民的記念碑のための基調をつくったが、その主題については多くの変更が必要とされた。しかし、圧倒的にロマン主義的で、ゴシック形式によって中世の神秘的かつ宗教的な過去へのノスタルジーを象徴している、有名な記念碑が一つ存在している。ケルスキ族のヘルマン（またはアルミニウス）の記念碑は、記念碑的壮大さへの愛着と、個々の王朝や軍人英雄よりむしろ国民精神を体現しよう

図29　トイトブルクの森における「ヘルマン記念碑」（設計バンデル）。

としたシンボル表現を兼ね備えつつも、これまで検討してきた様式とは異なっている［図29］。しかも、この記念碑について検討すると、のちにいずれ重要となる二つの原理が明らかになる。すなわち、一つは、竣工の際それを取り囲んで催される式典または祝祭。もう一つは、その記念碑が広汎な寄付によって賄われた経済的方法。形式上の違いにもかかわらず、ヘルマン記念碑もまた十九世紀における国民的記念碑の発展上不可欠の要素である。

この記念碑は、過去の解放戦争、つまりローマ軍団に対するヘルマン（またはアルミニウス）の勝利を祝うためのものであった。それはエルンスト・フォン・バンデルという一人の男の執念から生まれ、十九世紀のかなりの期間（一八四一―七五年）を費やして建造された。それはフランスに対する解放戦争の記憶がまだ人々の脳裏に新しかった頃に始まった。実際バンデルはフランスによる故郷ラインラント占領の屈辱が忘れられなかった。[★41]

しかし、一八四八年の来たるべき革命にドイツ中が気を奪われていた頃、バンデルは金欠のために事業の断念を余儀なくされた。イタリア統一という先例がドイツの国民精神に新しい熱情を呼び覚ましてようやく、彼は記念碑の事業を再開した。そして、それはついにドイツ統一が実現した陶酔のうちに完成した。ヘルマン記念碑の歴史は、いわば十九世紀ドイツ国民主義の道程を映し出している。

バンデルははじめ古典主義の影響下にあり、いくつかの伝統的な古典主義彫刻を造りさえしていた。彼の想像力は、デンマークの彫刻家ベアテル・トルヴァルセンの記念碑的な古典主義形式の虜《とりこ》になっていた。やがて彼はギリシアの影響に反発するようになり、代ってゴシック様式に転じ、かくしてジリーとクレンツェの伝統から離れた。しかし、バンデルの記念碑的壮大さへの愛着は先達と同じものだった。というのはバンデルにとってもまた記念碑は簡素で、壮大で、天を突くほど力強くなくてはならなかったからである。[42]

ヘルマン記念碑はドイツの永遠に若き力のシンボルでなくてはならなかった。[43]ヘルマンは今もなお、剣を掲げ、いつでも戦いに臨める姿で立っている。彼を支える重厚な台座は、ローマ軍団に対する野蛮《バルバリック》な勝者の力強さを象徴するとされていた。[44]巨大で記念碑的なヘルマンの威容は、甲冑の騎士のそれである。が、その姿そのものの形式は古典主義モデルを彷彿とさせる(凡才彫刻家のバンデルが彫像の均整で判断を誤ったことを除いて)。ヘルマンの台座には、堂々たる力を喚起しようとする人々に人気のあったピラミッド構造の要素が幾分か存在している。しかし、特に台座に組み込まれた「栄誉の会堂」内部は、主としてゴシックの要素からなっている。この会堂は有名なドイツ人の肖像画を展示するためのものだったが、それは、ヴァルハラのようなアクロポリスの内部というより、むしろゴシックのカテドラルの形式をとどめている。記念碑のこの部分は、ついに完成せず、会堂は今日なお空《から》のままである。

この記念碑を取り巻く環境は、その構想上不可欠な要素である。それは古代ゲルマンの祭祀《カルト》の痕跡を遺すトイトブルクの森の一つの丘の上にそびえている。他の記念碑はそれを取り巻く「聖なる空間」を欠いているが、この記念碑は周りの風景にしっくり溶け込んでいる。ジリーとクレンツェの伝統を引き継いだ人々もまた、記念碑の置かれる景観がそのシンボル表現を高めると信じた。しかし、たいていの場合、国民的記念碑はロマンティックな風景のかたわらで古典主義的形式を保つだけだった。

ヘルマン記念碑の強烈な印象は疑うべくもない。ヴァルハラのような、他の記念碑の多くがほとんど忘れ去られている今日も、なおヘルマン記念碑は巡礼の中心となっている。しかし、ナチ党員はヘルマン記念碑を嫌って無視した。おそらくそれがあまりに折衷的で均整の悪いものだったからか、あるいはよりもっともらしい理由としては、ヒトラーがこの記念碑の重要部分を形づくるゴシック様式を近代にふさわしからぬアルカイックな芸術形式だと考えたから、である。[★45] しかしながら、ヘルマン記念碑の一側面がヒトラーに甚大な影響を与えることになった。それはバンデルが提起した建築資金の調達方法であり、その方法によって大勢のドイツの青年が国民的シンボルの建設に広く参加するようになったのである。一八六三年バンデルは、ドイツ全土の中等学校の優等生《プリームス》あてに、この「国民的偉業」のための資金を募るよう手紙を書き送った。[★46] この呼びかけは成功した。バンデルの記念碑の直接的な人気はある程度、その建造に多くのドイツ青年が参加したという事実に帰する。ヒトラーは、ベルリン改造計画の要である記念碑的大会堂［図37］の資金集めにこのやり方を応用しようと計画した。[★47]「新しい政治」にとってとりわけ重要な、人々の能動的な公共の場への参加が、この事例でもヒトラーの行動を方向づけた。じつのところ、彼の巨大な記念碑にとっていずれにせよほんの端金《はしたがね》にしかならない以上、この特殊な集金方法などヒトラーは必要としていなかった。

バンデルが中等学校にあてて手紙を書き送ったとき、そのような参加の効果を意識していたかどうか確証はない。彼は単に経済的危機を克服しようとしただけだと考えるほうがより自然ではある。しかし、おそらく彼自身驚いただろうが、生徒たちはかなりの金額を集め、バンデルは誇らしげにこう述べた。「ヘルマン記念碑は、まったくドイツ民衆の手で建てられた最初の国民的記念碑である[★48]」。

結局は、プロイセン王、やがてドイツ議会がこの記念碑完成のための支出を承認し、皇帝ヴィルヘルム一世はバンデルに多額の年金を与えた。一八四一年に起工され、より大きな意味を持つ式典が催された。というのは、第二帝政期を通じて重要な国民的記念碑が建

てられるたびに、こうした式典は再現されることになったからである。記念碑前でさまざ
まな集団が、国民的記念碑が表現するシンボリズムを実演した。中等学校の生徒たちは古
代ゲルマンの衣装を着て参加し、男子合唱団はアルントの有名な解放戦争の歌、「祖国ド
イツとは何ぞや」を歌い、ワーテルローの戦いで「鹵獲された」大砲が伴奏で轟音をあげ
た。いずれもその趣旨を誤ってはいなかった。記念碑は、何年も後になって皇帝列席のう
え、除幕された。男子合唱団、射撃協会、体操家たちは、この式典でもそれぞれの役割を
演じた。プロテスタントの牧師が愛国的説教をし、プロテスタントの聖歌が歌われた。こ
のゲルマン的なものとプロテスタント的なものとの混交は十九世紀初頭から変わらなかっ
た。一八一五年に対ナポレオン戦の勝利を祝ったときにも、人々は祭壇上の聖火を拝し、
ただ神への感謝を捧げるために教会に行くばかりだった。★
                                                                     49
                                                              ★
                                                              50

それにしても、ヘルマン記念碑は古典主義的伝統からの新たな展開を示した。それは記
念碑的壮大さの理想を保持しつつ、さらにその建立に民衆が参加するという要素を加えて、
その起工と竣工における式典の模範となった。いわゆるニーダーヴァルト記念碑は、ロー
マで修業してきたヨハネス・シリングによって一八七四年から一八八五年にかけてライン
河畔に建てられたものだが、国民的記念碑の歴史のさらなる発展を示している〔図30〕。
その外観はほとんど伝統的なものだった。ドイツ統一を祝う目的で建てられたので、再び
古典主義形式を踏まえてゲルマーニア女神の巨像が造られた。その巨大な台座には、ライ

ンとモーゼルというドイツの大河と、戦争と平和を表現した浮き彫り《フリーズ》が施されていた。★[51] その資金と後援者の調達方法をもって、ニーダーヴァルト記念碑は国民的祭祀《カルト》と国民的記念碑をより緊密に結びつけた。

というのは、発起人たちはバンデルをまねて、中等学校の生徒からの募金で資金を集めようとしたからである。しかし今回はうまくいかず、浮き彫り《フリーズ》たった一つ分に充てる金額しか集まらなかった。★[52] ヴァルハラとそれまでの記念碑は、国民統一を願ったドイツの君主たちによってその財源が賄われた。しかし、ひとたび統一が達成されてしまうと、このような財源は得難いものとなった。国民国家はすでに存在し、（ヘルマン記念碑のような）例外もあったにせよ、全般的に帝国《ライヒ》は気前よくないことが判明した。

図30 「ニーダーヴァルト記念碑」のゲルマーニア女神（設計シリング）。

その結果として、国民的記念碑は、愛国心を表明したい特定の国民集団によって賄われるようになった。ニーダーヴァルト記念碑は、退役軍人の協会である在郷軍人会《クリーガーフェライン》によって賄われた。この協会は、元来十八世紀にフリードリヒ大王が行った諸戦争の後で結成されたものだが、十九世紀にドイツ政治で保守勢力が拡大するにつれ、その数も重要性も増していった。協会は、ニーダーヴァルト記念碑が計画されたときには地方組織のゆるやかな連盟だったが、最終的には、一〇〇万を超える会員を擁する、より強固な連合（キフホイザー同盟《ブント》）を形成し、新たにエネルギーを集中させる対象の必要性を感じていた。[★53]

キフホイザー山の上に二つ目の記念碑（一八九六年）を建てることに、彼らがエネルギーを集中しようとした事実は、このような石とモルタルのシンボルが広汎な民衆の愛国心をどれほど虜《とりこ》にしていたかを示している。[★54] しかしまた、君主や一般募金を財源とせず、国民中の一特定集団によって建てられた国民的記念碑の限界も浮かび上がった。というのはキフホイザー記念碑［図31］はニーダーヴァルト記念碑と、どちらが真の国民的祝祭にとってよりよい舞台装置となるかという競争状態に入ったからである。[★55] こうして、記念碑は単に一つの党派や集団の愛国心を表現するだけではなく、すべての民衆を巻き込まねばならないと考えられるようになった。

そうした思惑から、記念碑の前に国民的祝祭のための空間が設けられるようになった。すでにジリーは国民崇拝のためのそうした聖なる空間を提示していたし、アルントはその必要性を唱えていた。彼らにとってこの空間は、すでに述べたように、ドイツの偉人たちの埋葬地の外観を呈していた。しかしそこはすでに、墓石の場ではなく国民的祭儀を演じ

（上）図 31　1897 年落成した「キフホイザー記念碑」（設計シュミッツ）。
（下）図 32　キフホイザー山上の記念碑に据えられた「フリードリヒ・バルバロッサー世」の彫像（ニコラウス・ガイガー作）。

る生きた人々の場となり、死の空間から生の空間へと変容していた。こうした空間が今や最も重要な要素になった。なぜなら、その活用が国民的記念碑の命運を分けることになったからである。ニーダーヴァルト記念碑はそうした空間を持っていた。★56 しかしキフホイザー記念碑は、さらにより印象深い聖なる空間を提示することができた。というのも、皇帝ヴィルヘルム一世の彫刻を中心に要塞の形をしたこの記念碑は、ドイツで最も聖なる山の一つ、キフホイザー山の頂に建っていたからである。それは皇帝バルバロッサが旧帝国が甦るまで眠りについた山だと言われていた［図32］。この壮大な記念碑の前には大きな踊り場があり、聖なる空間として使うことができた。一八九七、九八年のこの二つの記念碑をめぐる競合においては、実用的側面も忘れられずに考慮された。「キフホイザー国民祝祭」★57 委員会は、巡礼に来るであろう大勢の民衆が利用する交通や宿泊について熟慮を重ねた。結局、どちらの記念碑も真の国民的祝典の中心地とはならなかったが、競合そのものは意義を残した。「聖なる空間」という概念は、再び失われてはならない不可欠の重要性をもつと見なされ、国民的記念碑は国民的祝祭とますます分かち難くなっていった。

揺るぎない記念碑は、多数の民衆の動き、歌、ダンスで取り囲まれることになっていた。しかしそれは「聖なる空間」に限られており、記念碑そのものの基本構造には及ばなかった。けれども十九世紀末になると、国民的記念碑そのものを、その構造自体において運動表現と融合する試みがなされた。建築家ラインホルト・ベーガスは、一八九〇年にベルリンに建てられた皇帝ヴィルヘルム一世の記念碑［図33］を、一個の「国民の聖歌、荘厳な合唱」にしようとした。[★58] 彼は古典主義形式を用いたが、他の国民的記念碑にはない動きの感覚をデザインに盛り込むため、バロックの要素と結びつけようと試みた。たとえばヴィルヘルム一世は勝利の女神に導かれて馬に乗っている。「一八七〇年の英雄」はギリシアのクァドリガ［横四頭立ての二輪戦車］に乗った女神と並んで進んでいる。ライオンたちが戦利品を守っている。ここでベーガスは、直線より曲線を好んだが、記念碑の多様な要素

図33　ベルリンのヴィルヘルム一世を顕彰する国民記念碑（1890年ベーガス作）。その前で「鉄兜団」が示威行進を行っている（1926年）。

を統合するためにドリス式円柱を用いた。それでも、すべては動きの中にあり、ドラマティックさが際だっていた。[59]

しかし、ベーガスのドラマティックさの強調は失敗に終わった。それは、ドイツの活力と美の象徴となっていた簡素で堅牢な記念碑の様式からはあまりにかけ離れていた。ビンゲンのビスマルク記念碑のデザインに関する一九一二年の論争は、この点で興味深い。若きジークフリートの繊細で生き生きとした彫像が提出され、記念碑的建築の伝統を打破するものとして、とりわけヴァルター・ラーテナウは熱烈に支持した。しかし、選考委員会の大多数は、この若きジークフリートはあまりに軽薄で媚びすぎだと考えた。なぜならビスマルクは鉄の巌《いわお》として記憶されるべきだったからだ。ラーテナウと彼の共鳴者たちは、記念碑的壮大さなどは野蛮への賛歌だと見なしたが、結局古い記念碑的伝統を継承したヴィルヘルム・クライスによるデザインに敗れた。ギリシアの半人半獣ファウヌス[60]［神々の心をとらえた笛の名手］は民衆の琴線にほとんど触れることができない、という議論もあながち間違いでもなかった。

国民の自己覚醒のドラマは、バロック風の身振りまたは媚びた軽薄さをとおして表現されるとは考えられなかった。このことは、二十世紀の扉を開く最も有名な国民的記念碑が非常によく示している。それは、ライプツィヒ会戦の百周年記念に一八九四年から一九一三年にかけて建てられた記念碑、諸国民戦争記念碑《フェルカーシュラハトデンクマール》である。この記念碑で国民的記念碑の建立は頂点を極めた（第一次世界大戦後ドイツに再びこれに類するものは現れなかった）。これはまた、その様式をとおして本書が描き出そうとした国民的記念碑の歴史を要約するものでもあった。すでにキフホイザー記念碑を手がけていたブルーノ・シュミッツ設計による諸国民戦争記念碑［図7］は、古典主義形式をピラミッド的建築様式と結びつけた。これにより再び、記念碑的壮大さが圧倒的となった。祖国の擬人化、または個々の英雄の姿は排除された。いま一度、遠くからも望める壮大な建造物が祖国とその勝利を象徴した。それは、ヴァルハラのようなギリシア風神殿ではなく、簡素で堅牢な巨大さによって装飾や列柱の助けも借りず記念碑的な印象を創出した。その巨大な基礎の内部には、やはり記念碑の目的を象徴するホールがあり、また戦死者の名誉を記念する地下室があった。目のない八つの仮面が訪れる者を見つめていた。対フランス戦争の指導者たちの彫像が納められたこの「栄誉の会堂」は、この建造物の三階に置かれていた。

現実に造られた記念碑の形状は、古典主義的なものとゲルマン的なものの結合が試みられている点で、ヴィルヘルム・クライスのビスマルク塔に似ている。ピラミッドの影響同様、ラヴェンナのテオドリクス大王墳墓の影響も見られるが、細部は古典主義的な描線を使って統一されている。記念碑を囲む土地には、ドイツ柏が植えられることになっており、その森はドイツの偉人の埋葬地として捧げられた。★61 このことはジリーとクラウスの「聖なる空間」を思い出させる。しかし国民的祝祭が開けるように、「聖なる空間」にはオープン・スペースがつけ加えられた。ドイツの若者たちは、この国民の活力と雄々しさを示すために体操競技の舞台へと集まることになった。[62] 記念碑を生かすためには、いま一度国民的祝祭が必要と考えられた。

この記念碑でもまた、学校の生徒からの募金は失敗し、個々の団体が資金を拠出した。[63] 今度は体操家たちも寄付し、[64]ドイツの諸都市も記念碑を各自治体の特別事業とするよう期待された。[65] ここでもまた、バンデルを想起させる一人の男が、この事業を活性化する重責を担った。ライプツィヒの建築家クレメンス・ティーメである。彼は記念碑の資金のための「愛国者同盟」を創設した。[66] しかし結局は、男子合唱協会、射撃協会、学生組合、そして商店員の右派労働組合などの集団も募金運動に合流した。右に列挙した最初の二団体と体操家協会については、国民的祭祀《カルト》の主要な開拓者であるので、あとで再論することになる。

パンテオンの機能を模倣しようという衝動は、ほかの多くの記念碑同様、諸国民戦争記念碑の場合にも存在した。新しい政治様式を満たす神話とシンボルの不可欠な要素として歴史的記憶が強調されねばならなかった。フリードリヒ・ルートヴィヒ・ヤーンはすでに十九世紀初めに、このような歴史的記憶への働きかけの有無が「純粋なる」祝祭と人為的に創られた祝祭との相違を生む、と述べていた。[67] 祖先崇拝は国民の神学には不可欠だった。それは記念碑内部の彫像によって顕わされたが、ここでは、聖なる森の同時代人の墓碑に

図34　建築家シュミッツによる「諸国民戦争記念碑広場」完成予想図では体操祭典に利用するべく広大な外苑が組み込まれていた。

よっても示された。過去と現在はかくして手を結んだのである。

一九一三年、ついに諸国民戦争記念碑が除幕されたとき、元来それを支持してきた集団が祝祭の中心的担い手となった。それまでのライプツィヒ会戦戦勝祝典の伝統から主題はとられた。「いざ、戦い、血を流し、逝かん。ドイツの統一と国威のために」[★68]。

諸国民戦争記念碑は、第一次世界大戦の直前に除幕されたが、決してヘルマン記念碑のような人気を博することはなかった。記念碑のもとでの国民体操演技は、計画されたが披露されることはなかった。戦争によってこの記念碑は人々の記憶から消え、戦後も地域における重要性以上のものは持ち得なかった。新しいドイツ民主共和国に限って――今度は社会主義国家の名において――再び愛国的犠牲のシンボルとなった。ロシアがドイツと協力して対ナポレオン解放戦争に参加した事実が持ち出され、記念碑は独露友好のシンボルとなった。

こうした記念碑が成功だったにせよ不成功だったにせよ、それは国民的祭祀《カルト》の核心部分を形成した。ビスマルク塔の建築家ヴィルヘルム・クライスは、その目的を以下のように要約した。記念碑を目にして、人々はお定まりの日常生活から引き揚げられ、その形式の調和と堅固さによる新しい言語で話しかけられたのである。記念碑の内部は「敬虔な態度を誘う聖なる神殿」として造られていた。★69 これは新しい教会であった。神秘的なものと根源的なものとは結合されねばならない。国民的記念碑の建造者にとって、この結合は記念碑的形式つまり感動的な壮大さの活用を意味した。それはヘルマン記念碑などの台座にも、または諸国民戦争記念碑やビスマルク塔のような記念碑それ自体の構造にも顕著である。クライスにとって記念碑は、国民的神秘主義において重要な役割を演じた（キフホイザーのような）聖なる山に相当する、「建築された山岳」を意味していた。★70 記念碑の周囲の風景は全体的印象の一部であり、そこに生じる「聖なる空間」は情熱的な崇拝を敬虔な形式に融合させた。そのような建築家たちは、聖なる建造物と、人々が生活をしたり働いたりする建造物を峻別していた。たとえばクライスは高層ビルや工場も建てたが、こうした簡素な建造物は、より近代的な建築様式と結びついていた。

国民的記念碑を建てる目的は、明白に表現されていた。二十世紀初頭になると、建築家テオドール・フィッシャーは「生きた教会建築」はもはや存在しないと書いた。我々は人々を再びより高次な宇宙的共同体へと組織し得る建造物を創造しなければならない、と彼は述べた。そこでは男性が自然に「脱帽し、女性は舌をたたむ」[★71]べき「聖なる会堂」が求められた。フィッシャー自身、そうした体操ホールを建てている。

　こうした発展をとおして、ギリシア的美の理想はそのままに残され、むしろ実際には彫像と浮き彫り《フリーズ》を手がけた個々の彫刻家の作品によっていっそう強調された。そのほとんどすべてが、記念碑的彫刻の古典主義的伝統に属していた。ヴァルハラのほぼすべての装飾を担当したルートヴィヒ・シュヴァンターラーは、彫刻にゲルマン的衣装をまとわせた。それがドイツの祖先の偉業を思い出させてくれるからである。しかし、その衣装にもかかわらずその姿は古典主義的であった。諸国民戦争記念碑の彫像をつくったフランツ・メッツナーも、独学の古典主義者だった。このような例は枚挙にいとまがなかった。二十世紀前半の最も有名な彫刻家の一人であるフリッツ・クリムシュは、一九四〇年の彼の七〇歳の誕生日に、記念碑的形式を取り入れ「古典主義的美の理想型」を創造したとして、ナチ・ドイツによって表彰された。これこそ「我が国」の文化政策を肯定するものと言われていた。国民社会主義のシンボルとしての古典主義的彫刻の重要性は、劇作家のハンス・ヨーストによって的確に要約された。彼は、古典古代の英雄的世界はキリスト教によって引き起こされた生命の倦怠を克服すると指摘した。この英雄的世界は、すべてに勝る偉大

な行為、つまり民族《フォルク》の創造を呼び覚ますのだ、と。★72

十九世紀の記念碑では国民的祝祭に必要な空間がますます強調されるようになったものの、第一次世界大戦後の大衆運動の欲望を満足させることはできなかった。熱に浮かされた大衆が大規模に成長する一方、国民的祝祭の形をとった大衆集会は広く使われる政治技術となった。狭隘な空間は、聖なる環境の効果を損なわない、より広大な用地に席を譲らねばならなかった。古い国民的記念碑に対するナチ党の批判はこの点で興味深く、それは「新しい政治」の強化された活用がもたらした要求の典型である。

ナチ党員は、(第一次世界大戦でヒンデンブルクがロシア軍を打ち破った)タンネンベルクの戦いの記念碑を、ニーダーヴァルト記念碑のような彫像と対比する傾向があった。★73 記念碑は大衆集会のお膳立てをするべきものだ、と彼らは信じていたからである。「民族《フォルク》共同体への参加に我々を駆り立てる空間は、祖国を表現しようとする人物像よりもはるかに重要である。そのような孤立した人物像は我々を個人主義から引き上げるような結合力を持っていないからである」。★74

タンネンベルク記念碑(一九二七年)は、ナチ党の空間的理想を満足させた［図35］。ヴァルターとヨハネスのクリューガー兄弟は、祝祭儀礼が催された古代北欧人の集会場をイメージして、イギリスのストーンヘンジをモデルに採用した。クリューガー兄弟は、このような構造を、「最も強い者が立つ」中心を丸く取り囲む集い、つまり首長を囲む指導者たちの輪、という観点で考えた。[75] 石はこの「聖なる空間」の限界を定めた。彼らはまず東フリジア地方レールの兵士記念碑でそのデザインを試みた。ここでは、何本かの石柱が頂上の石の輪に集まり、それがつくる空間の中央には十字架が建てられた。[76] のちに、タンネンベルクでは、八つの巨大な塔が壁によってつなげられた。塔の中の空間はそれぞれ違った用途に使われた。一つはユースホステルにされ、もう一つには戦闘旗が納められた。三つ目はヒンデンブルク夫妻の墓、四つ目は文書館に、そしてその他は聖堂であり戦闘参加者の胸像が置かれた。そして最後の一つの塔はビスマルクの記念に捧げられた。

もともとクリューガー兄弟は十字架をこの壁と塔の輪の中央に置こうと計画した。しかしこの構想は放棄された。なぜなら、この空間は群集の集会のためにとっておかれねばならなかったからである。かくして、一〇万人がこの記念碑の中で式典に参加できた。[77] タンネンベルク記念碑が国民的記念碑の新しい出発点となったことに疑いはない。クリューガー兄弟はストーンヘンジの主題をその古代史的連想から使ったのかもしれないが、しかしでき上がったものは、広大な「聖なる空間」に取り囲まれた記念碑というより、その空間を取り囲む記念碑であった。ジリーの設計図のように、あるいは、それ以降のすべての国民的記念碑、たとえばブルーノ・シュミッツによる諸国民戦争記念碑のように、聖なる空間が記念碑の外側にある必要はもはやなかった。

在郷軍人会は、以前キフホイザー記念碑の資金調達をしたように、タンネンベルク記念碑を率先して推進した。東プロイセンに属していたメーメル地方が一九二三年リトアニアによって占領されたことは、この計画に拍車をかけた。タンネンベルクの勝者ヒンデンブルクはその構想に祝福を与え、一九二七年の除幕式には今やドイツ共和国大統領として出席した。★78 明らかに国民的理念が中心にあり、落成式典への招待状には、押し寄せるスラヴ民族すなわちポーランド人の大波に包囲された郷土《ハイマート》について書かれていた。重要なことは、一人のラビ［ユダヤ教律法師］が八〇〇〇人ほど参列した落成式への出席を妨げられたことである（社会民主党と労働組合はそもそもこの記念碑建造への献金を拒否していた）。★79

ナチ党はタンネンベルクの設計を称賛した。★80 しかしタンネンベルク記念碑はナチ党自身の式典ではたいした役割を果たさなかった。ヒトラーとヒンデンブルクは一九三三年に一度、そこで集会に臨み、★81 一九三四年にそこはヒンデンブルクの国葬の舞台となった［図36］。しかし、それがすべてだった。おそらくタンネンベルクはあまりにこの陸軍元帥と一体でありすぎたのだろう。ヒトラーは彼の影響力を完全に消してしまいたかった。それでも、タンネンベルク記念碑はしかるべき評価を得ていたに違いない。ほかの（諸国民戦争記念碑やキフホイザー記念碑のような）ものとは違い、それは第二次世界大戦末期のドイツ軍撤退時に爆破された。ロシアに対する勝利の聖なる記念碑が、ロシアの手に落ちることは許されなかったのである。

いずれにしても、タンネンベルク記念碑における空間の利用は非常に際だっており、ナチ党のニュルンベルク党大会の空間利用とも一致している。ここにおいても空間が、大衆を取り囲む実際の建造物を圧倒している。建造物そのものは、参加者のための便利な枠組みとして背景にほとんどかすんでいる。タンネンベルク記念碑がニュルンベルクの舞台演出に直接影響を及ぼしたことを跡づけることはできないが、ナチ党がこの新しいタイプの国民的記念碑を称賛するのには十分な理由があった。それは、祝祭の空間が記念碑そのものに取って代わる地点に到達したシンボルの進化の一段階が確かに提示されていたからである。

図35　東プロイセンの「タンネンベルク記念碑」（設計ヴァルター＆ヨハネス・クリューガー）。

図36　1934年8月タンネンベルク記念碑でのヒンデンブルク大統領葬儀で追悼の辞を述べるヒトラー。

タンネンベルク記念碑はワイマール共和国期に建造され成功した唯一の記念碑だった。しかし政治的にも建築学的にも記念碑は共和国から何らの恩恵も受けなかった。共和国自身が国民的記念碑建設の試みに着手しても、それはうまくいかなかった。会堂、鐘楼、そして古参兵が自ら儀仗兵に立つ在郷軍人会館からなる、第一次世界大戦開戦十周年記念を祝う殿堂が聖なる森の中に計画された（が、建築はされなかった）[★82]。一九二四年にすべての在郷軍人会がこの記念碑とその計画を後援したにもかかわらず、それは実らなかった。さまざまな都市や地域が競ってその用地の提供を申し出たことで、共和国は身動きができなくなったのである。記念碑自体は、ジリーやアルントが英雄的ドイツ人の記念碑として特にふさわしいと考えたような、聖なる森を背景にした伝統的なものになるはずだった[★83]。この会堂と塔の構想は、のちにベルリン改造の主眼であるヒトラーの大会堂［構想］において、巨大な規模で再び用いられることになった［図37、38］。

しかし、共和国もまた、より実験的な国民的記念碑への取り組みを認めていた。たとえばブルーノ・タウトは、戦没者の記念として都市を圧倒するであろう巨大なクリスタルの球体を設計した。この設計は実現されなかったが、タウトはマグデブルク市に第一次世界大戦戦死者の栄誉のために会堂を建てた［図39］。この記念堂の内部は図書館と閲覧室に使われた。これはそれまでのすべての伝統を破った知的な発想だった。しかし、それゆえに失敗する運命にあった。そのような近代主義的《モダニスティック》な設計は、愛国的好戦的主題を否定する

（上）図 37　ヒトラーが計画した改造後のベルリン中心部にそびえる「ヒトラー大会堂」の予想模型（設計シュペーア）。
（下）図 38　シュペーアによる「ヒトラー大会堂」の内装模型。入口から中央演壇を眺めた光景。天井までの高さは約 40 m。

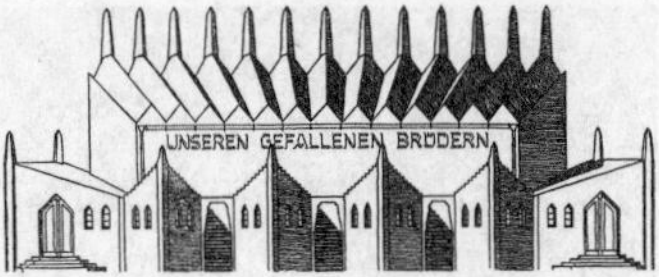

図39　マグデブルクの「戦没将兵追悼碑」（1921年ブルーノ・タウト設計）。

ものと一部には受け取られた。[★84]国民的記念碑は依然として、聖なる場所、世俗的な国民神殿、国民の崇拝行為の枠組みと見なされていた。閲覧室もクリスタルの球体もこの機能を満たし得なかった。たとえば、共和国最初の一三年間に建てられた第一次世界大戦の死者のための七〇〇以上もの「誉れの神殿」は、非常にありきたりのものであった。それは、塔、円柱、いくつかのピラミッド、そして第二次世界大戦中にクライスが描いた戦争記念碑のデザインを暗示するような円形神殿といったものだ。しかも、こうした伝統の尊重は一九四五年以降も続いた。第二次世界大戦の戦没者のための記念碑を建てようとした者は、ピラミッド、オベリスク、そして十字架の形を用いるようにとの指図を再び受けた。[★85]そうしたシンボルの、いかなる実験的な試みも寄せつけない形式と外観は不変である。伝統主義《トラディショナリズム》はあらゆる民衆信仰に内在している。

議会制共和主義は、ちょうど（次章で論じる）国民的祝祭の創造にも失敗したように、自分自身を効果的に表現するものを建設することも当然できなかった。国民社会主義は、新しい政治様式の必須要素である国民的記念碑と聖なる空間の古い伝統に立ち返った。国民的崇拝儀礼への大衆の参加が強調されたので、公的祝祭の性格が国民的記念碑の有効性を決定した。記念碑そのものは、ときとしてその周囲の空間が際だつほど、まったく簡素なものだった。デュッセルドルフのシュラーゲター記念碑はそのよい例である。簡素で巨大な十字架が低い壁に囲まれた空間に立っている。★86 他のナチ記念碑ではそれほど極端ではなかったが、空間への配慮から自立的な記念碑はほとんど背景へと押しやられた。

国民的記念碑は、ナチ党が取り入れ発展させた公的祝祭における祭儀の効果的な一要素だった。祝祭そのものの発展が、国民の崇拝と自己表現において決定的な役割を果たしたのである。

第四章　公的祝祭——源流と展開

　国民的記念碑と、その周囲にたいてい の場合設けられていた「聖なる空間」は、多くの公的祝祭の舞台装置となった。そうした祝祭は国民社会主義の政治様式の本質となった。ときとして、ナチ党指導者たちは何か斬新なものを創案したと自慢したが、それは真実からほど遠い。[★1] ナチ体制下の公的生活の演出は、国民的記念碑そのものと同じほど長い歴史を持っている。実際、ナチ党の演出は記念碑が具現した政治美学と密接に結びついていた。ジャン・ジャック・ルソーは、歴史上の偉大な出来事を刻んだ記念碑を中心に執り行われる愛国的祝祭を一〇年ごとに催すことをポーランド政府に勧めた。そうすれば、ポーランド人は自分たち自身と祖国の将来性へのより強い信念を獲得できたはずであった。人々を愛国心という徳性に染め抜くため、また演劇・オペラ・コメディといった娯楽に対抗するために、公開競技とスポーツ、祝祭と式典を案出するのは当然のことであった。[★2] こうしたルソーの言葉は預言者的であった。というのも、後年、キフホイザーや諸国民戦争記念碑のような国民的記念碑を中心に競技や体操コンテストが計画されたからである。

ルソーが模範としたのは古代ギリシアであった。ギリシア人は自分たちの劇場を「薄暗い幽閉所」とするのではなく、広々とした天空の下で雄壮な祝祭を催した。この舞台装置で、人間の心は高揚され高貴になった。★3 祝祭が簡素化されて豪華絢爛を排したことで、こうしたスペクタクルは、自由人にふさわしい尚武の精神を促す「愛国主義特有の魅力」を発散した。★4 ギリシアの天空への称賛については、ヴィンケルマンの著作で先に触れたが、ルソーはこれを芸術の美ではなく公的祝祭の効果に結びつけた。ルソーがダランベールに書き送ったところによれば、舞台装置こそ何よりも重要であった。「スペクタクルは民衆のために創られ、民衆に及ぼす効果によってのみ判断される」。この効果はいつも情動的なものでなくてはならず、祝祭は万人の心の底に根ざした人間的情熱を反映しなくてはならなかった。★5

一般意志というルソーの概念は、国民的祝祭を基礎づけることになった理論を先取りしていた。「国民」が自己表現するには、民衆が自分たちの情熱を崇拝することが必要であった。ジャコバン独裁下のフランス革命はルソーの勧めどおり公的祝祭を利用し、「一般意志」による自己崇拝の可能性を実演してみせ、ここに新しい政治様式が創出された。

人間の徳性を強めるという目的において、こうした革命祭典はキリスト教の典礼とさほど大差のない公的祭祀《カルト》であった。だが、ここでいう徳性とは、古代の言葉で定義された祖国への愛情であった。その祖国愛は民衆自身の内に本来備わっているだろう徳性のシンボルを介して活性化する。祝祭は日常生活の孤独から人間を救い上げる特別な機会になるはずで、また規則的に繰り返されることにもなっていた。こうして聖なる日が規則的にめぐり来ることで、「キリスト教暦」と並ぶ秩序感がもたらされた。公的祝祭はただ群集の熱狂を煽るのみではなく、普段の祭儀を利用して熱狂を創り出すようにも構想されていた。祝祭に関する限り、ルソーの見解は十八世紀ドイツの敬虔主義というすでに存在した流行と交わり合流した。この敬虔主義たるや猛烈に愛国主義的な代物であった。それは、万人の霊魂に内在すべき「内なる祖国」と人間の内なるキリストの精神を融合させようとするものであった。敬虔主義が特に強調した共同体体験は、キリスト教的愛のほとばしりにあるだけではなく、祖国への愛にも見いだされた。この二つの愛は霊魂の問題であったが、しかし祭儀の枠組みにも取り入れられた。民族《フォルク》の祭典には当然、きまじめで敬虔な雰囲気が吹き込まれ、その情熱と熱狂においてルソーの祝祭とは区別された。[★6] 人はキリストの内に兄弟であるのみならず、愛国心において兄弟であった。愛国者たるもの、人が愛し合うものの内に生きるがごとく、国家の内に生きねばならぬ、とノヴァーリスの詩は呼びかけているが、[★7] 多くの敬虔主義者もこの信念を抱いていた。ヤーンもアルントもそうした敬虔主義を背景に登場した。

十八世紀初頭、ヤーンはルソーがいち早く述べたことを繰り返したのだが、彼はそこに敬虔主義者の中ですでに見いだされていたドイツの歴史意識を吹き込んだ。ヤーンは民族《フォルク》が歴史に覚醒することと、人間がキリストの精神に覚醒することを引き比べた。ヤーンの表現を借りれば、どちらもあらゆる創造性の源泉であるというのだ。[★8] 彼が模範としたものは古典古代の祝祭ではなく、ゲルマン人の勲功祝典であった。その勲功とは、民衆自身の功績であって、王族や司教たちの業績ではなかった。ヤーンは公民的《シヴィック》祭式に特にふさわしい事跡として（後年、ヘルマン記念碑で顕彰された）ローマ軍団に対するゲルマン人の勝利あるいは（メルゼブルクの戦闘のような）初期中世の聖俗諸侯に対する農民反乱を推挙した。[★9] 彼は古典古代の模範やフランス革命のシンボルに由来する祭典の祭祀《カルト》をゲルマン神話の世界に導いた。こうして国民的祝祭には民主的方向づけがなされた。ヤーンにとってギリシア人とゲルマン人はともに「聖なる民」であり、実際にはギリシア的な美の概念がゲルマン的シンボルで取り巻かれていたにもかかわらず、ギリシア的な美の概念が一つの理想型であることに変わりはなかった。

　ドイツの政治祭祀《カルト》の基盤形成においては、ヤーンの同時代人であるアルントがよりいっそう重要であったといえるかもしれない。一八一四年、彼は全ドイツ人の名において「聖なる祝祭」を祝う「ドイツ協会《ドイチェ・ゲゼルシャフト》」の設立を提唱した。彼はこのような祝日としてトイトブルクの森の戦いやライプツィヒ諸国民戦争の記念日が特にふさわしく、より一般的に言えば、祖国のために自らの生命を犠牲にした偉大な人々を記念することを提案した。さらにアルントは、毎年山頂で行われる伝統的な祝典の火をともすには夏至の日が特にふさわしいとつけ加えた。アルントはそのような祝祭にダンスと宴会が含まれるのもよしとしたが、歴史的結びつきは確保されねばならないと主張した。このため、ヘルマンの勲功はトイトブルクの森の戦いの祭典で繰り返し語られなくてはならず、ライプツィヒ諸国民戦争の記念日はヘルマンのローマ人に対するいにしえの勝利に結びつけられねばならなかった。[★10]ヤーンと同様、アルントも真の国民的祝祭は有機的に発展すべきであり、覚醒した歴史意識の重要な要素となるべきであると確信していた。アルントの考えた式典に比べれば、フランス革命祭典は歴史的過去を利用することができず、ただキリスト教の祭儀の伝統のみに頼らねばならないものであった。

こうした観点からすれば、アルントが次のような結論を出したのも驚くにはあたらない。「荘厳な死を称える祝祭」が最も効果的である。というのは、この祝祭において「歴史は生気を吹き返し、その生気そのものが歴史の一部になる」からである。[★11]アルントの提唱と時を同じくして、「慰霊祭」がプロテスタント典礼に導入された。ドイツのプロテスタント典礼の指針確定に加わった人物であるフリードリヒ・シュライエルマッハーが、この祝祭を最初に唱導し、プロイセン教会は解放戦争の犠牲者のために毎年恒例の礼拝式を挙行することを一八一六年に決定した。[★12]栄光ある死を称える式典は後年の政治祭儀で重要な役割を演じ、国民社会主義において中心的な要素となる運命にあった。アルントの祝祭理論は歴史的次元および感情的次元を強調していた。この祝祭はドイツ人によってドイツ的伝統に則って企画されながらも、人間一般の精神と情緒を包み込んでいた。それは神聖な儀礼であったが、いまだに非キリスト教的式典にはなっていなかった。

アルントはこう書いている。「キリスト教徒が祝祭を静粛な祈りと敬虔なミサ式で始めたことは明白である」。なお、彼が提唱したライプツィヒ会戦の記念碑は十字架を戴いて祝福されるべきであり、柏を植え込んだ「聖域」に囲まれていなければならなかった。その場所は偉大なるドイツ人の埋葬地に使われることになっていた。アルントにとっては、このような記念碑こそ「真にドイツ的であり、かつまた真にキリスト教的なもの」であった。[★13]フリードリヒ・ジリーも自作のフリードリヒ大王記念廟をそうした聖なる空間で取り巻いたが、それは古典主義に没入しておりキリスト教的解釈は消えていた。しかし、十九世紀を通じて国民的祝祭はキリスト教的伝統と非常に密接な関係にあり、キリスト教の典礼から借用するばかりか、実際の礼拝とミサそのものをも利用した。

カール・ホフマンはアルントの勧めにより、一八一五年にドイツ全土で諸国民戦争の記念日がどのように祝われたかについて資料を収集した。こうした式典ではゲルマン的シンボルが絶えず登場し、柏の葉で人々は身を飾り、山頂や式場の祭壇の上には火柱が灯された。愛国的な詩編が朗唱され、神が言及されるのはほんのついでとなりがちだったが、「ドイツ救済の祭壇」において説教を行ったのは、ほとんど例外なくカトリック司祭あるいはプロテスタント牧師であった。そして、いずれの祝祭も通例のミサ聖祭や礼拝で締めくくられた[14]。

ヤーンの心酔者である体操家と学生組合員《ブルシェンシャフト》が一八一七年にヴァルトブルク城で名高い祝祭を催したときも、国民的要素とロマン主義的要素は際立っていた。火柱と古城へと続く松明行列が再び登場したが、それはルターと中世の歌合戦の伝統に深く結びついていた。学生たちは「非ドイツ的」と見なされた書籍を火に投じ［図49］、民族祭祀《カルト》をもたらす演説をぶちあげたが、この祝典も礼拝で締めくくった[15]。実際、こうした礼拝は統合機能をもつ要素と考えられていた。ドイツの一体性を賛美するために、プロテスタントはカトリックのミサ聖祭に、カトリックはプロテスタントの礼拝に参列したことが、ホフマンあての手紙には大変誇らしげに報告されている。ユダヤ人もまたキリスト教徒の礼拝に参列した事実が、新たなドイツの統一を告知するものと受け取られた（ある町ではユダヤ人たちは街頭でキリスト教の聖歌に唱和することまで行った）[16]。ライプツィヒ会戦記念祝祭の間は、国民解放の陶酔が反ユダヤ主義の声を押さえ込んでいた。しかし、二年後のヴァルトブルク祝祭においては反ユダヤ主義の声が聞こえるようになった。

それにしても、どこがキリスト教の典礼と似ていたのだろうか。プロテスタントの礼拝は全員で歌い、祈り、説教を行い、祝禱をすることから構成されていた。礼拝での信仰告白の定式化は十九世紀最初の二〇年間で徐々に確立したにすぎない。同様に、典礼の際の聖書朗読の位置づけは当時はまだ議論の余地ある問題であり、朗読をした教会もあれば朗読をしない教会もあった。カトリックの入祭唱、憐れみの賛歌《キリエ》、栄光の賛歌《グロリア》は三曲の続唱にしばしば代替されていた。[17] こうした歌は会衆との対話を可能にしたので、決定的に重要であった。フリードリヒ・シュライエルマッハーはカトリック教会の応唱［司祭と会衆に交わされる対話形式の式次第］を受け入れず、その代わりに牧師と会衆の間に交わされる問答歌を主張した。[18] こうした礼拝で信徒団の信仰心の鼓舞が図られた。それにより、牧師は会衆と一体になった。カトリック教会と異なって、牧師は祭壇で聖職者固有の儀式を行ってはならなかった。シュライエルマッハーは聖職者が単独唱［カトリックのミサの叙唱、奉献文など］を行うことにも反対だった。

教会の礼拝は祝祭のごとくでなければならない、これこそシュライエルマッハーの典礼の基本理念であった。世俗的な祝祭でも同じように、祝祭は民衆自身から発するものでなければならず、権威によって定められてはならなかった。その祝祭では詩歌が朗読され、歌謡が奉唱され、演説が行われるが、教会礼拝においてもそれは同じであり、宗教的祭祀《カルト》は一定の形式を取らねばならなかった。シュライエルマッハーも実際にはこうした宗教的祭祀《カルト》を組織する場合にいくらかの裁量の自由があるとは認めていたが、礼拝の中身を固定しておくように主張した。それゆえ、伝統的な祈禱文の文言は変えられてはならず、説教さえあらかじめ定められた型に従うことが望まれていた。[19] 典礼の急激な変化で信徒を混乱させてはならないとするシュライエルマッハーの確信は正しかった。知性よりも感性に訴える以上、こうした不変性は、祝祭的な宗教的気分を創出し高揚させるためにも宗教意識を強化するためにも不可欠であった。[20]

こうしたシュライエルマッハーの典礼に関する基本理念とカトリックの教理は一致していた。プロテスタントと比べれば、芸術や建築の意義やシンボルの重要性、厳粛な雰囲気を生み出す際に司祭が演じる役割をカトリックは強調していた。一方、プロテスタント教会はそうした事柄よりも讃美歌や説教、会衆の至高性、共同祈願に関心を集中させていた。

ドイツにおいては、礼拝が行われる実際の式次第は、教会ごと、邦国ごとに異なっていたかもしれない。しかし、その典礼のリズムと目的は世俗的祝祭が成立するための確固たるモデルを提供した。ヴァルトブルク城での祝祭に関する記述を読めば、讃美歌に終始したことがわかる。つまり、ルターの「我らの神は堅固な城なり」で始まり、いわゆる「オランダ感謝祈禱」で終わった。この祈禱文は閉祭の讃美歌として、ほとんどすべての国民的祝祭で歌われ、実際に伝統ある愛国歌の定番となった。[21]ヴァルトブルクでは入祭の讃美歌が炎を取り囲んで歌われ、続いて（礼拝の参入唱で）正義とドイツ柏の森について歌われた。さらなる歌の後で、何よりも愛国的な説教と評される演説が行われ、この祭典の趣旨が明確にされた。ここでの「信仰宣言《クレド》」は燃え立つ信仰の表明であり、参会者全員が手を握りしめ、盟約を破ることはないと宣誓を行った。そのあいだ中、アイゼナッハ近郊の教会は伴奏の鐘を響かせていた。[22]

教会で行われる典礼のリズムと古城の前でなされた祭儀のリズムは、明らかな類似点を持っていた。ヴァルトブルク祝祭は、それに先だつ解放戦争の祝賀式と同様、国民的かつキリスト教的な聖なる崇拝行為を鍛え上げた。

政治祝祭に関するナチ党の小冊子は以下のように述べている。いやしくもキリスト教の典礼であれば、一人が全員の名において演説し、会衆は神への短い祈願、信仰宣言《クレド》、とりわけ自分たちの讃美歌斉唱によって典礼に加わる。このナチ冊子は続けている。この式次第は世俗的祝祭においてもそのままに保持されねばならない、とこのナチ冊子は続けている。なぜなら、それは根源的な心理学的真理を表現しているからであり、つまりシンボルは共同体の精神を制御可能な形式の内に表現していると認められるからである。それゆえキリスト教の典礼儀式の主旋律はいつも同じである。会衆による罪の告白から始まり、信仰宣言《クレド》、聖書の解説と続き、クライマックスとして共同祈願、神の祝福で終わる基本型は、国民社会主義者にとっても捨て去ることのできないものだったが、その形式を異なる内容で満たしさえすればよかった。★23

国民社会主義者の儀式から罪の告白は消えたのだが、したがって、総統《フューラー》の言葉から採られたシンボル――民族、血、人種――がそれに取って代わった。それはかつての炎、柏、あるいは記念碑といった国民的シンボルと同じ効果をもたらした。信仰宣言《クレド》や、聖書に代わる愛国詩の朗読がそうであったように、讃美歌は終始こうした公的祝祭に必須の構成要素であった。祈願と祝福はナチ党によって国民精神と人種的祖先の顕彰に換骨奪胎された。ヴァルトブルク祝祭のバックミュージックとなった教会の鐘音は、トランペットの音響に代えられた。「全市の鐘が宗教的祝祭を告げるように、このトランペットのファンファーレや合図は、祝祭の開始直前に傍観者に参加を促さなければならない」[★24]。それにもかかわらず、ナチ党はことさら意識的に教会の祝祭から自らの祝祭を切り離そうとした。一九三三年にゲッベルスは「祭祀《カルト》行為」について積極的に述べていたが、一九三八年までにヒトラーは祭祀《カルト》と民族的政治教育に明確な区別をつけようと試みた[★25]。キリスト教祭祀《カルト》と国民的祭祀《カルト》を分離しようというこの試みは、教会に対して向けられていた。しかし、ナチ党の祭祀《カルト》がキリスト教の伝統の内に生まれたことを偽ることはできなかった。

すでに十九世紀後半には公的祝祭が「聖なるもの」の独占を要求する傾向は存在していた。しかし、この必然的な発展は国民社会主義の時代に至って初めて完成した。第一次世界大戦までは、いかなる国民的記念碑の除幕式でも、司祭や牧師がなお重要な役割を演じた。愛国的な歌やシンボル表現に取り囲まれていてもなお、そうした聖職者は説教を行っていた。これはカトリック地域よりもプロテスタント地域で際立っていた。カトリックのミサにも信徒全員で斉唱する聖歌があったが、結局のところ司祭は信徒とは異なった役割を（また儀礼さえも）、祭壇で演じていた。ここにカトリックとプロテスタントの相違が存在したが、それもシュライエルマッハーのプロテスタント的伝統で表現されたほど明確な相違ではなかった。

第三帝国期を通じて、キリスト教の典礼と国民的祭祀《カルト》をよりいっそう融合させようと試みたのがカトリックではなくプロテスタントであったことは驚くにはあたらない。だが、ナチ祝祭は「教会祭儀からの」自律を目指しており、自らの排他的な目的に即した祭儀リズムを採用していた。教会礼拝の初めに歌われるか唱えられる参入唱は、総統《フューラー》の言葉となった。「信仰宣言《クレド》」はナチ・イデオロギーへの忠誠を誓約する信仰告白となった。また、ミサの奉献の儀はナチ党運動殉教者の追悼に変わった[26]。ナチ党はキリスト教と国民主義的信仰を切り離すために、いわゆる朝の祭礼を強調した。この祭礼は日曜日の朝に行われ、人々が教会に行けなくすることを狙っていた。「朝の祭礼」はふさわしい雰囲気を生み出すために愛国唱歌を利用したばかりか、バッハ、ヘンデル、ベートーベンの音楽をも取り込んだ。こうして朝の祭礼は「人間の魂に規則的に拘束力ある訴えを行い、党員の信念を国民共同体に横溢させることを可能にした[27]」。

ついにナチ党の祭礼が独り立ちして、国民主義とキリスト教の礼拝の伝統的つながりが破棄されたとしても、キリスト教的慣例との対応関係は明らかであった。だが、すでに十九世紀初頭から祝祭の国民的要素は独自のシンボルを通じて発展していた。民族的《フェルキッシュ》な魂に刻み込まれていると信じられていたゲルマンの伝承と歴史的記憶に向けてシンボルは投入された。フリードリヒ・ルートヴィヒ・ヤーンはこう述べている。国民を象徴する、時間を超越した理想を、祝祭は体現せねばならない。祝祭は民衆の中に生き続けている伝統と結びつき、無意識に訴えねばならない。[★28] ドイツ柏や国民的過去の歴史的記憶で満ちた風景というシンボル表現は、こうした要求の実現に役立った。ヤーンはゲルマンの美徳を取り戻す気概を呼び醒ますべく、さらに古代ゲルマンの衣装の採用をつけ加えた。先に触れたように、こうしたすべての点でヤーンの見解に同意していたアルントは、ドイツ語と同じように、外国のモデルを模倣して台無しになった衣装におけるゲルマン復古を唱えた。[★29] ドイツ衣装は「自然で雄々し」かるべく、その着用はドイツ青年の再生に寄するべし。こうした歴史的連続性を獲得する試みに加えて、歴史的変動を耐えて残った民族歌謡《フォーク・ソング》や民族慣習が研究され、国民的式典の要素として復興された。

ドイツ人はゲルマン衣装を身にまとうべきであるとヤーンとアルントが提案した動機は、軍事的な亀鑑というより歴史的連続性の覚醒であった。もちろん、軍事的経験との類比も引き出された。つまり一八三二年ハンバッハの国民祝祭に集まった群集［図40］は行軍するナポレオン軍団になぞらえられたし、のちにフェルディナント・ラサールは彼の労働者集会を「観閲式《ヘーレスシャウ》」と呼んだ。結局のところ、軍隊は当時存在した最大規模の大衆組織であった。しかし、軍事的伝統が当面及ぼした影響は、単純なものでも直接的なものでもなかった。（会場に入る前に集団を整列させて行う）整列行進《アウフマルシュ》や頻繁に使われた行進曲や軍旗のシンボルにおいては、確かに軍事的伝統が認められた。だが、いずれにしても十九世紀前半に試みられた衣服の軍服化は、すでに論じたように、想像上のゲルマン的伝統と美の観念の復興に由来していた。

第二帝政期を通じて、(以下ですぐに述べるように)軍事式典は国民的祭祀《カルト》のダイナミズムを凌駕しようとしていた。軍事式典は、公的祝祭の確立した伝統と常に一致していたにしろ、第一次世界大戦によって一つの大衆組織化モデルを提示することになった。だが、第三帝国では壮観な軍事式典をナチ祭祀《カルト》から切り離そうとする傾向があった。たとえば党大会が行われたニュルンベルクでは、国防軍は独自の式典を催した。それでも英霊記念日のような式典は軍事的行事となり、そこでは全兵科の部隊が第一次世界大戦でぼろぼろになった軍旗を掲げて行列した。この軍事的先例は、ナチ祭典に最も重要なモデルを提供したというよりも、むしろそれは国民的祭祀《カルト》の中で機能していた。だが、国民主義の勢力は必ずしも特段に軍事的モデルで育まれたわけではなく、むしろアルントとヤーンの時代には軍事的モデルの抑制が求められていたように思われる。

一八一一年にヤーンが礎を築いた体操団体は、祝祭に新たな次元をつけ加えることになった。すでに古代ゲルマン人は男らしさと生命力を示すためにスポーツで競い合った、とヤーンは確信していた。彼の体操祭はベルリン郊外の草原ハーゼンハイデで、国民解放戦争の事跡を想起すべく日を選んで行われた。体操が行われるあいだ中、愛国歌謡と讃美歌が斉唱され、愛国的説教と松明行列が行われ、聖火が灯されていた。★30 肉体的競争による

図40　1832年ハンバッハ祝祭での整列行進。

「雄々しさ」の祭祀《カルト》はこうした催しに不可欠な要素となり、いくつかの国民的記念碑では競技にふさわしい聖なる空間が設計された。★31 ヤーンは、そうした男性的運動が「青年の煩悩」を昇華させ、ルソーもかつて排撃した放蕩から若者を遠ざけると考えた。★32

国民的祭祀《カルト》の基礎は一八三二年、国民的祝祭がライン河畔ハンバッハ城で行われたときまでに据えられていた［図40］。これこそ国民統一への熱望によって導かれた最初の大衆祝祭であった。一八一五年の祝典は地域的であり中央集権的に組織化されてはいなかったし、一八一七年のヴァルトブルク祝祭は比較的少数の青年学生のみが集っていた。ハンバッハには約三万人のドイツ人が集まり、実際ドイツ初の大衆集会と呼ぶにふさわしいものであった。それを見た同時代人は行進するナポレオン軍団を想起したものだ。★33 祝祭の呼びかけ人の一人は次のように述べている。「ヴァルトブルクで若者が実行すると誓ったことに、今や全国民が支持することを誓わねばならない」★34。この祝祭は「ドイツの五月」に召集されたが、それというのもこの時期に古代ゲルマン人は部族集会である「民会《ティング》」を催したからである。だが祝典の最重要人物であるJ・G・A・ヴィルトがゲルマンの故事に加えて、ポーランドも五月に祝祭を行う習慣を受け入れたと言及したとき、祝祭の背後にあった革命的なエネルギーは沸騰した。祝祭にはポーランド人が出席し演説していた。国民的解放を求めるポーランド人の闘いは、ヴィルトが同じく言及したハンガリー人やイタリア人やスペイン人の運動のように、その当時ドイツ人が要求したものと同一だと考えられていた。★35

丘の上の朽ちた古城が、ここでも再びハンバッハの催しの中核であった。祝祭の圧巻は廃墟そのものに向かう行列であった。この行列は整然と組織され、全ドイツからの代表、ポーランド国旗を掲げる女性たち、楽隊をともなった市民兵が含まれていた。行列は、全員が身につけた黒赤金の記章、学生がまとった古代ゲルマンの衣装、多くの旗などによって彩られた。旗の多くは権力と決断の標《しるし》としてローマのファスケス［束ねた棒の中央に斧を入れて縛った権威表象、のちにイタリア・ファシズムのシンボルとなる］を片面に、その裏側に柏の葉冠を誇示していた。行列は愛国歌に包まれたが、なかでもアルント作「祖国ドイツとは何ぞや？」が最も人気があった。[★36] さっそく城址で演説が始まったが、およそ一九本の演説が深夜まで、歌と昼食による中断を例外として絶え間なく続いた。それに加えて、群集の中で個々の演説者の周囲にしばしば人だかりができていたので、多くの人々は中心で行われている議論を聞くことはできなかった。つまり、人々が自分たちこそ「民会《ティング》」を構成していると実感することはできたが、城址での光景はおよそ無秩序が支配していたのも確かであった。[★37] つまり、大衆は行列している間を除けば必ずしも統合されていたわけではなかった。シンボル表現は廃墟の塔に掲げられた旗や丘陵での夜の焚火あるいは演説に限られた。ヴァルトブルク祝祭の光景を決定づけたような儀礼は、まだ大衆集会に転用することができなかった。

それにもかかわらず、ハンバッハ祝祭そのものがシンボルになった。祝祭の最もわかりやすい要素であった行列はまさに象徴的であった。行列は絵画で複製され、パイプの雁首やエプロンや嗅《か》ぎ煙草入れの絵柄となった。しかも、ハンバッハ帽、ハンバッハ服はもとよりハンバッハ髭までも登場した。多くの地方でハンバッハの意義を表するために、それぞれのシンボルが見いだされた。「自由の木」はフランス革命の伝統の中から正義のシンボルとして蘇ったものだが、今や「五月の木」として多くの共同体でキリスト教的装《よそお》いが与えられた[★38]［図18、19］。ハンバッハ城址への行列の出発に際しても、ヴァルトブルク祝祭と同じく教会の鐘が伴奏として鳴らされたが、ハンバッハのシンボルは世俗的であった。演説においては、アルントが望んだキリスト教と国民主義の統一の痕跡は見いだせなかった。愛国歌謡は讃美歌と組み合わされておらず、むしろフランス革命の旋律が優勢であった。

国民的祭儀が国民的フラストレーションの圧力のもとで宗教的意図から自立する傾向を強め、革命的インスピレーションに自らの模範を見いだすようになる過程をハンバッハ祝祭は示している。しかし、大衆の組織化に関する限り、ハンバッハ祝祭は応用可能な先例を示したわけではなかった。容易に組織できるために、それまでも行列は国民祝祭において常に行われていた。かなり後になって、行列が祭儀全体の構成要素として形式を整えてくるにしたがって、何がしかの軍事的規律を採用して、「整列行進《アウフマルシュ》」と呼ばれるようになった。

国民的祭儀がさらに発展したのは、ハンバッハのような大祝祭よりも限定的で固定的な枠組みの中であった。自治体は町村の領域内で催される祝祭を独自に組織したが、その比較的安定した構成によって、いっそう住民の凝集性を生み出すことができた。同じことは、たとえ全国規模であっても射撃祭や合唱祭のように特殊な団体がそのメンバーのために主催した祝祭についてもあてはまった。こうした祭典はすべて、すでに親密に結びついた群集をいっそう強く統合したとしても、ハンバッハ祝祭に合流したような雑多でまとまりのない大衆を統合するものではなかった。かなり後、すなわち二十世紀になって初めて、いっそう念入りに仕上がった国民的祭儀において、多様で雑然とした群集に見合う規範が見いだされることになった。

一八四八年革命ではドイツ統一の達成が目標とされたが、革命は政治祭儀で統合された巨大で雑多な群集の形成に対応するような祝祭をもたらさなかった。確かに、伝統的な行列は組織された。たとえば、一八四八年にオーストリア皇帝の代理人がフランクフルトを訪れた際にも歓迎の行列は組織された。松明行列、市の職能別ギルドによる行列、花火と旗がこの訪問を奉祝した。[39]一八四八年革命の最中には、国民的式典の意義はかつて式典を執り行った人々によってさえ否定されることが少なくなかった。たとえば、学生たちは一八一七年の祝祭を記念して再度ヴァルトブルクに集まったが、以前とは大きく違っていた。雨の中で試みられた閉会式を除けば、四八年には式典はなかった。実際、今度の合言葉は「立派な演説も、自由の歌もいらない。感涙も宣誓も、聖餐式もいらない」[40]だった。これは一八一七年に行われた国民的祝祭の公然たる否認であり、真剣に革命に取り組んだ後続の世代が往時をどのように見ていたかを示唆している。

旧態依然たる疑似宗教的構成の代わりに、学生は議会を模した討論会を組織した。学生たちの最終決議は神秘的あるいは愛国的な調子からはかけ離れたもので、教育学習の自由やドイツの大学制度の中央集権化に向けた具体的提言を示した。そのうえ、彼らは一八一七年には何はさておき歌われたルター派の合唱曲「堅固な城」をプロテスタント的、つまり一方の教会に肩入れした歌として斉唱を拒否した[★41]。この学生たちにとって、自由主義こそ国民主義の儀礼化を押しとどめるものであり、革命的変革は地道な方法でなし遂げるべきことと見なされた。もっとも、四八年革命にともなっておこった新聞、小冊子、歌謡が伝達した国民的プロパガンダの氾濫はその限りではなかったが、それでも全体としては、この革命は国民主義の祭祀《カルト》を退ける傾向を示した。革命的熱狂は短命に終わったが、国民的祭儀は地域的にも組織的にもより限定された枠組みの中で発展していった。そのことは、ハンバッハ祝祭以後の大規模な大衆祝典である一八五九年の「シラー祭」がよく示している。国民統一の模索は一八四八年革命によっていま一度頓挫したが、一八五九年にはこれまでとは異なる祝祭のために機が熟し始めていた。シラー生誕百年の記念祭は、国民主義と自由の新たな結合を生み出すように思われた。その結合の国民的シンボルとして文化的な偉人が選ばれた。ハンバッハでは国民解放の示威運動により保たれていた革命的伝統は、国民的アイデンティティの内向化に席を譲った。「国民精神」の強調は、（四八年に具体的変化を生むことに失敗した当然の帰結と見なされるが）国民的シンボル表現の必要性を訴えることに結びついていった。おそらく、ハンバッハ祝祭で行動主義への衝動が明らかになったために、国民的なシンボルと祭儀の全面的活用は抑制されたままになっていた。

シラー祭は地域別のものとなり、各都市で独自の祝典が催された。それはカール・ホフマンが巧みに描写した諸国民戦争の戦勝祝典に似ていなくもなかった。この祭典は民衆の寄付金によって運営されることも多かった。[★42]そこでは男子合唱協会が指導的な役割を演じたが、射撃協会もまた参加していた。そのうえ、ほとんどどこでも全階級の住民、つまり市民も労働者も参加していた。実際、パリのシラー祭は音楽協会に所属していた亡命ドイツ人労働者が主催したものだったが、「ドイツ・プロレタリアート」がそれほど「階級として」団結しているようには見えない、とある観察者は記している。[★43]ドイツ本国、たとえばハンブルクやシュトゥットガルトでは、労働者は祝祭の開始を告げる行列のかなりの部分を占めた。彼らは国民的祝祭の挙行に際して、市民、体操家、合唱団員、小商店主と一緒に行動した。貴族と軍人のみがシラー祭に敵意を持っていると言われたが、シラーが自由と国民意識のシンボルであってみれば、それは当然であった。[★44]

祝祭は今や定番となった行列で開始されるのが普通だった。ときには、シラー演劇の舞台シーンを再現した山車《だし》がこうした行列に活気を与え、多様な集団が自らの職種を示すシンボルを掲げた。旗は祝日の習慣であり、行列の参加者全員は同じ記章をつけることが義務づけられた。ライプツィヒでは、参加者が芸術と商業の表象であるふくろうの留まったメルクリウスの杖を手にして進んだ。[★45]夜には松明行列が行われ、周囲の嶺々には篝火が灯された。松明行列の終点の中央広場では演説が行われ、シラーとドイツ国民に祝杯が挙げられるのが一般的だった。各都市は自らの印象的な都市環境を特に利用した。たとえばミユンヘンではクレンツェの造った行列用の通りであるルートヴィヒ通りの終着点、将軍廟《フェルトヘルンハレ》［図41］が使われた。約五〇〇名の学生による松明行列はこの記念碑の前で終わった。その開廊《ロッジア》にはシラーの胸像が供えられており、行列が到着すると台座を取り巻くミュンヘン市の男子合唱団が歌い始めた。その後、学生たちは学生歌を歌い松明を積み上げて篝火にする別の広場に行進していった。★46 この祝典で見られた（王国の公的行進のために設計された）ルートヴィヒ通りと将軍廟の活用は、約七〇年後に繰り返されることになっ

図41　1923年ヒトラー一揆の流血現場となった「将軍廟」前で松明を燃やして行われたナチ党祭祀。3月末の日曜日に行われた「青年の義務」の儀式場面。

図42　1913年グリューネヴァルト競技場で行われた体操祭典。

た。それは一九二三年のヒトラー一揆の犠牲者を記念するために、まったく同じコースがナチ党によって舞台装置に利用されたときであった〔図41〕。

行列や演説とは別に、シラー祭はシンボリックな彫像と活人画《タブロー・ヴィヴァーン》〔生きた人が扮装し静止した姿勢で舞台上などで名画や歴史的場面を再現するもの〕にも多く登場した。シラーに月桂冠を授けるゲルマーニア女神と彼女の足元にいるゲルマン諸部族を写し取った巨大な模型を造った多くの都市の代表格はフランクフルトであった。市営の劇場はシラー演劇から採った活人画を公開し、シラーを賛美することで幕を閉じた。この詩人は昇天し、リヴィウスからシェークスピアまでの先達によって戴冠された。[★47] 劇場の中では国民的主題はミューズの神々に圧倒されていたが、シラーとゲルマーニア女神が誇らかに手を携えた屋外彫刻ではいつも現前していた。

政党はこのシラー祭を自己目的に利用しようとした。特にベルリンでは、民主主義者と警察の間で一騒動あったが、他の場所でも自由主義者たちは祝祭を自分たちの大義に取り込もうとした。[★48] ハンバッハ祝祭でもそうであったが、カトリックの南部がこの祝典においてプロテスタントの北部と連帯したので、国民統一への熱望は事実上、宗教的要素を片隅に押しやった。[★49] 教会は一八一四年以来いつもそうしたように、多くの場所で行列の出発に際して鐘を鳴らした。しかし、ハンブルクでは教会と祝祭の文字どおりの紛争が勃発した。シラーの記念日はプロテスタントにとって重要な「懺悔と祈禱」の祝日とぶつかっていた。

祝祭の発起人たちはハンブルク市もドイツの他の都市と同じく祝典に合流すべきだと申し立てたが、それは退けられ祝祭は翌日に延期のやむなきに至った。★50 たとえ祝祭自体がもはや聖職者に主要な地位を与えなかったとしても、宗教的感情はなおも考慮すべき要素だった。それにもかかわらず、おそくとも一八五九年までに国民的祭祀《カルト》は世俗化してしまい、ヴィルヘルム帝政期に牧師の典礼職務が復興されたけれども、このような事態を隠蔽することはできなかった。第一次世界大戦後に聖職者は国民的祝祭から完全に姿を消す運命にあり、決して蘇ることはなかった。

これまでみてきた祝祭には、すべて歴史的連続性の感覚や、有機的全体の中に生きるという意識が注入されていた。そうした感覚や意識は一八六〇年代の合唱祭、体操大会、射撃祭においてもう一度検討することにしよう［第六章参照］。確かに、国民的祭祀《カルト》は十分に定着した祭儀までには成熟しておらず、第一次世界大戦後初めてそうした発展を遂げることになった。一八七一年の国民国家統一の達成は国民的祭祀《カルト》の連続性にゆゆしき問題をもたらした。というのも、今や祝祭の運営は体制側に掌握され、もはや祝祭のダイナミズムを欲求不満から引き出すことはできなくなった。一八七一年以前にはバイエルンのルートヴィヒ一世のような少数の例外を除けば、ドイツの諸侯は国民主義の高揚を妨害したが、この妨害のおかげで国民的祭儀は既存の政治体制に抗して民衆の参加を促す「躍動《エラン》」を吹き込まれていた。ヤーンが「お仕着せの」祝祭に反対したのは、このダイナミズムを考慮したからであった。第二帝政期を通じて、祝祭は当局のお墨付きで布告されるうわべだけの作りものになる危険にさらされていた。祝祭はゲルマンの神話とシンボルによる劇的世界から関係を断たれる危機的兆候を示していた。

ドイツが一八七〇年にセダンでフランスに勝利したことを記念する毎年恒例の祝祭は、以上の事態を例証している。セダン祝祭はドイツ第二帝国が自らの栄光を称えるために創り出した最初の国民的祝祭であった。プロテスタント牧師であるフリードリッヒ・フォン・ボーデルシュヴィンクがいわゆるセダン祝祭を創出した有力な推進者であった。ボーデルシュヴィンクは貧者のための学校と福祉施設を設立し、そこで厳しい管理体制を布いた。彼の厳格なプロテスタント主義は、平和な時代の頽廃《デカダンス》を防ぐために神がお授けになった戦時の規律と同じように、日常生活での規律を強調していた。[51] 彼が衝撃を受けたのは、ナポレオン三世治下のフランスで目撃した「たらふく飲み食いし、朝から晩まで踊り狂い跳ねまわっている」[52]祝祭であった。この罪業は野放しにされており、(それはフランスにおいては当然のこととしても) このような罪業は、じきに第二のパリ・コミューンと家庭の価値観の崩壊をもたらすであろう、とこのドイツ福音教会牧師は確信していた。[53]

そのような運命からドイツは救い出されねばならなかった。そのため、民衆がより実りある余暇を過ごす方法として、タキトゥスが描いたゲルマンの祝祭が利用できるだろうとボーデルシュヴィンクは考えた。彼にとって軽薄さを意味した国民的頽廃の予防手段として、彼はセダン戦勝祝典に着手した。人心の頽廃を抑制して愛国的犠牲の精神におもむかせた普仏戦争は終わったので、こうした目的を完遂する別の手段が見いだされねばならなかった。アルントから示唆を受けて、宗教的なものと愛国的なものの総合《ジンテーゼ》の模範として、彼はいにしえのライプツィヒ諸国民戦争戦勝祝典を参照した。[54]ヴィルヘルム一世はボーデルシュヴィンクの提言を感激して受け入れ、セダン祝祭は一八七一年に制定された。この牧師は祝典に向けて独自の計画を提案した。つまり、セダン記念日は教会における朝の礼拝式で始まり、夕方の祈禱式で終わらねばならないとされた。[55]しかし、祝祭が定着していくにつれて、一八七三年までにはある程度の民衆的な人気を獲得したものの、ボーデルシュヴィンクが望んだような重々しくも質素な行事ではなくなってしまった。たとえば、一八八三年の地方都市オルデンブルクではおよそ一五〇〇人が松明行列と合唱に参加し、午前一時まで愛国的演説に耳を傾け午前五時までダンスを続けた。広汎な愛国主義組織が祝祭に勢揃いし、社会主義者鎮圧法の効力がある間はおそらく祖国へ忠誠の証《あかし》を立てるためであったろうが、一八九〇年には社会主義労働者の文化協会さえも加わっていた。[56]だが、ダンスはボーデルシュヴィンクの意に適ったものではなかった。なぜなら、演説と夕べの祈禱の後、人々は「麗しき日」を内輪でもう一度想い起こすために家族のもとに帰らねばならない、と彼は確信していたからである。[57]
時がたつにつれて、各種の愛国主義的結社がセダン記念日を勝手に利用したが、記念日はブルジョア的「心地よさ《ゲミュートリヒカイト》」に少しずつ染められていった。さらに、軍事パレードが、皇帝誕生日というヴィルヘルム期のもう一つの愛国主義祝祭で占めたのと同じように、華々しい位置をセダン記念祭でも占めていたことはいっそう重要である。かくして、民衆の積極的な参加は排除された。たとえば、こうした一九一一年のセダン記念日を体験した者は、この祝祭は軍事力を誇示するための日だった、と回想した。★58 また、カトリック教徒の反対によってセダン祝祭は国民的行事という意味ではさらにいっそう限定的なものになった。カトリック教徒はビスマルクの反カトリック政策を支持する党派の祝典、とセダン祝祭を見なしていた。カトリック教徒にすれば、この祝祭は体制側が後援し、おまけに体制側の一部に偏ったものだった。★59

結局のところ、セダン記念日は失敗だった。★60 それは保守的なやり方で上から組織され、規律が強調され、徐々に民衆の参加を排除していったことの帰結であった。ゆえに、ゲルマンの神話とシンボルを強調し、誰でも参加できる余地をとどめていた、かつてのライプツィヒ諸国民戦争戦勝祝祭とは似ても似つかないものであった。こうした衰退は第二帝政期に推移した情勢の典型であった。祝祭においてのみならず、体制側と結びついたあらゆる政治運動においても民主的かつダイナミックな要素が失われていった。そのよい例がボーデルシュヴィンクの友人であったアドルフ・シュテッカーのキリスト教社会労働者党である。シュテッカーは大衆運動を創出しようとしたが、彼の政党はプロテスタント教会の正統性と皇帝への忠誠に束縛されており、民衆的なアピールでは大きな限界にぶちあたった。シュテッカーの最後の切り札であった反ユダヤ主義でさえ、それ自体は人気があったとしても、「宮廷説教師」の運動に新たな活力を与えることはできなかった。それでも、政治的大衆運動という怪物に怯えた体制側はシュテッカーの政治活動をやめさせてしまった。

民衆の参加と歴史に根ざした神話とシンボルへの訴えなくしていかなる祝祭も成功させることはできない、とすでにヤーンは力説していた。★61 軍事パレードあるいは教会の礼拝でさえも、こうした歴史的な記憶に取って代わることはできず、愛国主義的結社や職能団体の閉鎖的サークル内での「心地よさ《ゲミュートリヒカイト》」を求める傾向などではなおさら代替不可能だった。このような民衆参加の欠如が、セダン記念日の惨めな運命ばかりか皇帝誕生日祝典の運命をも決定した。ここでも堂々たる軍事的な威風が支配しており、民衆はただ傍観していた。ナチ党が総統《フューラー》の誕生日を祝った際にも、四時間以上も続くこともあった軍事パレードが利用された。しかし、ナチ党は祭祀儀礼《カルト》にも頼っていた。主要な式典はラジオで放送され、その模様はあらゆる地方で党組織によって模倣された。中心的な式典はミュンヘンで、夕方遅い時間に行われた。旗、聖火、シュプレヒコール、参加者全員による宣誓は、驚異的な照明効果のみが与える光彩によって暗闇の中に浮き上がった。★62 こうしたナチの式典は、主に軍人の兜の飾りが目撃者の記憶に残った★63 ヴィルヘルム期の祝祭とはまったくかけ離れたものであった。ヴィルヘルム期の祝祭は、民衆の参加を認める祭儀をともなった正真正銘の儀礼へ脱皮することは決してなかった。ドイツ統一以前の祝祭で成功を確実にしていたダイナミズムは失われ、ドイツの栄光はもっぱら行進する兵士たちによって表現された。

こうした他の多くの祝祭と同じように、セダン祝祭は第二帝政期で失敗に終わった。その原因は一つには祝祭がブルジョア的な「心地よさ《ゲミュートリヒカイト》」に包み込まれたからであり、また一つには時の権力者が本当のところ大衆運動を恐れていたからである。祝祭は今や秩序と品位を強化するために催され、伝統的な生活様式の維持を主張するようになっていた。公的祝祭と私的祝宴とを隔てている境界線がいとも簡単に消えてしまったので、ボーデルシュヴィンクがいち早く祝祭で家族が果たす機能を強調したことは特に典型的だった。[第六章で]また触れるつもりだが、男子合唱団の運命はこうした傾向を検討する格好の例を提供している。一八七〇年以降、誰もが参加できた公的結社からコンサートで歌う私的グループへ、男子合唱団は徐々に変化の兆しを示したが、それは公衆を見物人の地位に引きずり下ろすものであった。このような傾向は一八七〇年以後のブルジョア文化の開花の中にもともと存在していた。つまり、中産階級の安定した心地よい生活を表現するシンボルが、国民の再生を示すシンボルに取って代わる恐れがあったのである。だからこそ、ヤーンと彼の同時代人は「満腹は愛国主義と男らしさの敵である」★64と始終心から確信していた。

当時のいくつかの国民的記念碑が浮わついたバロックの模倣を採用したのとまったく同

じように、祝祭においても創始者の意図した目的の真剣さは失われたように見えた。軽薄さを克服しようとしたボーデルシュヴィンクの試みは失敗した。だが、国民的祝祭の社会的および心理的必要性は体制側の多くの指導者によってなおはっきりと認識されていた。一八九七年にドイツ国民祝祭協会が創設されたとき、「民衆・青年スポーツ中央委員会」から資金が提供された。この組織は一八八九年にドイツの学校スポーツ振興のために設立され、ドイツ全土の大小の都市（一八九九年までに三二〇都市）の寄付で運営費用の大半が賄われた。[★65] 協会は設立早々、民衆祝祭の焦点をもっと厳密に絞り込み、真剣さを盛り込むために、スポーツ競技を導入しようと試みた。医師でプロイセン邦議会の国民自由党議員だった創設者フォン・シェンケンドルフ男爵も委員会のメンバーたちと同じく、単にスポーツの愛好が活動の動機ではなかった。むしろ、祖国の軍事動員発令に応じる技能を青年に身につけさせることがスポーツの目的だった。この委員会のメンバーは一部は貴族から、また一部は工業家ヴィルヘルム・フォン・ジーメンスのように産業界から、さらに銀行家フランツ・フォン・メンデルスゾーン＝バルトルディのように金融業界から構成されていた。だが、ドイツ教員同盟議長や二、三の高校《ギムナジウム》校長とともに学識者もまた含まれていた。全ドイツ協会議長エルンスト・ハッセもこの委員会メンバーであったことは、なんといっても象徴的だった。彼らは政治的分野では右翼に位置し、軍隊と宮廷に縁故を持つ保守的愛国者であった。公的祝祭は「国を守る意志を持ったすべての者の集合体」となるべきだと信じていたとしても不思議はない。委員会は、あらゆるスポーツを競技へと変質させようとした。競技は、スポーツで決められた規則を遵守する努力、つまり「自発的服従」を促す行為を意味したからである。[★66]

民衆祝祭《フォルクスフェスト》では、軽薄さも無規律も望まれていなかった。ボーデルシュヴィンクと同じように、委員の一人は男子合唱団と射撃協会の祭典を以下のような理由で非難した。彼らは民衆の喝采を浴びて通りをパレードした後、舞踏場などで浮かれ騒いだからである。「こうした軽薄さで階級差を消し去ることはできない」[★67]。委員会がドイツ国民祝祭協会を設立して地方での試みを拡大しようとしたとき、この社会学的考察はたいへん重要だった。階級差は国民的祝祭では止揚されるべきで、誰でもが身分にとらわれることなく競技すべきとされていた[★68]。国民への献身的情熱の復興と結びついた体操競技であれば、階級差の意識を煙に巻きつつ、既存の階級構造の温存を可能にし、そのうえ、皇帝に頑強な新兵を捧げることにもなったであろう[★69]。ドイツの選良《エリート》は祝祭の軍事的活用を十分考慮していた。それはルソーが強調した一要素ではあったが、アルントやヤーンの著述には存在しないものだった。

それでも、ドイツ国民祝祭協会の設立宣言はヤーンの言葉を引用しており、競技スポーツによって国民意識を再確認するためには相応しい国民的な舞台背景が重要だという見解を、ヤーンの遺産から引き継いだ[★70]。すでに委員会は国民的記念碑の設計者にスポーツを行う場所を備え付けるように働きかけ、一九〇〇年の要求では、すべてのビスマルク塔は民衆競技《フォルクスシュピール》が開催可能な空間とともに建てられるべきだとされていた。成功しなかったとはいえ、ライプツィヒの古戦場を見渡せる丘陵をスポーツ競技の用地として買収することが試みられたし、また「国民精神」を作興するために、その場所にビスマルク塔を建立することも提案された[★71]。

ドイツ国民祝祭協会は自ら企てた祝祭の舞台としてニーダーヴァルト記念碑とキフホイザー記念碑の敷地に特別な関心を示した。すでに言及したこの二つの記念碑のライバル意識は、この国民的祝祭の開催地に選ばれることに向けられていた。競り勝ったほうの記念碑が国民的祭儀において主役の権利を主張できると考えられたからである。またドイツ中の多くの都市も誘致に名乗りをあげ、スポーツ場の設計図さえ提出されたにもかかわらず、ニーダーヴァルト記念碑はすでに地域の中心的巡礼地であったので、最終的にはそこが選ばれた。記念碑を取り巻く地形のため広大なスポーツ施設がそこに建設できなかったので、祭典は記念碑自体からはかなり離れて催さねばならなかったにもかかわらず、ニーダーヴァルトが選ばれたのである[★72]。

またドイツ国民祝祭協会の委員たちは、セダン祝祭を自分たちの目的に利用しようと試みた[★73]。セダン祝祭が成功しないのは、その開催日［九月一日］が日曜日にあたらなかったからだ、と彼らは考えた。この点では彼らの読みが当たることもあった。たとえば、一九

○○年のドレスデンでは、対フランス戦勝記念碑での集会の後、スポーツ競技が催される「祝祭広場」に全員が行進した。審判者が検討している間、男子合唱団が斉唱した。同じ年、ドイツのほかの場所と同じくブラウンシュヴァイクでも、実際のセダン戦勝祝日の前日に競技大会を行ったが、競技は演説と行列で始まり、皇帝と帝国への「万歳」で終わった。[★74] しかし、この成功はほんの一時的な現象にすぎなかった。ドイツ国民祝祭協会はセダン記念日の失敗についての本当の原因を斟酌し損なった。民衆を体制側につなぎ止めるための意識的な努力の産物として、人為的に祝祭を創出することなどできないことを、彼らはヤーンの著作から学び得たはずであった。フランス革命に関する著作でアルベール・ソブールは「強要された祭祀《カルト》」と民衆の宗教的衝動の自然発生的転移を区別している。[★75] 民衆の自発性それ自体は決して事実ではなかった。つまり、あらゆる祝祭は計画されたものであった。しかし、用心深く組み立てられた自発性という幻想は、祝祭にいっそう重要な意義を吹き込んだ。

たとえ祝祭が実際には最近の出来事を称えているものだったとしても、はるか昔の記憶がこの自発性を構成する要素でなくてはならなかった。対ナポレオン解放戦争は一八一五年にそれが想い起こされ祝賀されたとき初めて、文字どおり「解放戦争」となったのである。それにもかかわらず、この戦争とローマ人に対する古代ゲルマン人の闘争の間に意識的な連想はすでに創り上げられていた。このような祝祭理論のいくばくかはドイツ国民祝祭協会の会員に理解されていた。少なくとも彼らは祝祭の立地条件には気を配ったからである。しかし、こうした祝典を支える勢いを捉える感性を彼らはほとんど持ち合わせていなかった。公正に見て次のように言わざるを得ない。民衆の熱狂を創り出すために、彼らはさらなる障害に直面していた。その障害は長年にわたりセダン記念日の悩みとなっていたものであり、それについてはフランスの革命記念日である七月十四日の祝典においても同じだった。[★76]かつての国民的祝祭は体制打倒に向けて行われたが、今度は現存する制度の存続を祝賀せねばならなかったからである。

そのうえ、親組織である「民衆・青年スポーツ中央委員会」も、事実上競合していた強力な体操家団体の絶えざる抵抗によって悩まされていた。自認するところでは、中央委員会はボートからサッカーまであらゆるスポーツを傘下に入れようとし、スポーツ教師の教練課程の提案すら行った。しかし、この野心的な計画は意に反して体操家たちのいっそう激しい怒りを引き起こしたにすぎなかった。[★77]結局、体操家たちこそヤーンの本当の弟子であり、彼らの祭典はそのことを証明しているように見えた。いずれにしても、親組織の中央委員会は第一次世界大戦の勃発まで仕事を続けたが、ドイツ国民祝祭協会は格別の国民的祝祭を一度も主催できなかった。

近代的な国民にとって国民的祝祭が不可欠であるという実感は、第二帝政期のドイツでは体制を擁護する立場であれ反体制の立場であれ誰の心にも生じていた。そのような気運の最も明確な兆候は、この時期（一八九五年）にテオドール・ヘルツルが唱道した新たなユダヤ人国家建設の計画でこうした祝祭が重視されたことである。ヘルツルが未来のユダヤ人国家を夢見たとき、彼は巨大なスペクタクルと色鮮やかな行列のある国民的祝祭を心に描いていた。彼は民衆の気に入る聖歌の作曲を依頼しようとしたし、ふさわしい旗によって「人々を思いどおりの場所、約束された土地にさえも導くことができる」と確信していた。[★78] 彼は自分のことを劇作家と呼び、実際に彼が演劇に示した関心は軽視できないものだった。だが、それと同じくらいに彼は群集の指導と統率の問題に心を奪われていた。[★79] ヘルツルはたいへん特異な人物であったが、それでもユダヤ人国家に劇的効果を与える彼の提案は、大衆と、その大衆に国民的な神秘的雰囲気をまとわせるのに必要なシンボル表現に、彼が没頭していたことを示していた。

第二帝政期に祝祭と国民的記念碑についての議論が絶え間なく行われたという事実そのものが、「新しい政治」の構成要素として多くの人々がその重要性を実感していたことを示している。しかし、古く力強い伝統が窒息させられるという危機意識も存在した。民衆の宗教的衝動は、もはや国民的祝祭に転嫁できなくなっていた。この問題は国中を席巻した国民的記念碑建立ブームによっていっそう大きくなった。人々は国民的崇拝のシンボルに飽きてしまっていた。ある建築雑誌は一八九八年にこう書いている。「ヴィルヘルム一世を称える記念碑をこれ以上争って建てたところで、公的な注目を集める役にはたたないだろう」[80]。したがって、国民的な巡礼地を成功させる要素が新たな関心事となった。この結果として、諸国民戦争を偲ぶ記念碑の一図案が特に人気を集めたが、それは手に剣を持った「力強いゲルマン男子」の巨大な像が描かれていたからであった。この立像はヘルマン記念碑の人気に迫る潜在力を持っていた[81]。

国民的巡礼地への取り組みは常に存在したが、今やそれが広範な討論の主題となった。国民的記念碑の効果はその立地条件に左右されると言われ、その場所が自立した記念碑を国民的祝祭の広場と結びつけねばならないとされた[82]。孤立した立像は効果的ではないと一般には考えられたのである。それゆえ国民的記念碑とそれを取り巻くシンボルを融合する伝統が意図的に取り入れられた。

一八八九年、ブルーノ・シュミッツは皇帝ヴィルヘルム一世を称えて計画された国民的記念碑の図案を提出したが、孤立した君主の立像が効果に乏しいことを彼は十分考慮していた。この記念碑はキフホイザー記念碑のように歴史的に由緒ある丘に、しかもベルリンの中心に建てられるはずであった。ベルニーニが聖ピエトロ大聖堂の前に立てたような列柱に囲まれた広場の中央に乗馬したヴィルヘルム一世像をシュミッツは置こうとした。ジリーが建てたアーチを想起させる凱旋門が、その立像の後ろに配されることになっていた[83]。この図案は結局実作されなかったが、シュミッツがこの記念碑に具現した美意識と空間感覚は、彼が別の国民的記念碑を手がけたときにその影響を残すことになった。

立像をとり囲む絶対不可欠の「聖なる空間」は、大衆集会に枠組みを与え、大衆はいつでもその枠組みを利用する準備ができていた。というのも、たとえ国民的な神秘的雰囲気が今や新たな困難に直面していたとしても、その魅力は第二帝政期には消滅しなかったからである。ドイツ国民祝祭協会が国民の政治的階級的分裂に関心を寄せていたことはすでに述べた。多くの労働者も独自の目標を象徴するために祭典を挙行したが、社会民主党が強力になった一八八〇年代以後、さらに独自の道を歩み続けた。社会民主党は男子合唱団と体操協会を設立し、国民主義的結社の伝統を自らの目的に役立つように修正した。[★84] 第一次世界大戦勃発までには、労働者運動の儀礼的要素も国民的祝祭の展開に影響を与えるようになっていた。

そのうえ、第二帝政期には政治的また宗教的保守主義の時代における国民的祭祀《カルト》の存続が問われていた。この経験は国民的祭祀《カルト》の創始者たちが唱えた思想の妥当性を裏づける結果となった。人間の理性と感性は、国民再生の表現である新たな祝祭によって更新されねばならなかった。この帝国では国民的祝祭の性格は、秩序や社会構造を維持するためのみでなく、国民的祝い事にダイナミックな新しい精神を吹き込む手段としても議論され続けたのである。

第五章 公的祝祭――演劇と大衆運動

1 演劇

すでに国民統一以前にも中産階級の価値観はドイツで完全な勝利を遂げていた。勇敢さ、義務への献身、規律、厳格な仕事といった美徳を、中産階級を感激させた文学全般も、またヤーンのような人々も称賛していた。十九世紀の間、国民の理想と中産階級の理想は手を携えていたし、実際のところ愛国主義的結社に集い、男子合唱団や射撃協会を結成したのは中産階級であった。すべてではないにしても、労働者もまた国民統一の運動に魅了され参加したことは言うまでもない。しかし、全体としてみれば、とりわけ第二帝政ではドイツ人全体のブルジョア化が観察された。そこでは堅実性、秩序指向、内省性といった中産階級的価値観が「心地よさ《ゲミユートリヒカイト》」と贅沢嗜好へと変質する兆候もみられた。

国民的祭祀《カルト》をお役所風の正統主義とその息苦しさから救い出そうとするならば、祭祀が支配的なブルジョアの理想やユートピアに結びつくのは避け難いことであった。再び、神話とシンボルへの渇望が呼び起こされねばならなかった。しかし、ユートピアの構想はボーデルシュヴィンクの厳格な精神とはかけ離れていたため、ドイツ国民祝祭協会の貴族や大実業家たちはそのことを明確には理解していなかった。神話とシンボルと祝祭において発現する感情的かつ宗教的な国民主義を再生した中心的人物として、リヒャルト・ヴァーグナーは登場する。その意味で、彼は人々の感性と理性を囲い込むというアルントの仕事を引き継いだが、新しい国民主義は今や、より密接に中産階級の安定性とユートピア願望に結びついていた。だが、十九世紀最後の二、三〇年間において、健全で幸福で秩序だった世界という中産階級のユートピアは現実性を失った。実際、快適な既成の秩序に抗して夢の実現に向かわせる刺激はほとんど存在しなかった。この階級で百万単位で読まれた小説は美徳に満ちた世界について感傷的な夢想を提示し、それと同時に政治的・社会的秩序の転覆に対する警告を発していた。[★1] こうした状況を背景に、国民の神秘的雰囲気を覚醒させる試みは行われた。しかし、かつての国民主義が持っていた反体制的な弾みからは刺激が抜き取られ、もちろんハンバッハの革命的理想も排除されていた。

リヒャルト・ヴァーグナーは孤立した存在ではなかった。彼は凝集力ある信奉者のサークルを作り上げ、彼の死後は二番目の妻コジマが、その後は義理の娘であるヴィニフレートがそのサークルに君臨した。そのうえ、彼の思想は机上の空論にとどまらなかったので強烈な魅力を保ち、バイロイト祝祭劇場は巡礼の中心地になった。ヴァーグナーの思想と音楽は彼の全生涯を通じて発展した。本書の議論に限ってみれば、第二帝政期に国民の神秘的雰囲気を再生させようとした彼の試みが興味深い。このヴァーグナー主義の伝統は成功を収め、第二次世界大戦の終わりまで活用され続けた。

ヴァーグナーは一八四八年ドレスデン革命のバリケードから降りるとすぐに、いずれにせよその革命を鼓舞した国民的精神の維持に関心を持つようになった。近代社会における人間の断片化の問題に頭を悩ませ、これを解決するべく彼は一八四八年に同じく革命側に立ったフリードリヒ・テオドール・フィッシャーと同じ見解に達した。つまり、芸術と美意識こそが人々を再統合し、また、より高次に意味づけられた真の世界に光を投げかけることに役立つはずである。しかし、フィッシャーと異なりヴァーグナーにとって、真の世界は太古のものでなくてはならず、ルネサンス以後発展してきたようなブルジョア的な芸術や文化に対抗していなければならなかった。ヴァーグナーの世界は「神話《ミートス》」、つまり永遠不滅のゲルマン的真理に基づいており、それはドイツの芸術家に無尽蔵の素材を提供するものであった。[★2]この「神話」という言葉は、世界像が直観によって把握されねばならないことを含意している。この直観は、根源的記憶によって現実世界を超越し高次な統一に至ろうとする魂の運動と定義できる。それゆえ、「神話」はシンボル表現と芸術によって具現化された。ロマン主義運動はバラードやメルヘンや伝説によって先祖の記憶を再発見しようとしてきた。[★3]古代ギリシアか古代ゲルマン、あるいは両者の合成物のいずれかに結びつくとしても、美の理想がこの「神話」の本質的要素であった。

美学的原理が国民的祭祀《カルト》の統合要素として機能したため、それが新しい政治様式にとって決定的なものになったことは先に述べた。ヴァーグナーは芸術が機能的な意図で行われることを肯定し、彼の「神話」をゲルマン民族の神話に変えてしまった。『ニーベルングの指環』は民衆にその「神話」を伝えるためのものだった、というハンス・マイヤーの評価はまったく正しい。ドイツ人は万古不易の内面によって特徴づけられていると、ヴァーグナーは信じていた。そのため、古代の北欧神話《サガ》はまた現在の語りでもあった。★4

こうした考えにはほとんどオリジナリティはなかった。なぜなら、万古不易の民族《フォルク》という神話はドイツ史のはるか昔に遡るからであり、実際、それはドイツ国民主義の原基である。ヒトラーの表現によればこうである。「身分は消滅し、階級は変動し、人の運命には変遷があるが、生き続ける何かがあり、それは生き続けねばならない。つまり、血と肉の本質としての民族である」。★5この言葉の迫真性は歴史的記憶の活性化によって呼び出されねばならなかった。

こうした観念はヴァーグナーが次のように書きつけるずっと以前から国民的なシンボル表現の基盤であった。「人間を歴史的変化の産物と見なす人間観は根絶されるべきであり、民族の記憶こそ民族に本来固有の本質と強度を自覚させるのである」。★6すでに前章で述べたことだが、諸国民戦争のわずか一年後に催された祝祭のように、最近の出来事を称賛するための祝祭でさえ、聖火、柏、いわゆるゲルマン衣装など古代ゲルマンの遺産から引き出されたシンボルを使って執り行われた。ナチ党はこの伝統を継承した。第三帝国期に書かれた歴史劇を概観した書物によれば、劇の中で現在との類似を描き出す試みが絶えず繰り返されたことは明らかである。歴史劇は英雄的な事象を強調して歴史を今日的なものにしようとする。[★7] 現在は神話によって具現されるのである。つまり、第三帝国の観劇者は「新しい素材や性格ではなく、古くてすでに熟知したものを人間の魂の永遠の再生の中に」[★8]見ることになっていた。

民族《フォルク》に「神話」を与えようとするヴァーグナーの思想は、彼がそれを見いだしたときにはすでに目新しいものではなかった。国民解放の闘争を通じてそうであったように、自由がこの「神話」の中心テーマであった。一八四八年の国民解放の観念から生れたヴァーグナーの『ニーベルングの指環』は、封建的抑圧に対して民衆の自由を強調していた。[★9] 前章で見たように、農民が聖俗諸侯に対して立ち上がったメルゼブルクの戦いの記念祭をヤーンが呼びかけたときにも、このテーマはすでに存在していた。[★10] この形態の民主主義が国民意識発展の基礎となっていた。自らを民族《フォルク》と見なし、民族の名において自らを祭り上げたのは、全体としての民衆だった。国民主義は国民のみならず個々人の魂も解放するべきものとされたので、個人の魂は民族と合体できたし、真に創造的なものになった。

ここまででもヴァーグナーと国民的祭儀の伝統とのつながりは明白のように思える。ハンス・マイヤーがローエングリーンを死と悪魔の間を騎行する黒騎士と呼ぶとき、アルブレヒト・デューラーの有名な木版画以来、国民文学で重要な役割を演じたイメージに再び遭遇することになる。この騎士は邪悪な世界の誘惑に対するゲルマン的清廉のシンボルとなっていた。つまり、歴史を超えて生き残るドイツ人の意志を示すものとなった。[★11] フィッシャーの言葉を繰り返した公認の『バイロイト雑誌《ブレッター》』には次のように書かれている。「芸術は偶発にすぎない個人主義的事象を避け、永遠不変なものを絶えず強調し続けねばならない。そのうえ、歴史的過程によって定義される人間概念が、人間性の意味を枯渇化させてはならない。人間は総じて道徳的な生き物であり、世界は道徳性という不変な精神によって決定づけられねばならない[★12]」。

この道徳性はゲルマン神話に結びつけられた。しかし、ヴァーグナー晩年の作品では、道徳性は宗教的な義務ともなっていた。こうした作品ではゲルマン的なものはブルジョア的なものに侵されている。一八八四年にヴァーグナーの門弟にして代弁者であったハンス・フォン・ヴォルツォーゲンが「宗教と芸術のみが人生に真の意味を与え得る二つの理想的な形成力である」[★13]と述べたとき、もはや彼は古代ゲルマンの宗教のみについて語っているわけではなかった。ヴァーグナーの『ニーベルングの指環』では人間の自由な道徳意識は神々によって操られていたが、さらにここでも罪と悔悛というキリスト教的要素に役割が与えられている。『ローエングリーン』（一八五〇年）と『パルジファル』（一八八二年）

は聖杯《グラール》［キリストが最後の晩餐で用い、十字架上のキリストの血を受けた杯］、つまりキリストの血の滴りを受けた器の神話を土台としている。キリストの「聖なる血」は復活祭《イースター》神話の多くを形成しており、その象徴的な重要性を理解するためには、我々はただ十字架上のキリスト像を思い描きさえすればよいだろう。そのイメージにおいて、溢れ出るキリストの血は何ものにも代えがたい役割を演じている。だが、民間伝承や医術でも血は重要な役割を演じていた。血は治療目的で使われ、実際に古代から十九世紀まで呪術的性格を与えられていた。治癒のために、あるいは悪疾防止のために人々が血を利用した一八九二年までの諸例は、ルター派神学者ヘルマン・L・シュトラックによってドイツ各地で収集された。★14ちょうど、ヴァーグナーにとってゲルマンの騎士がキリストの血の守護者であったように、血の崇拝においてキリスト教的要素と異教的要素は混交されていた。ナチ詩人ゲルハルト・シューマンがある詩において血を我々の「最も神聖な財産《グート》」と呼び、血の純潔を守ることを神に申し立てたとき、彼は神聖な伝統の内に踏みとどまっていた。この詩はルターの合唱曲「堅固な城」から採った形式で終わっている。ドイツ国民の永遠不変の財産、つまりその血の純粋性を定義するために異教的神話体系とキリスト教信仰は融合されたのである。★15

このようにヴァーグナーは血の象徴性を利用したが、『ローエングリーン』や『パルジファル』では血の象徴性をより正統的なやり方で罪や悔悛や救済という概念に結びつけた。

こうした概念もまたゲルマン的な力強さと道徳性の標《しるし》となった。この点ではヒトラーを含む多くのナチ党員とヴァーグナーとは異なっていた。ナチ党員にとって、そうしたキリスト教信仰は奴隷道徳であったが、ヴァーグナーにとって信仰は感受性の問題であると同時に、伝統的キリスト教の戒律を含んだ中産階級の道徳でもあった。ヴァーグナーは「神話」を民族《フォルク》にもたらしたのではなく中産階級にもたらした、と実際言ってもよいだろう。そこでは国民的祭祀《カルト》と中産階級道徳の同盟関係が絶えず存在していた。両者は誠実、剛毅、軽薄なものへの禁欲といった共通の信念を分かち持っていた。つまり、ヤーンが「若気の罪業」と呼んだものを非難することで両者は同盟していた。キリスト教的概念と祭儀要素の利用においてさえ、『ローエングリーン』と『パルジファル』はすでに述べたような国民主義の伝統から逸脱していなかった。しかしヴァーグナーと国民的祭祀《カルト》の伝統との間にはなおも決定的な相違が存在した。

ヴァーグナーの信念とは、キリスト教信仰が異教的伝統に取って代わらねばならない、つまり「聖杯」は聖火よりもいっそう重視されねばならないということであった。『ローエングリーン』は舞台を中世、つまり「信仰の時代」に設定しており、『ニーベルングの指環』のように古代の神々、聖火、ゲルマン装束で埋め尽くされていたわけではない。つまり、こうして中産階級道徳とキリスト教信仰は融合し、ともに国民的祭祀《カルト》に用いられた。ヴァーグナーにとって「神話」はキリスト教化され、あらゆる革命的な牙は抜き取られた。

て、「神話」を民衆に広めることは、キリスト教的なものとドイツ的なものを、キリスト教内のイエズス会のように、尊敬《リスペクタブル》されて受容される様式で合体させることを意味した。つまりヴァーグナーはゲルマン的宗教をとっつきやすいものにしようとしたのである。

ヴァーグナーが自分の作品のユートピア的要素、演劇的要素を強調したのはそのためである。ヴァーグナーは次のように書いている。「まず現実を夢想の中に溶かし込めば、最も崇高な芸術作品も心地よく受け入れられるだろう。この夢想によって、民衆は生命の深遠に踏み込むことができるだろう。民族の神聖な啓示を果てしなく夢想すれば、啓示は再び明解で意義深いものとして戻るだろう」。ヴァーグナーの没後バイロイトに深く関与したインド・サンスクリット研究家レオポルト・フォン・シュレーダーは、この神話を次のように要約した。「アーリア人の離散以後初めて、……自分たちの太古の秘儀に立ち会うために、アーリアの民は運命づけられた土地、すなわちバイロイトに集うことができたのである」[★16]。ヴァーグナーの「神話」は、一種のユートピアとして公衆に享受され、いかなる現実の変革も実際に恐れる必要はなかった。ヴァーグナーは道徳的な民族的《フェルキッシュ》生活を人間にもたらす手段としてのみ「神話」とその幻想世界を考えていた。

それ以前には国民的自意識がそのシンボルや神話や祝祭に対してそのような手法をとる必要はなかった。幻想的要素は確かに存在していたからである。しかし、ヴァーグナーが提示したのは、国民国家統一を達成したのち自己満足に浸りきったブルジョア社会に国民的祭祀《カルト》を復興させる自覚的な試みであった。彼はドイツ国民祝祭協会のような組織が失敗した領域で成功を収めた。ヴァーグナーの作品は古代の神話を強調し、それをキリスト教信仰と中産階級道徳に結びつけたからである。さらに、彼は具体的な芸術作品の創作によって議論が抽象化することを回避していた。

「見ること、実際に見ること、これがほとんどの人間に欠けている能力である。眼があるのか？　眼がついているのか？　これこそ、のべつ喋ったり聞いたりしてばかりいる世の連中に投げかけたい言葉である。……実際に見ることができる者なら、自分が（世界の）どこにいるのかも明らかだろう。」★17

ここでヴァーグナーはただ「心眼《インナー・アイ》」を使うだけでなく、それで不可視なものを可視化することで真の精神的刷新を行うことをねらっていた。これは感性に訴え、動作と手本で人に真実と確信させる芸術作品によって、まったく具体的に行われねばならなかった。

こうした「動作」、つまり彼のオペラでは、細心の舞台設定が行われた。まさに国民的記念碑やその聖なる空間を活性化させようとした建築家と同じほどに、彼は舞台に細心の注意を払った。記念碑の空間と同じように、ヴァーグナー自身の「聖なる空間」は「全体的」であり、演技が行われるステージとホールを統合した空間であった。彼は自分のオペラの上演を「祝祭劇《フェストシュピール》」と呼び、バイロイトのオペラハウスを「祝祭劇場」とした。彼の作品は例年特定の月に演じられることになったのみならず、そうした作品は国民的祝祭の伝統と密接に結びついた深い意味を与えられていた。ヴァーグナー作品の上演は、上演を現実の祭礼に変えてしまうために意識的に日常生活の雑事から切り離され、奇抜で祭祀《カルト》的な舞台設定が行われた。その結果、バイロイトは国民的巡礼の中核となった。

ミュンヘンに建設するはずだった最初の祝祭劇場は、ゴットフリート・ゼムパーが設計した。実際の劇場はバイロイトに建てられたが、計画当初の特徴の多くが維持された。劇場は古典主義的かつ記念碑的な伝統を継承しており「理想的な建築」である、と『バイロイト雑誌』で絶賛された。また、その建物はヴィンケルマンが一世紀以上前に称えたような「高貴な静寂」[★18]を象徴している、とも書かれている。オーケストラは舞台のロマンティックで幻想的な特性を高めるために視野から隠された。なぜなら、ヴァーグナーの舞台背景はさざめく森林、ブリュンヒルデ［図43］を取り巻く聖

図43　1935年バイロイトにてマルタ・フックス演じる「ヴァルキューレ」の女主人公ブリュンヒルデ。

なる炎、「聖杯」を覆う神秘的な光に満たされていたからである。古典主義的で記念碑的な形式とロマンティックな道具立てやシンボルとの組み合わせは、すでにおなじみであろう。この組み合わせはヴァーグナーがバイロイトに祝祭劇場を建てる一世紀以上前から使われていた。

それにしてもヴァーグナーによる新しい国民復興は伝統的枠組みの内で行われたにもかかわらず、神話と祝祭の性格においていくばくかの変化をもたらした。つまり、ここでは民衆自身は直接参加せず、幻想は他者によって民衆に提示された。観劇者は「心眼」によってその幻想に同一化せねばならず、ヴァーグナーの弟子の一人が定式化したように、参加の実態は場内に行き渡った「祝祭的で神聖な雰囲気」に浸るだけであった。[★19] こうした雰囲気によって、ヴァーグナーは、観劇者と俳優をたばねて一つの敬虔な全体にしようとした。そのため、ヴァルトブルクの学生や体操家はもちろん、男子合唱団でさえ持っていた能動性は失われていた。実際、ヴァーグナーの儀礼は、プロテスタント祭儀を国民的崇拝に変えたものというよりも、カトリック的な儀礼であった。こうした祝祭はスペクタクルを提供し、至福に満ちた雰囲気を発生させたが、政治的変化の誘因となるような活動性を生み出したりはしなかった。変革は純粋に道徳的なレベルの議論に引き上げられた。ドイツ統一以前に国民的祝祭を形成した行動への具体的刺激は今や失われていた。

つまり、現状維持を望みながらも国民的宗教を熱望し続けた人々に、ヴァーグナーは過去の伝統を受け入れやすく提供したのである。国民的祝祭の本質を理解することで、また芸術の技巧を駆使して、彼は中心的な巡礼地を創出することに成功した。いっそう保守化した新時代に国民的祭祀《カルト》を引き継がせるのに貢献したのは、この巡礼地だった。

　この作曲家の妻コジマ・ヴァーグナーは、ヴァーグナー没後およそ二五年間にわたりバイロイトの祭祀《カルト》的要素を拡大強化することに尽力した。彼女によれば、ドイツ民族はギリシア民族さえ凌駕していた。なぜなら、ドイツ民族こそは生活そのもののために美的なものの観想を行うからというのだ。彼女が仏教をも含むあらゆる宗教的熱狂の顕現に共鳴したことも理解できよう[★20]。右翼的愛国主義運動へのコジマ・ヴァーグナーの偏愛においても、宗教的要素が際立っていた。ヴァーグナー夫妻は、ゲルマン的なものとキリスト教的なものはドイツ人の独占的属性であると感じていた。彼らの人種主義と反ユダヤ主義はかなりよく知られている。神の救済を強調するためには悪魔の存在が必要であり、その悪魔をユダヤ人に見いだすことは容易だった。ヒューストン・スチュアート・チェンバレンがヴァーグナーの義理の息子になるずっと以前からコジマは人種的偏見を持っていた。そのためコジマは不可避の人種戦争というチェンバレンの着想の熱狂的な信奉者となった。

　ヴァーグナーの死とともに始まった「ヴァーグナー崇拝」は、この巨匠自らの手で基礎づけられていた。民族を腐敗から防ぐためには血統の貴族階級が必要と唱える思想はチェンバレンの影響下に採用された[★21]。後年、ドイツ文化に大きく貢献したアーリア人の子孫を兵役から免除するようヒトラーを説得したのは、ヴァーグナー家の人々だった。優秀な父親がまた優秀な子供をつくるというフランシス・ガルトン（一八二二―一九一一年）の主張が受け入れられ支持されていた。この見解は、人種が不変的特性を保持しているという考えによく適合していたからである。

ヴァーグナーもまた自らのオペラの英雄を崇拝した。ジークフリートやパルジファル、あるいはローエングリーンのような人物が彼にとっては美徳を象徴的に体現していた。舞台の上で演じられたことが、バイロイトのサークルでは現実として展開した。指導者崇拝は、はじめこの巨匠自身の崇拝として、やがてコジマ、ついには義娘ヴィニフレート・ヴァーグナーを対象として展開した。ヒューストン・スチュアート・チェンバレンとコジマ・ヴァーグナーの文通はこの事情をよく示している。この義息は義母コジマにいつも仰々しい敬称で呼びかけた。手紙の中で剛健さや男らしさはほとんど意味を持たず、むしろ、英雄は道徳的な態度を象徴していた。ヴァーグナーの往時の行動主義は感傷的な信仰心になってしまったし、その信仰心はコジマ自身によってさらに深められた。チェンバレンがキリスト教的祈りの力を軽視した点を取り上げて、コジマがチェンバレン著『十九世紀の基礎』を批判したのは典型的な例である。★22

バイロイトとヴァーグナーのオペラがヒトラーの精神形成に及ぼした影響について、さらに追加的な検証は不要である。ヒトラーもヴァーグナー・サークルに畏敬の念を抱いた。

多くの右翼にとって、このサークルは真のドイツ人の生活を体現していたからである。[23] しかしヒトラーが心を奪われたのは、ヴァーグナーの祝祭劇の構成と「アーリア人の魂」を舞台上に音楽で表現したその方法であった。ヒトラーはこの演劇的な形式を、民衆が積極的に参加できる祝祭ほどには評価していなかったが、ヴァーグナーの伝統は保持された。旧来の舞台の陋習を打破し神秘的な祝祭に民衆を巻き込むような新種の劇場を求める衝動を、ヴァーグナーは本質的に備えていた。彼の影響はドイツに限ってのことではなかった。ヴァーグナーに感化されて、イタリアの詩人ガブリエル・ダヌンツィオは新しい劇場を夢見た。彼は、星の輝きの下に一つの信念を奉じて巨大な群集が結集する劇場を思い描いた。こうした舞台装置があれば、詩人の芸術はリズムの持つ神秘的な力によって「こうした無意識の荒ぶる魂」に情念を――それはあたかも鎖から今まさに解き放たれんとする囚人が感じるような激情を――招来したはずであった。こうした情景は、ゲーテがヴェローナの古代劇場を眼にして直観したものに似ていた。しかし、今やダヌンツィオはその情景を芸術家と民衆の神秘的交感に変えてしまった。[24] ダヌンツィオの新しい劇場への構想は、のちに彼が一九一九年から二一年まで一六カ月間フィウメ市を統治した際に実行した政治祭儀の形式と深く結びついていた。また、ムッソリーニも彼の政治儀礼と政治祝祭についての発想の多くを、ダヌンツィオのフィウメ統治から引き出した。イタリア同様ドイツでも、こうした新しいタイプの劇場の理想は政治祭儀に流れ込んだが、それはバイロイトに発するインスピレーションだけとは限らなかった。

国民的祭儀の発展にとって重要な新しい演劇形式は、バイロイト崇拝と同じ時期に成立したが、それとの関係はなかった。伝統的劇場形式を時代遅れの桎梏と見なした人々がすでに以前から心奪われていたのは、いわゆる「未来劇場」の可能性であった。一八五九年「シラー生誕百周年」の『ヴィルヘルム・テル』の屋外上演から着想を得たスイスの作家ゴットフリート・ケラーは、自然の中に共同体劇場を設けるよう提案した。そこでは、民族《フォルクス》劇と男子合唱団が合体しなくてはならないとされた。ケラーはこうした劇場が民族神話体系にとって重要となると確信し、自らの提案に「神話の礎石《ミーテンシュタイン》」の名を与えた。ちょうど同じ頃、劇俳優のエドゥアルト・ドヴリアンは一〇年ごとにオーバーアマーガウの村で演じられた受難劇が国民的演劇の優れた模範となると考えた[★25]。これこそ上から指図されたお仕着せの演技ではなく、古代の地方的伝統に連なる真の民衆劇であった。一八五〇年以降、とりわけ一八六〇年代には多くの人々が自然を簡単な背景とした野外劇場を舞台の再活性化に適したものとして提唱した。こうした演劇は素人俳優が多くの役を演じることで、大量の人々をゲルマン的かつ英雄的な演技に動員できた。

第二帝政期には、この「未来劇場」は広汎な論議の的《まと》であった。確かにそれは真の愛国主義の祭祀《カルト》的欲求を公的祝祭以上に満たす劇場をめざしていた。こうした新しい劇場形式の先覚者エルンスト・ヴァッハラーは一九〇三年に、この未来劇場に取り憑かれたドイツ青年運動の深遠な国民主義に言及している。ヴァッハラーのような人々は伝統的な舞台を廃し、聴衆を傍観者から参加者に変えることを望んだ。ヴァッハラーはまた舞台を観客席の中に押し出すことで俳優と観客の距離を縮めようとしたジリー、シンケル、ゼムパーにも言及した。[★26] こうした新古典主義者の祭祀《カルト》的な関心が再浮上してきた。ヴァッハラーにとっては、プロヴァンス地方［フランス南東部にあり中世の吟遊詩人と騎士道で有名］オランジュの古代劇場が舞台設定で何が可能かを示すもう一つの先例となった［図44］。オーケストラは舞台より低く配置され、これにより演技の視覚的効果が高められた。そのうえ、一万人が収容可能であったオランジュの［円形］劇場は、その巨大な収容力が魅力的であった。[★27]

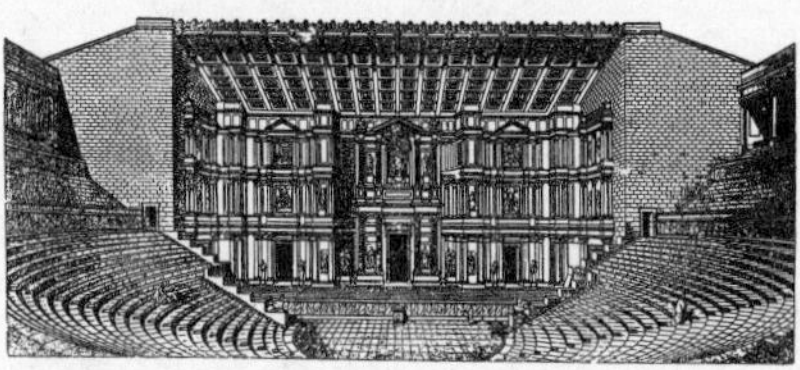

図44　オランジュ（プロヴァンス）の「ローマ劇場」（復元図）。

同様に重要な事実は、このような［円形］劇場に装飾がなされなかったことである。舞台内は簡素な舞台背景があるだけだった。国民的記念碑の建築様式においてすでに見たように、ここでも簡素さが最大の重要性を帯びていた。エリザベス朝期の劇場もこうした建築の改革者たちに影響を与えていた。すでにロマン主義時代にシュレーゲルは、そうした簡素さを民衆にとって際だって魅力的なものとして称賛していた。簡素な舞台は、重い舞台背景を移動せずに場面を手早く変えることができた。[★28]実際、舞台背景のほとんどは常設であり、建築構造の一部になっていた。大勢の人々が舞台に登場し、演劇がしばしば「活人画《タブロー・ヴィヴァーン》」の様相を呈したとき、この特徴が採用された理由は明白であった。だが、こうした巨大な劇場では訓練された発声が必須であったため、ヴァッハラー自身は素人芝居を拒否した。一九〇七年、この種の劇場として最初に落成したハルツの「山岳劇場」[★29]で演じられた彼の演劇には、ゲルマン的物語とシェークスピアを含む古典劇が混在していた。ヴァッハラーの劇場は屋根なしの青空舞台であった。すでに触れたように、当時広く論議された舞台背景の重要性を彼はよく認識していた。彼の確信するところでは、ヴァルトブルク城と同じくキフホイザーの、あるいはニーダーヴァルトの記念碑は祭祀《カルト》的な屋外劇場にとって卓越した立地条件であった。[★30]結局は失敗に終わったものの、ちょうどこれと同じ時期にドイツ国民祝祭協会はニーダーヴァルト記念碑を囲む「聖なる空間」を、国民的儀礼を創出する試みの舞台装置《ミザンセーヌ》として選定していた。

二十世紀の初めには多くの屋外劇場が日の目を見たが、その中でも東プロイセンのツォポートにおける「森のオペラ《ヴァルトオパー》」は特に言及する意義があろう。なぜなら、それがナチ党員に感銘を与え、ナチ党自身の祭祀《カルト》的劇場を創出する試みをおそらく直接鼓舞したと考えられるからである。一九〇九年に設立されたこのオペラ劇場は、第一次世界大戦の直後から、もっぱらヴァーグナー楽劇を公演するようになり、「北方バイロイト」と自称した。舞台上での集団演技が強調され、オペラはそのつどほとんど一万人にも達したと思われる群集を前に上演された。最初は舞台背景は使われなかったが、そのうちに舞台が天然の背景の中で様式化されていった。アルフレート・ローゼンベルクによれば、ツォポートの「森のオペラ」は屋外演劇を祭祀儀礼《カルト》に一変させた。また、有名な歌手であったロッテ・レーマンは「ドイツの森の大聖堂で音楽は礼拝に変わる」[★31]と賛嘆した。ほとんどすべての屋外劇場で芸術、自然、民族が中心要素を構成していた。長年にわたり「森のオペラ」指揮者を務めたヘルマン・メルツの技量によって、ここツォポートではその三要素がヴァーグナーの神秘的雰囲気に結びついていた。ちなみに、メルツも最古参の国民社会主義者の一人であった。

　しかし、屋外劇場は常にゲルマン的風景の中に置かれたわけではなく、ときには移動舞台が利用され、また中世都市の広場が背景として使われたことも確かである。こうした場合、その地域の住民の一部も上演に参加したものだった[★32]。

　こうした屋外劇場の原理は屋内にも転用された。一八八九年設立のミュンヘン「改革劇場《レフォルムビューネ》」は移動式の舞台背景を備えておらず、飾り気のない舞台が観客席に押し出されていた[★33]。一八九〇年設立のヴォルムス「人民劇場《フォルクスビューネ》」もそれとよく似ていた。舞台だけにとどまらず、簡素さは劇場全体のインテリア効果をも高めていた[★34]。こうした改革の目的は明らかだった。つまり、舞台は夢と幻想がさも真実であるように人々を導かねばならなかった。また、夢は国民的な内容で満たされるべきであった。加えて、俳優と観客は一体化せねばならなかった。舞台での演技は国民的崇拝をもたらすように企てられており、多くの場合ヴァーグナーがバイロイトで実現しようとした構想に深く関連していた。[35]

素人の参加は「素人演劇《ライエンシュピール》」の発展によって促された。その際、「素人《ライエ》」という言葉は、民族あるいは共同体に帰属するという原義的な意味［ギリシア語 laos = Volk］で使われた。[36]こうした解釈はたとえば、出演者が村落の住民であったオーバーアマーガウの受難劇に由来していた。この演劇形式はドイツ青年運動によって普及した。その多くは純然たる気晴らしのために導入されたが、また素人演劇が青年グループ内の共同体意識を強めるためでもあった。この目的を念頭に置いて合唱演劇（あるいは動作合唱）、シュプレヒコールが活用された。[37]こうした舞台合唱はその背後に長い歴史を有しており、それについては次章で述べる。合唱の活用は素朴な素人劇を祭祀演劇に変えたが、それはもはや単なる娯楽のためではなく、国民的決意をもって演じられるものとなった。

第一次世界大戦前の青年運動における演劇は、素朴な国民的性格というよりも倫理的性格を持っていた。青年運動の演劇はそのテーマを中世から採用しており、伝統的な道徳劇のアナロジーとシンボル表現の実演が好まれた。第一次世界大戦前、また戦後においても、その十八番《おはこ》は「死の舞踏」であり、そこで死神は王、農民、騎士、判事と踊っている［図45］。皆の踊りの輪から離れて死神と踊り、再び踊りの輪に戻る個々の人物には称賛も雑

図45　バーゼル、ドミニコ教会の「死の舞踏」（15世紀）。

言も寄せられた。ここでは偽善、軽薄、自惚れ、吝嗇に対し「公正と真理」の名において（つまり旧世代の偽善的世界への反抗として）、判決が言い渡された[★38]。こうした素人劇は演技者と観客の溝をできるだけ少なくし、また言葉と動作は合体していた。

第一次世界大戦後も、青年運動はこの伝統を保持し、やがて「舞台民族同盟《ビューネンフォルクスブント》」（一九二三―三二年）など、素人劇の振興を目的とした多くの協会が設立された。だが、同時に中世的主題は徐々に現代作家の作品に取り替えられていった。素人劇運動の主唱者ルドルフ・ミルプトはハンス・ヨースト作『預言者たち』（*Propheten*, 1923）のような作品を推奨した。この物語はドイツ人とローマ人を対照的に描いており、主人公はマルティン・ルターであった。また、ミルプトは素人劇の質素な舞台装置を維持するよう望んでいた。緞帳など存在してはならず、照明は自然光か、室内なら蠟燭、屋外なら松明でなくてはならない、とされた。ミルプトによれば、人工的な光はそれ自体が劇の構成要素であるべき幻影を台無しにするだけでなく、真の情動性を超えて誇張しがちである。[★39] 明らかなことは、素人劇は徐々に国民主義的に、また儀式張ったものになっていったということである。

演技者が真の共同体を形成するとされた素人演劇は、その形式と経験を利用する政治儀礼に影響を与えた。ヴァーグナーが彼なりの方法で国民的なものに新たな刺激を与えたように、青年運動も第一次世界大戦の前後を通じて国民的覚醒に尽力した。ヴァーグナーも青年運動も国民意識に宗教的精神を吹き込んだのである。シンボルと神話への衝動は、青年運動が「死の舞踏」のような中世演劇に示した偏愛にも明らかであった。

新たな形式を模索した演劇作品は「民族的祭祀劇《フェルキッシェ・ヴァイエンシュピール》」として想い描かれたが、実際にはそうした作品はほとんど存在しない。一八八〇年代に古典ギリシアを範としてこうした作品を物し、たとえば一八八四年ウォルムスのルター祝祭で素人にそれを演じさせたハンス・ヘーリッヒに多くの賛辞が寄せられた。舞台上の動作は舞台前面にいる演技者が解説し、一方で（しばしば隠された）合唱隊がその教訓を謳った。ヘーリッヒの場合はその成功に裏づけられたが、（さほど成功しなかった）七つの祭祀劇《カルト》を書いたトーマス・ヴェステリヒという作家は一九二二年次のように述べている。「目に見えない合唱隊は……自分自身の胸の内に声を呼び覚ますのに役立つ。そのとき聴衆は参加者になる」[★40]。

ヘーリッヒにとって、祭祀劇《カルト》と国民的な劇場は同一のものであった。いわゆる「民衆《フォルクス》劇場《ビューネ》」は民衆を祝祭的なものに向き合わせねばならなかったが、それはあらゆる祝祭と同様、宗教的で壮大な趣を持っていなければならなかった。★41 ここでは祭祀劇《カルト》と公的祝祭が同一形態を構成したが、それはすべての「未来劇場」に備わっている傾向であった。指導的なナチ脚本家となる宿命にあったハンス・ヨーストは、本書で論じてきた劇場の発展について、その目標を一九二八年に次のように要約した。「劇場の機能とは信仰の共同体をつくることである」。★42 同様な理念はヴァーグナーがすでに表明していたが、ヨーストはそれに加えてこう述べている。「美的なものはそれ自体が問題ではない。というのも、それが国民的祭祀《カルト》の儀式で崇敬の念を生み出す雰囲気にこそ根本的意義があるのだから」。ヨーストにとって祭祀劇《カルト》は大衆集会と同じ役目を果たすものであった。祭祀劇《カルト》は人間を孤独から解放し、自分自身の民族に統合する。★43 結局、祭祀儀礼《カルト》としての演劇の理念は、第三帝国期にゲッベルスの啓蒙宣伝省で演劇を統轄したライナー・シュレッサーに引き継がれた。★44

「祭祀劇《カルト》は宗教的な崇拝行為でなくてはならない」とシュレッサーは評価基準を示した。彼の考えでは、素人劇は大衆向けというよりもエリートの自作自演であり、あまりに審美的と思われたが、やがてこの基準に近づいてくると信じていた。ナチ党が権力をめざしていた闘争期に、すでにヒトラーユーゲントはこうした素人劇をプロパガンダの武器として投入していた。★45 シュレッサー自身、素人劇の祭祀的《カルト》本質を認識していたが、ドイツ史上の出来事とその世界史的意義を強調するために、その上演内容を拡大することを望んだ。そのため斬新な脚本が、膨大な数の見物人を収容できる新型の聴衆席と同様に求められた。このような演劇の過去の模範は、いわゆる「民会《ティング》」劇に見いだすことができる、とシュレッサーは考えた。この「民会《ティング》」劇はナチ統治の初期に奨励された。[★46]

古代ゲルマンの集会所の呼び名に由来する「民会《ティング》」劇は、野外に舞台設定して行われ、観客も演劇に参入することになっていた。しばしば観客は「信仰宣言《クレド》」を対話式に唱え、掛け合いでの合唱に加わった。この演劇への需要は高かったが、合唱であっても、発話表現の過剰な導入は観客を遠ざけてしまったと言われている。加えて、その音楽自体も身振りと合わせやすく考慮されてはいなかった。「民会」用の演劇はドラマティックでなければならず、伝統演劇に適用された芸術規範も遵守されねばならなかった。しかも、何よりも「民会」劇とは祭祀劇《カルト》であり、国民が舞台で自己表現することに他ならなかった。シュレッサーは既存のあらゆる類似形式を、それが活人画《タブロー・ヴィヴァーン》であれ、素人劇、行列あるいは祝祭、舞踏、オラトリオ、さらにはパントマイムであれ、「民会」劇の単なる「先行形態」とみなし不適当と考えた。[★47]しかし、次章で取り上げる男子合唱団から発展した合唱動作演劇《コーリシエス・ベヴェーグングスシュピール》は「民会」劇にとって本質的要素になると考えられていた。この演劇形式の情熱的な唱導者であったヴィルヘルム・フォン・シュラムの考えでは、団結した集団として合唱団が演技を行うとき、「民会」劇の効果は絶頂に達するはずであった。というのは、このとき「民会」劇の目的が満たされ、つまり人は個人としてではなく類型として立ち現れ、民族がともに担う喜怒哀楽を強調することになるからであった。それまでの伝統的舞台を特徴づけてきた個人の内面的葛藤は、人種的魂を象徴するものとなった。[★48] この新しい芸術様式は新しいタイプの俳優を必要としたのだが、そうした役者はそうやすと現れるものではなかった。

図46　ハイデルベルク近郊の「民会劇場」。

教会所在の全町村が「民会」劇場も有するようになることが期待されていた。最初の「民会広場《ティングプラッツ》」は一九三四年七月に五〇〇〇から六〇〇〇〇人の人々を集めてハレ市近郊で落成された。アルフレート・ローゼンベルクは「民会」劇場には教会と同じような崇敬の念が払われねばならないと主張した。[★49] こうした儀式の祭祀的《カルト》性格は、演劇と教会の類似性によって鮮明に浮かび上がった。

ゲッベルスがハイデルベルクの「民会」劇場［図46］の落成式を行ったとき、彼は「この民会の礎石からドイツの再生が起こる」と宣言した。[★50] だが、それは起こらなかった。一つにはナチ党が「民会」劇の振興に努めたとしても、いかんせん適当な作品が欠けていた。伝統的な作品が「民会」劇の舞台で無理やり上演されたが、多くの場合、新しい劇場の効果を台無しにしていた。結局、一九三七年以降、ゲッベルスはこれを断念し、「民会」劇運動は急速に終熄した。

ヒトラーは、おそらくこの運動を支持していなかった。ヒトラーの演劇趣味は古めかしいものであり、ウィーンのオペラハウスにおける彼の体験に規定されていた。確かにヒトラーが新しい劇場建築のために描いた大量のスケッチのどこを探しても革新的なものは全然見当たらない。つまり、どれも伝統的な観客席が同じく伝統的な舞台と組み合わせられていた。ヒトラー自身は古代ゲルマン風の形式と習慣の模倣を小馬鹿にしていた。劇場の新機軸についてヒトラーが理解できたのは、およそバイロイトまでであった[★51]。

しかし伝統的な劇場においても、本章で論じてきた諸見解が完全に黙殺されたわけではない。ヴァーグナーの理論は根づいていたし、ベンノ・フォン・アーレントは公認の舞台演出家である帝国文芸委員《ライヒスドラマトゥルク》として第三帝国期もその伝統を保持した。彼によれば、「舞台の設定と背景は、実験のために（ヒトラーが気に入ったに違いない情趣を求めて）構想されたのではなく、またそれ自身で完結するものでもない。むしろ、舞台演出の課題は観客に可能な限りの幻想をふりまき、観客の願望を満たすことである」[★52]。演劇の魔術は生活の現実を埋め合わせるものでなくてはならない。これはまた、ヴァーグナーの教義《ドグマ》でもあったが、そこにはキリスト教の刷新というヴァーグナーの原則が欠けていた。幻想に重きを置くが、実験によって観客の気分を乱さないよう気を配る点は、ナチ党のあらゆる文化的取り組みに共通していた。

形式的な演劇表現よりも国民的祝祭の劇的行事にナチ党は関心を寄せていた。図46のような「民会」劇場は夏至を祝うのに利用された。（ちなみに、ハイデルベルクを見下ろす丘に現存している代表的な「民会広場」は今ではときどきロック・コンサートに利用されている。）それにしても、「未来劇場」は国民的崇拝の祭儀に新たな次元をもたらした。国民的祝祭で行われた旧来のフォークダンスやそこで歌った合唱団や活人画《タブロー・ヴィヴァーン》などすべては、新しい演劇の舞踏術の影響のもとで祭祀儀礼《カルト》に体系的に組み込まれた。実際、第三帝国期に新しい劇場の演劇が効果の乏しいものであったとしても、それが主張する概念と形式はナチ党祭儀の儀礼に吸収されていた。

新しい劇場での上演は大衆を鼓舞できると考えられていたが、大衆は演劇にうまく参入できず、むしろ受動的な見物人になりがちだった。どんなに多数の人々を「民会」劇場に収容することができたとしても、それだけで膨大な民衆の心を引きつけて放さない躍動感と興奮を生むことはできなかった。崇高な雰囲気を生み出すことと、巨大な大衆集会の熱気を保つことはまったく別のことである。

ヒトラーは大衆を組織する枠組みとして「民会」劇を、ましてや「未来劇場」をそう安易に受け入れることができなかった。この両者は一般の参加を排除しがちであり、加えて適当な演劇作品を欠いていた。そのうえ、ヒトラーは古代ゲルマンの慣習を復興することなどたわごとと軽蔑していた。

こうした演劇の形式は利用可能だったが、異なった発想をつけ加えねばならなかった。それは政治的大衆運動自体の発展に由来する発想であったが、ここでいう大衆運動とは近代的な大衆運動全般ではなく、ヒトラー自身とナチ指導者が特別に関心を示した運動である。

2 大衆運動

『我が闘争』において、ヒトラーは一八九七年から一九一〇年までウィーン市長を務めたカール・ルエーガー博士に賛辞を呈している。「もしも彼がドイツで生活しておれば、我が民族の偉人の列に伍したであろう」[★53]。ルエーガーのキリスト教社会党は大規模宣伝の価値をよく認識していた。彼自身、広範な支持者の心理的本能に影響を与えることにおいて大家ともいうべき人物だった[★54]。彼はウィーンの労働者、芸術家、ブルジョアジーの中で絶え間ない煽動を実践し、あらゆる民衆集会で自らの存在を誇示した。キリスト教社会党は白いカーネーションと赤地に縫い込んだ白い十字をシンボルに採用した。市長が現れるときはいつも、このシンボルが掲げられた。こうした行事のために『ルエーガー行進曲』が特別に作曲され、彼は自分を人民軍の将軍と見なしていた。現実に、ルエーガー崇拝《カルト》が出現したのであり、この指導者のメダルや肖像写真、胸像が大量に出回った。集会では彼に月桂冠と銀杯［聖体拝領でワインを入れる器］が捧げられた。彼は支持者を必ずしも官僚主義的方法で組織しようとはせず、民衆祝祭の外観を呈して不断に繰り返される集会を利用した。[★55] ここには生身のシンボルと物言わぬシンボルが存在したが、生身のシンボルはルエーガー自身が体現していた。

確かに、こうした指導者崇拝《カルト》の大半はフランスにおけるブーランジェ将軍の場合や、それよりずっと以前にフェルディナント・ラサールが「労働者人民軍」を観閲したときに実演されたものであった。しかし、ヒトラーはルエーガー崇拝《カルト》を直接体験し、明らかにそれを教訓としていた。ヒトラーは『我が闘争』で、ルエーガーの運動には明確で単一の目標が欠如していたことを中心に批判した。ヒトラーから見れば、この運動には人種主義が欠けていた。ルエーガーが［人種的認識ではなく宗教的観念の上に］打ち立てた反ユダヤ主義は、その方向は正しいとしても大衆に決定的な影響を及ぼすにはあまりにアンビヴァレントである、とヒトラーは感じていた。[★56] そのうえ、［多民族国家という］オーストリア帝国の状況を考えると、このキリスト教社会党は真に国民主義的ではあり得なかった。しかもルエーガーの冷笑癖に気づいていたヒトラーは、大衆運動としてキリスト教社会党は「新しい政治」へ乗り出す力を持ちながら、それをまだ果たしていない、と見ていた。ヒトラーにとって、「民衆は握手を理解しない」以上、この「新しい政治」とは民衆に理解できる明確な目標の設定を行うことであり、つまりはこの目標を表現できる祭儀形式を創出することであった。ルエーガーは広汎な層の住民を積極的に運動に参入させることに成功し、党のシンボルで周囲を埋め尽くしたが、運動の指導者である彼自身はまだ国民的祭祀《カルト》に不可欠のシンボルではなかった。彼はただ群集に君臨したのみで、ル・ボンが描いたような印象的な群集指導者のタイプ、つまり大衆の統合要素、指導者とその支持者が共有する神話の生身のシンボルではなかった。ル・ボンがこうした指導者の具体例をブーランジェ将軍に見たのは、ルエーガーがウィーンで市政を握るほぼ一〇年前であった。だがラサールもブーランジェも、またルエーガーにしても、後年ヒトラーが最終的に成果を上げることができたように、発展を遂げた国民的祭祀《カルト》から行動を開始したわけではなかった。たとえば、ルエーガーの祝祭は国民的祝祭の伝統であった「神聖な」性格の多くを欠いていた。キリスト教社会党はカトリック教会と結びついた運動であり、ルエーガーのミサ参列は彼の政治戦略の基軸であった。彼が自ら参加して創出した祝祭はカトリシズムと結合しており、これが党の「神聖な」儀礼として、世俗的なシンボル表現よりも際立って重要な役割を演じていた。これこそ、ドイツの国民的祝祭が決して採用せず、またヒトラーが拒否することになった「キリスト教の」優位であった。

ルエーガー流の大衆運動は、実在する指導者のカリスマに依存していた。つまり、指導者と民衆を媒介する国民的崇拝の儀礼は二義的なものであった。こうした運動はあまりに人格に依存しており、しかるべき神学的基盤を欠いていたので、指導者が失脚するか死亡すれば雲散霧消しがちであった。ルエーガーの運動が彼の没後あっという間に解体したのを観察したヒトラーは、この教訓を引き出したのだろう。第三帝国期に彼は一連の政治的儀礼を千古不磨のものに確定すべく骨を折った。十分に練り上げられた国民的祭儀は非常に重要であり、これさえあれば、たとえ二流の人物が後継者となったとしても偉大な指導者のように見せることが可能である、とヒトラーは語った。[★57] つまり、ヒトラーに匹敵する資質を持った人物が彼の後継者となることはあり得ず、それゆえ国民的祭儀が彼の死後も第三帝国の存続を保証するために機能せねばならない、とヒトラーが考えていたことは明白である。

　こうした事実にもかかわらず、ルエーガーは未来を示す存在だった。キリスト教社会党は躍動的エネルギーを持っており、民衆的であった。オーストリア皇帝フランツ・ヨーゼフ一世が世論の圧力によってルエーガーをウィーン市長に任命せざるを得なくなったとき、この党は帝国の体制エリートに対して勝利した。ヒトラーが関心を示したそれ以外のオーストリア帝国での大衆運動はほとんど成功しなかった。ゲオルク・フォン・シェーネラーと彼の汎ドイツ運動は継続的な煽動で大衆の関心を喚起したが、分派的セクトにとどまった。シェーネラーはあまりに自惚れが強くて自分自身へのいかなる批判も受け入れることができず、また国民的儀礼をうまく発展させるにはあまりにも一貫性を欠いていた。彼の国民主義と反ユダヤ主義はヒトラーのお気に入りだったにもかかわらず、実際にこの運動が祭祀《カルト》の模範として役立てられることはなかった。それでも、ヒトラーはシェーネラーの失敗を支持者の議会活動のせいにした。この連中は議会に入るまでは正しく振る舞ったが、ひとたび議席に座ると他の政党と変わらぬ行動を始め、かくしてこの運動の効果は失われた。この展開からヒトラーが学び取った教訓は、彼がルエーガーの政治から学んだことよりも重要であった。「大衆集会は直接、一人ひとりの大衆の心を揺さぶるので、実際に効果的な唯一の手段である」[★58]。ヒトラーが自分自身の運動を組織するようになったとき、彼はこの教訓を深く心に刻んでいた。

幾人かのナチ党指導者はドイツ本国の大衆運動、とりわけオットー・ベッケルに率いられたヘッセンの農民運動に目を向けていた[★59]。一八八五年から九四年までの間にベッケルは支持者の獲得に向けてダイナミックな手法を駆使した運動を創り上げた。大衆集会の絶え間のない巡回が日課とされ、弁士は僻地の村々にまで送られた。また、その支持者はユダヤ人を排除した家畜市場設立などの活動を組織的に行った。さらに重要だったのは、あらゆる経済活動を支配する消費者組合、生産者組合の設立であった。農民はそうした組合の運営に関わり、その結果、自分の生産物の販売にも、自分の必需品の調達にも参加することになった。

ユダヤ人が家畜取引業者や金貸し業者として仲買人を務めていた地方では、反ユダヤ主義がベッケルの運動の中心であった。しかしこの「農民協会《バウエルンフェライン》」は金融資本主義やあらゆる中間ブローカーの排除をめざした社会綱領も公開していた。人々により多くの収入をもたらすためには、金利負担の帳消しが重要だとベッケルは考えた。実際、彼は「大地からの収穫」の投機売買を根絶し、外国貿易を国営化し、非生産的な産業を制限することを要求した。反ユダヤ主義はこの綱領の一面にすぎなかった。ベッケルも国民社会主義のイデオロギーを先取りしていたわけだが、イデオロギーを反転させて、体制エリートに対する反発を、皇帝、帝国、プロテスタント信仰への忠誠と結合させた。[★60]

ベッケルが特に協同組合に関する杜撰《ずさん》な財務運営で告訴されたとき、彼は急いでヘッセンを逃れた。彼の不在によって、運動の方向は転換した。実際、その運動は農業圧力団体のようになり、彼の後継者の何人かは最終的にナチ党に加わった。[★61]ベッケル自身は人知れず没したが、第三帝国はベッケルを顕彰する博物館をマールブルクに建てた。この地は彼の権勢の絶頂期に難なく議席を獲得した選挙区であった。ここで、一八九三年に彼はじつに二五万票を獲得していた。[★62]ベッケルの組織［ドイツ改革党］は大衆運動であったが、主に活字宣伝と演説によって活動した。彼が創刊した新聞［『帝国告知人』Reichsherold 1887–95］は効果的であり、多くの農民は初めてこの種の読み物に接することになった。[★63]彼の集会と演説は多くの若者をその旗の下に結集させ、また田舎の隅々まで派遣された「巡回宣伝者」のために専従弁士事務所が運営された。[64] こうした活動すべてをもってしても、この運動の継続的発展にとって十分とはいえなかった。

この「農民協会」はブーランジズムやルエーガーのキリスト教社会党のように一人の人物に結びついていた。そのため、この人物が成果を上げなくなると、運動は崩壊するか路線転換することになった。運動創設の指導者に続く後継者が誰であろうと十分に規格化された祭儀によって運動は継続できる、というヒトラー自身の見解が優れていることはここでも裏づけられた。ベッケルの後継者、オットー・ヒルシュルはもっぱら経済問題に関心を示し、一九〇四年には彼の指導するヘッセン農民協会と保守的な農業者同盟《ブント・デア・ラントヴィルテ》の間で和解が成立した。[65] ベッケルのイデオロギーにおける保守的な要素が、体制エリートへの反発に打ち勝ったのである。

それにもかかわらず、ナチ党がこうした先例を参照するもっともな理由が存在した。青年運動と同じく、こうした運動はときに体制エリートに対抗することで、民衆の欲求や野心をダイナミックに表現できると考えられた。しかし、こうした右翼的大衆運動は国民社会主義者に影響を与えた唯一の先例ではなかった。実際、左翼的大衆組織のほうが、どちらかといえばより大きな直接的影響を与えていた。ヒトラーはウィーンにやって来てすぐ、早くもオーストリア社会民主党の巨大な大衆デモを「息を飲んで」見守る体験をした。[66] 第一次世界大戦後、共産主義者のデモと大衆集会を組織する技術はナチ党によって検討されただけでなく、ある程度まで模倣された。[67] もちろん、ナチ党の祭儀は社会主義大衆組織の単なる模造品ではなかった。むしろ、国民主義的伝統の中でナチ党の祭儀は大きく発展したが、それでも大衆集会や大衆組織への労働者運動の貢献は非常に重要だった。

議会主義体制の内で真の国民的祭祀《カルト》を創出することが困難なことはわかっていた。なぜなら、そこには壮麗な威儀や指導者の英雄的ポーズさえも欠けていたからである。共和国は、議会で討論される利害対立を通じて調整される合意の上に立脚していた。このため、明確な方向づけを欠いた退屈な光景が現出したのみならず、目的意識をもたらす強力な指導力も封じられていた。加えて、雑多な利益集団の好き勝手な活動が、国民の一体感を妨げた。こうした一体感があれば、国家が「新しい政治」に不可欠の祭祀《カルト》儀式を主催できたかもしれない。だが、確信的な共和主義者は安定をもたらす理性的討論があると信じたので、そもそも「新しい政治」にまったく共感しなかった。それでもなお、共和主義者さえも自分たちの国家に新たな活力を与えるためには公的儀礼が必要であると認めることは時折あった。

フランス第三共和政期に、一人の神学者が弱体な行政上の指導力を補うために公民的祝祭の創出を要求した。ドイツ国民祝祭協会と同様に、彼は体操競技会を催し、その中核に国民的シンボルを位置づけようとした。[68] この国民的シンボルを示すために、彼はジャンヌ・ダルクを持ち出したが、それは次のことを意味している。彼は、共和主義者であるにもかかわらず、フランスの過去の記憶を呼び覚ます王党派のシンボルに立ち戻らねばならなかったのであり、そうしたことは共和主義のシンボルだけでは達成できなかったのである。結局、先行する二つの共和国、つまりジャコバンの共和国と一八四八年革命の共和国は、フランス国民を分裂させてしまっていた[★69]。さらに加えて言えば、第三共和政期に作られた国民的記念碑の一つであり、平和と豊穣のシンボルをともなったジュール・ダルー作「共和国の勝利」［図47］は、ほとんど称賛されることなく放置された[★70]。すでに見てきたようにドイツ第二帝政も同じような難問を抱えていたが、国民的な祭祀《カルト》と記念碑によってドイツ帝国はこれをどうにかやり過ごした。

図47　ナシオン広場のジュール・ダルー作「共和国の勝利」（1899年）。胸を露わにし、フリジア帽を被った女性が乗った山車を「自由」「労働」「正義」「平和」の四神が引いている。急進的共和主義の象徴。

一九一八年以後、議会制を採ったドイツ共和国は、フランス第三共和国と同じような位置にあった。フランスでは祝祭は最も密接に第三共和政の成立に結びつけられていた。しかし、七月十四日の祝祭［いわゆるパリ祭］は国民的祭祀《カルト》の一部とは受け取られていなかった。第一回目の祝祭を除けば、七月十四日は（ルソーなら「軽薄なこと」と呼んだに違いないが）娯楽の日にとどまった。幾分やけになってか、この祝日を一四五〇年にイギリス支配からのフランス解放を決定づけたフォルミニーの合戦の祝典と結びつけることが提案された★71（体操の父ヤーンなら、こうした提案に大喜びで賛同したであろう）。七月十四日の式典が直面した困難さは、ドイツ帝国でセダン戦勝記念日が味わったそれと大差ないものである★72。

ワイマール共和国も対立した国内諸勢力を統合する手段として、その成立を祝う祝祭の制定を試みた。八月十一日の「憲法記念日」は国民を新しい共和国への忠誠に導くことになっていた。しかし、式典の運営手引きとして発行された公式文書にさえ、驚くべきアンビヴァレンスが示されていた。憲法への歓喜はドイツ国民の受難の苦々しさと混ぜ合わされていた。「この世の何ものも完全でなく、万物は流転する、憲法さえしかり、それゆえワイマール憲法は有機的な発展の余地を残している」とその冊子には書かれていた★73。ワイマール共和国政府の公文書中に自己破壊的要素を記入するなど、およそ無用なことである。ワイいやしくもシンボルと呼べるものなら永遠不変でなくてはならないが、ここでは相対化さ

図48　社会民主党グラフ機関誌『人民と時代』の表紙を飾った国旗団の精鋭部隊「防衛隊」（1932年）。

れていた。およそ国民的祝祭と呼べるものなら感情のほとばしりをともなわねばならず、それをペシミズムと混同してはならない。憲法記念日の演説集はさらに以下のことを明らかにする。その演説はそっけなく、アカデミックであり、いかなる「躍動《エラン》」も、また感情的な共和主義的訴えさえも欠いている。これは講義であっても、信念の告白ではない。

テオドール・ホイス［第二次世界大戦後、ドイツ連邦共和国初代大統領］は次のように回想している。憲法作成の法的・技術的作業では国民の想像力《イマジネーション》を捉えることができなかった。憲法記念日は八月になったので、学校も官庁も休暇をとった。生徒にも官僚にも参加は強要できず、そのため都市に駐留している国防軍の支援をあてにせねばならなかった。★74 確かに、このことは共和主義の中心的祝祭として本来計画された内容の貧困さを示す証拠を追加する。すでに第三章で述べたように、ワイマール共和政期に建立された二、三の国民的記念碑のうち、タンネンベルク記念碑のみが国民の想像力を捉えていた。それだけが、ほかでは敗れた戦争における勝利を、国民に連想させたからである。

確かに、議会主義政府は「新しい政治様式」に向いていなかった。それでも、その様式を模倣しようとするいくつかの試みは、共和国防衛のために結成された大衆組織である国旗団《ライヒスバーナー》によって行われた。国旗団は固有の旗を持ち、大衆集会を行ったが、カリスマ的な指導力の欠如は痛切に感じられた。それでも、群立する団旗を押し立てた国旗団の「整列行進《アウフマルシュ》」がときとして効果的であったことは疑うべくもない［図48］。しかし、共和国の大臣連がときおりした演説は冗漫でうんざりする代物になりがちだった。また、労働者スポーツ協会が参加した大衆集会では、ビールが供され流行音楽が演奏されるテントの中で「打ち上げ」がよく行われた。真面目な目的とビールをがぶ飲みする友愛は、男子合唱団や射撃協会が行った十九世紀的祝祭を思い出させたが、それは二十世紀の大衆行動にはまったく不似合いなものであった。しかし、一九三〇年に国旗団が「鉄戦線《アイゼルネ・フロント》」の中に編入されたとき、より入念に計画された試みが大衆宣伝において着手された。簡潔な演説が通例となり、演説者と大衆の対話が奨励された。しかし、社会民主党はそうした方法に反対で、この新たな活力に懐疑的だった。その結果、「鉄戦線」は労働者スポーツ協会や労働組合、またその前身である国旗団に支えられた寄せ集め集団にとどまった。[★75] つまり、共産党やナチ党がその組織によって成し遂げたものと比べて貧弱な対応物にすぎなかった。討議と妥協の上に成立した政府が、国家の合理的支配と対立するような国民的祭祀《カルト》の伝統を自家薬籠中の物にするために真摯な関心を示すことはなかった。

また、かつて国民的祝祭に参加した人々が、統治行為における合理性の重要さを、唯唯諾諾と受け入れるなどあり得なかった。さらに、ワイマール共和国が自らの祝祭を気乗りしないままに——結局失敗したわけだが——制定しようとしていたまさにそのとき、共和国の敵が国民的祭儀を積極的に復活させ拡張していた。つまり、政治的右翼は共和国の議会主義統治に「新しい政治」をもって対峙したのである。

共和国は国民主義と大衆政治のダイナミズムをうまく利用することに失敗した。しかし一九一八年以後、国民的祭儀はドイツ統一達成以前の祭儀に漲《みなぎ》っていた「躍動《エラン》」を取り戻した。その活力が第二帝政期で危機的状況に陥るずっと以前から、この祭儀は重要な住民集団によって保持拡大されていた。体操家、男子合唱協会、射撃連盟については、すでに言及した。彼らは自らの祝祭も催したが、しばしば国民的記念碑の敷地を開催地とし、公的祝祭に不可欠な役割を演じた。こうしてみると、彼らもまた、第三帝国で出現することになる国民的祭儀の究極的形態を、徐々に、だが着実に形づくった人々であった。

第六章

諸組織の参入

1 体操家

国民的記念碑と公的祝祭は一体となって神話とシンボルをもたらした。しかし、国民の自己表現に適した国民的祭儀を構成する神話とシンボルは、孤立して存在していたのではなかった。十九世紀を通じ、また二十世紀に至っても、新しい世俗宗教の護持と作興には、いくつかの組織が不可欠であった。ドイツの政治で小邦分立主義が支配的であった時代には、高揚した祖国愛を維持するために連帯の必要性が痛感されていた。

十八世紀末の三〇年間で、私的で特殊な結社のネットワークが全ドイツに展開していった。こうした結社は次の二つの機能を果たすとされていた。第一に、啓蒙思潮の新しい自己意識から生じた公共的責務と改革という「理想的な目標」を達成することであった。第二に、社会的文化的かつ専門的な要求を充たすことであった。こうした結社は階級を超えた訴えにおいて民主的であったが、同時に愛国主義的傾向も持っていた。たとえば、一八一〇年結成の「ドイツ科学者・医師連盟《フェアバント・ドイチャー・ヴィッセンシャフトラー・ウント・エルツト》」などが典型的で、その名称はともかく「偉大な祖国の散り散りになった息子たちの精神的団結」を促すことが目的だった。[★1] アルントの「ドイツ協会《ドイチェ・ゲゼルシャフト》」についてはすでに述べたが、純粋に愛国的な協会も多く誕生した。だが、より重要なのは、体操や合唱、さらに射撃の協会であった。そうした協会は最大規模の結社で、ドイツが統一を達成した後でさえ大衆的な影響力を保持したことは疑いない。

ある意味ではドイツ国民が自己表現した理念の先導者であったフリードリヒ・ルートヴィヒ・ヤーンと体操家たちの影響については、すでに言及した［第四章参照］。「体操を通じての祖国愛」とヤーンが説明した彼の運動は「教育と生活が一体となって統一性を形づくる」という前提に基づいていた。[★2] 肉体と精神の統一が核心的な命題であり、それはヤーンの政治美学全体を貫いた理念型によって表現された。ここでも美のギリシア的理想が際立っていた。つまり、それは鍛え抜かれたしなやかな男性の肉体を理想としており、その肉体の輪郭はヤーンが弟子の体操家のために創案した制服によって特に顕著に表現された。この理想的な体操家の特徴も、個人的資質とその集団の民族精神が結合して生れた。

体操家は、自分たちこそ国民的再生の触媒たらんと考えた。ヤーンはそうした考えをただちに公的祝祭と結びつけた。彼とアルントにとって、公的祝祭は愛国精神の働きに決定的な意味をもっていた。ヤーンは次のように述べた。「体操運動がなおざりにされたため、ほとんどすべての民衆祝祭は消滅するか退化してしまった」。また「歴史的に記憶されるべきことは男性的な力のスペクタクルによって覚醒され、祖先の誉れの行為は体操競技によって再生される」。何ゆえにそうなるのであろうか？「混沌とした民衆運動が祝祭を創りだすことはなく、不定型の群集はお祭り気分を生むにすぎない」[★3]。所作とシンボルは群集に精神的連続性を保持させるために不可欠なものであり、さもなくば祝祭は単なる乱痴気騒ぎにすぎない。ヤーンは効果的な国民的儀礼への関心から体操運動を創出した。こうした儀礼によって、渾沌とした群集は「神聖な行為」を通じて規律づけられた大衆へと導かれる、とヤーンは理解していた。

それゆえ、体操訓練が行われた場所は初期においてさえ、ただの草原ではなかった。ヤーンが「聖なる技芸と精神」と称したものは、それに応じた環境を必要とした。最初に体操の公開訓練を行った「ベルリン郊外の」ハーゼンハイデを、彼は古代ゲルマンの集会場所にちなんで「ティー」と呼んだ[★4]。これは集会と保養に利用する空間を含んでいた。歌唱、トランペットの勇壮な調べ、簡潔な演説、聖火、これらすべてが体操祭典を構成した[★5]。だが、そこでは軽薄な気晴らしは求められていなかった。ベルリンっ子たちがハーゼンハイデに宙返りを見学に行ったとき、彼らは実際には国民的祝祭への巡礼をしていたのである。

このように、体操の本質的要素ではなかった国民的な目的意識を、ヤーンは組織に組み込んだ。男子合唱団と射撃協会も自立して存続しようとしたとき、両者は体操家と同じ活動原理を採用し、それによって国民的活動の領域に参入した。

ヤーンは体操家を学生組合《ブルシェンシャフト》運動と結びつけ、国民的決意のもう一つの表現として基礎づけた。それは学生を愛国主義に引き込み、「無気力な時間の浪費、眠気を誘う夢想、色欲、野蛮な暴飲暴食」から保護する新しい方法であった。[6] 事実上、ヴァルトブルク祝祭は体操家と学生組織の提携事業であり、また両者の構成メンバーもある程度重複していた。実際、体操祭典はヴァルトブルク祝祭の祭儀的リズムによく馴染《なじ》んだ式典に仕上がっていた。それこそヤーンが、かくあれかしと望んだものであった。[7]

体操運動は出発からして成功にめぐまれた。一八一八年頃のプロイセンでは、およそ一〇〇組織が約六〇〇〇人の体操家を擁していた。この時期までにドイツ全体で一二、〇〇〇人が参加していたと推定される。[8] 数としては少ないが、労働者と職人も徐々に運動に加わったので、上層か中層出身の学生という純粋な性格は、もちろん、完全に消えたわけではないにしても失われていった。[9] 一八二〇年に、体操家協会はプロイセン体制への敵対を理由に禁止されたが、この弾圧は構成員数の増加をもたらしたに過ぎない。何度かの揺り戻しはあったものの、一八四八年以後構成員数は急上昇した。[10] 一八六二年までに一三四、五〇七名、八〇年までに一七〇、三一五名の体操家がいた。一八六三年の社会階層の内訳によれば、最大多数は職人と商人であることが明らかになった。手工業労働者と工場労働者は構成員の六・六八パーセントを占めたが、一方、芸術家、学者、学生は二パーセントにも達しなかった。[11]確かに学生の優位は崩れて住民各層を含む構成となったが、それでもなお合唱協会の構成ほどにはバランスはとれていなかった。しかし、この統計的内訳は労働者の参加数を過少評価しているかもしれない。というのは、一八八〇年代、九〇年代までに労働者の間で体操がいかに普及していたかは、周知のことである。いずれにしても、体操ブームが大衆運動に発展したことは確実である。

この運動のイデオロギーは依然としてヤーンの影響下にあった。一八四八年革命までヤーンは、個人の自由や自主性と同じように国民意識を強調していた。体操家は最初から団結した集団であったのである。彼らは一緒に体操を行うのみならず、同じ制服を着用し、仲間内では親称「俺・お前」で呼び合い、「ハイル」と挨拶した。体操家は、若者が自由意志で参加したドイツ社会の革新的エリート集団であった。その闘争が反動的なドイツの国王諸侯に向けられねばならぬものである限り、反権威主義は重要な原則であった。すでに言及したように、ドイツの大半の君主たちは国民主義の煽動に反対しており、オーストリアが君臨する緩やかなドイツ連邦を後ろ盾にしていた。そうした状況においてさえも、体操家における個人的自由と団結と国民主義のつながりは弱かった。この弱いつながりを強化するために、祝祭の祭儀は総じて国民的シンボル表現を強調した。しかし、たとえばヴァルトブルク祝祭では焚書［図49］の際、反ユダヤ主義と並んで、権威主義的な世界観への傾向が見られた。[12]それにもかかわらず、体操家の第一世代にとって、国民主義への動

図49　1817年ヴァルトブルク祭での反ドイツ的書物の焚書。

きは（一八四一年以来の体操祭典で見受けられたような）地域主義の超克のみならず、「体操」組織内部の政治的見解の多様性をも伴っていた。

ユダヤ人の参加も除外されていなかったので、ルートヴィヒ・バムベルガーのような指導的な共和主義者も構成員であった。[★13] 国民統一のために宗派の違いを乗り越えようというのであれば、一八一五年にドイツ全土で催されたライプツィヒ諸国民戦争戦勝記念祝典のように宗教的多様性は歓迎された。

しかし、一八四八年革命は国民主義と自由とささやかな寛容との結合を変質させた。この点で体操家は時代の潮流に棹さし、革命に対する反動に加わった。一八四八年ヤーンは「ユダヤ人は民族に根ざさない民主主義を助長している」という主張を受け入れて、寛容

図50　1895年社会民主党機関誌『真相』(228号)に載った「労働者祝祭での反動的文書の焚書」。

図51　1933年5月10日ベルリン・オペラ広場でのナチ党による焚書。

を拒絶した。[14] 民族《フォルク》という概念がいまや前面に登場した。一八四八年設立の「ドイツ体操家同盟《ドイチェ・トゥルナーブント》」は「民族の統一と団結」を宣言した。[15] もはや自由はそれ自体の価値として承認されることなく、ただ民族統一によってのみ自由は生み出されるとされた。革命派であったメンバーは排斥されたのである。

この状況でも、体操家は自らをあらゆる政治党派からの超越者と考えていた。この態度は必ずしも現状の支持を意味したわけでもなかった。というのも、それは国民主義の発展と深く結びついていたからである。一八七〇年いっぱいは、国民主義がたいてい地域的な多数の祝祭で盛り上がりを見せていた。しかし、第二帝政が成立したとき［一八七一年一月一八日］でさえ、体操家の多くはいまだ真の統一は達成されていないと考えた。ときには、体操家たちは宰相や皇帝への追従に与《くみ》することを拒否した。そのうえ、周知のようにヴィルヘルム帝国においては統一と自由が互いに歩調を合わせてはいなかったので、個人の自由はなお獲得すべき目標と見なされた。[16] お上《かみ》からお仕着せの祝祭と同様に、体操家は帝国の統一を不毛なものと見なした。

そのため、体操祭典は依然として身体的訓練を国民的なシンボル表現と儀礼に統合し続けた。「体操の草原《トゥルンヴィーゼ》」は依然存在したが、「ティー」と呼ばれた集会場所には今や祝祭会堂も含まれた。そうした会堂は祝典のために建てられたが、また男子合唱団が演技する舞台やさまざまな団体の旗を供えた回廊を備えていた。これは理念的にはまだ十分に完成していない祭祀《カルト》会堂であったが、すでに国民的な体操祭典に特殊な空間を提供していた。また、こうした会堂は男子合唱団や射撃協会による国民的祝祭でもお馴染みになっていた。会堂はしばしば指導的な建築家によって設計され、舞台装置《ミザンセーヌ》の中心となった。たとえば、一八八九年の第七回国民体操祭典のためミュンヘンに建立された会堂は四つの要塞のような櫓に取り巻かれており、その櫓はオベリスクを戴いていた。[★17]この古典的様式にはエジプト風の壮麗さと久遠さがあった。先に述べたように、この伝統は十九世紀を通じて数多くの記念碑でも確認された。

［この空間を］差異化するために、団旗掲揚塔がしばしば運動場に聳え立つこともあった。パウル・ボナーツは一九三三年の国民体操祭典のためにそうした塔を建てた。[★18]その塔は一一階建てであり、ドイツ全土からもたらされた一〇〇の団旗に覆われていた。しかし、この塔は、そこで合唱団の歌や愛国的な演劇が上演できる多目的な会堂と比べれば、稀有な例であった。

ベルリン郊外のハーゼンハイデで最初の練習が行われて以来、体操家協会の発展にはいかなる新機軸も登場しなかった。つまり、既存のものが展開されただけであった。やはり、祭典はヤーンとその後継者にとって中心的な意義をもっていた。体操競技は「ドイツ人の理想型」の発展を促した。さらに重要なことは、国民的祭儀の構成要素となったことである。そのことは、十九世紀末までにははっきりと意識されていた。

当時、体操祭典が開催可能な場所となるべく、国民的記念碑も互いに競い合った。[19] 体操家自身、記念碑の敷地を彼らの儀礼に特別適した舞台設定と見なしていた。アルベルト・シュペーアがニーダーヴァルト記念碑の下に広がる「聖なる空間」を、ナチ党恒例のニュルンベルク大会が催された競技場「ツェッペリン広場」になぞらえたことも、偶然ではない。[20] この両者とも運動とリズムによる国民的祭儀の実演にはもってこいの舞台装置を提供していた。確かに、体操家にとってスポーツそれ自体が演技の本質を規定していた。しかし、第二帝政期の多くの愛国者にとって体操は鍛えられた肉体、つまりよき兵士をもたらすものであったのみならず、常に国民的祝祭として想い描かれていた。

この種の国民主義者は、ヴィルヘルム期の祝祭や公式的軍事的な仰々しい威儀から距離を取っていた。体操家はドイツの田舎を彷徨《さまよ》い歩くことで自分たちの愛国心を深めた。のちに体操家は一九〇一年に結成されたドイツ青年運動と接触を持ったが、青年運動は徒歩旅行を中心的な活動と定め、自分たちの側でヤーンを英雄の一人に祭り上げた。[21] 体操家は青年運動のメンバーと「国民の理想」を共有していた。その理想は、ただ外に向かって力を表現するもの、つまり自然と肉体における「美」の権化というより、内省する精神を表すものとみなされた。徒歩旅行は二つの運動に共有された儀礼であり、永遠不朽のドイツの風景を久遠の国民精神に結びつけた。青年運動の儀礼は歌や舞踏、演劇を中心に展開した。舞踏は若者にとって体操よりも重要であった。というのは、舞踏によって純然たる力がリズミカルで審美的かつ「詩的」な表現に昇華されると感じられたからである。[22] ここでは精神的なものが優位を占めていたが、特に実戦的な軍事力を念頭に置いていたヤーンが本当に重視したのは肉体の力であった。ウィーン会議から生じたヨーロッパの反動体制は行動によって打倒されねばならず、愛国精神を極めるだけではだめだ、と考えられていた。

青年運動と同じように、体操家は小集団の重要性を強調したが、この観点から大衆スポーツ全般に反対した。一八八三年以降、ボートや水泳やサッカーのクラブのような大きなスポーツ協会が成立したが、体操家はそれとは距離をとっていた。[23] それでも、旗や聖火やフォークダンスのように、いくつかのシンボルは両者に共通していた。また、同じ歌の中に国民感情のシンボリックな表現を見いだしていた。しかもさらに、実際どちらの運動も青年によって担われており、それゆえ共通の自己イメージを分かち持っていた。

体操家の一指導者、エドムント・ノイエンドルフは青年運動の大組織であるワンダーフォーゲルの全国指導者でもあった。そのほかにも多くの人的つながりが存在したであろう。しかし、この関係はかつての体操家と学生組合《ブルシェンシャフト》運動とのつながりほど緊密ではなかった。というのも、体操家たちは自分たちの組織の自主性を保持するために絶えず気を配っていたからである。そのうえ、体操家の中では成人が指導的役割を演じており、青年運動の「青年だけで《ユーゲント・ウンター・ジッヒ》」というスローガンとは大いに隔たっていた。[24] ノイエンドルフは公然たる「民族派《フェルキッシュ》」であったが、同時に彼が政党綱領に明記された項目としての国民主義は大

図52　1905年ミュンヘンでの労働者体操同盟記念イラスト。

いに疑わしいと述べたのは、典型的であった。国民主義はドイツ精神の必須要素だが、第二帝政における国民主義の公然たる擁護はうわべだけの感傷に導くにすぎない、と彼は考えた。確かに彼は「憎悪することのできぬものが真に愛することなどできない」と書いたが、一方で自らの青年運動連合からユダヤ人を排斥することを阻止した。[★25] 彼は大地の神秘的祭祀《カルト》をヤーンにおける美しさと徳性の理想に結びつけた。ノイエンドルフの見解が言及に値するのは、それが体操運動内部に渦巻く逆流の典型であったからである。

ドイツの体操組織はユダヤ人排除に関してオーストリアの兄弟組織に反対したが、それでもあらゆる「国際主義」を非難していた。[26]その結果として一八九二年以降に、「労働者体操協会《アルバイター・トゥルンフェライン》」が伝統的な体操家協会に対抗して誕生した。しかし、次章で述べるように、この労働者組織は祭祀《カルト》や儀礼への志向をその母体組織となお等しく分かち持っていた。その祭祀《カルト》や儀礼は、国民的再生あるいは社会的公正のいずれに向けられるものであれ、すでにドイツ体操運動に組み込まれていたように思える。一九一八年以降、「ドイツ体操家同盟《ドイチェ・トゥルナーブント》」の古参メンバーは反共和国的行動、ヴェルサイユ講和反対署名の呼びかけ、ドイツ艦隊協会や在外ドイツ人同盟の支援を通じて、彼らの伝統の中で軍国主義を際立たせていた。[27]

当然のことながら、こうした共和国への敵意は祭祀《カルト》の比重をよりいっそう強めることになった。体操家たちは憲法記念日のようなワイマール共和国の祝典に自分たちの祝祭をぶつけた。ゲルマンの英雄ヘルマンの祭典がトイトブルクの森で行われたし、盛大な祝典のうちにヤーンの胸像が「ヴァルハラ」記念堂に据えられた。[28]今や体操祭典には礼拝式の特別な時間が組み込まれた。確かにこうした礼拝式は祝祭でお馴染みの構成要素になっていたが、さらに特別な夕べの集い、いわゆる「精神の体操」がつけ加わった。ここに参加した全員が、古代ゲルマンの「サガ」やメルヘンを吟唱し、ドイツの歴史的事跡を繰り返し語った。同時に、燃え上がる情熱で民族音楽が歌われ、フォークダンスが行われていた。[29]このような夕べの集いは、かつてビールをがぶ飲みした体操家の集会と対極にあるべきものとされ、「真に純粋なゲルマン的人間性」を取り戻すことになっていた。[30]一九二七年にノイエンドルフは次のように表明した。「ヤーンによれば、体操は世界観の一部であったが、もう一度そこに戻らねばならない」[★31]。政治的に見れば、ヤーンの世界観は当時の保守的なドイツ国家人民党［DNVP］とならともかく、ナチ党とは結びつかなかった。これはまた、射撃協会にもあてはまることであった。体操家を引きつけたのは、ドイツ国家人民党の「民族派《フェルキッシュ》」急進右翼であった。だが、ナチ党も幾分は体操組織への浸透に成功し、一九三〇年までに多くの地方指導者がナチ党に加わったのは確かである。ノイエンドルフ自身の入党は一九三二年であった[★32]。

ヒトラーはドイツの生活における一勢力として体操家の重要性を十分認識していた。彼は一九三三年七月三十日シュトゥットガルトで行われた体操祭典に、副首相パーペン、宣伝大臣ゲッベルスを伴って臨席し、体操家こそ民族の生命力を最もよく示すものであると述べ、彼らをおだてあげた。いまや党員同志となったノイエンドルフは「帝国体操指導者《ライヒストゥルンフューラー》」になったが、体操家にとって万事がうまくいったわけではない。他の多くの組織と同じように、体操家は第三帝国においても自分たちの独自性を維持しようとした。当然ながら、これが不可能であることは一九三三年ハンス・フォン・チャマー・ウント・オステンが「帝国スポーツ指導者《ライヒスシュポルツフューラー》」に就任したとき明らかになった。彼は速やかに体操家に対する全権も掌握した[★33]。ドイツ体操家同盟はまずナチ党の統制下に組み込まれたのち、かなりの時間をおいて一九三八年完全に解体された。こうしたことは、体操家であれ男子合唱団、射撃協会であれ、国民的祭儀の創成とその一世紀以上にわたる護持に大きく寄与した組織すべての運命であった。

体操はドイツの国民意識を形成した坩堝《るつぼ》の一つであった。オーストリアやズデーテン地方のようなドイツ帝国の境界域では、体操精神は攻撃的なまでに国民主義的であった。一八八〇年にオーストリアの体操家は会員規約にアーリア人条項を導入しており、オーストリア体操家同盟はゲオルク・フォン・シェーネラーの汎ドイツ主義と密接に結びついた。第一次世界大戦後、コンラート・ヘンラインはズデーテン・ドイツ体操家協会を民族的《フェルキッシュ》運動の結集地とした。彼はこの組織を指導者原理にしたがって改造し、「男らしさと人生に対する英雄的態度」を唱えようとした。[34]だが、また体操運動はドイツ国家とドイツ人を越えて伝播した。ヘンラインのズデーテン体操家組織へのチェコ人による対抗組織、健康増進協会《ソコル》の運動は、チェコ人自身の国民的目的のために祝祭やシンボルも含めてドイツ体操家の理論と実践を採用していた。また、ユダヤ人も世紀転換期までにはユダヤ人独自の協会を結成した。その組織はシオニズムを論議する場となったが、シオニズム自体はユダヤ人の精神的根源を求める国民主義であった。実際、ユダヤ人体操家は「精神は焔《ほむら》より立ち現れる」というアルントの言葉を引用したし、ユダヤ人は「自由と祖国」を熱望していると繰り返し語られた。[35]だが、その祖国とはユダヤ民族《フォルク》のことであった。とは言っても、エマヌエル・ガイベル、ルートヴィヒ・ウーラント、ヨーゼフ・シェッフェルといった過去の偉人たち――つまりドイツ精神の文学的代表者たち――が、イディッシュ語［中部ヨーロッパのユダヤ人の間で使われた混合言語］の歌とともに再び人気を集めていた。★36

このように、体操運動は中央ヨーロッパ全域で等しく重要な役割を演じた。つまり、次のような認識を体操家は抱き続け、それを広めた。国民精神は祝祭とそれを取り巻く空間において、祭儀とシンボルによって最高の表現を実現するというのである。しかし、体操組織は「新しい政治」の展開に重要な意義をもった唯一の組織ではなかった。住民の各層を含んだ他の諸組織も、独自の儀礼を行い、愛国主義の表現として独自のシンボルを掲げた。こうした組織の中で、男子合唱団と射撃協会が最も重要であった。

2 男子合唱団

男子合唱団は国民的式典で重要な役割を演じるようになっていた。十九世紀の後半以後、いかなる国民的記念碑落成式や祝祭も合唱団なくしては考えられなかった。合唱団は国民的祭儀に不可欠な要素であり、またその展開に独自の貢献をしてきた。十八世紀前半における民族歌謡《フォルクスリート》の復興はこの運動に基礎を与えたが、啓蒙期市民の文化的渇望と十八世紀初頭における教会音楽の衰退がその発展の直接的な契機となった。当時、市民の教会合唱団は時代遅れとなっていたが、なおも小規模な敬虔主義《ピエティズム》の共同体は自分たちの宗教的礼拝の中心として歌唱の意義を強調していた。こうした「兄弟団《ブリューダーゲマインデ》」は素朴な歌曲に勤《いそ》しんでいた。そうした前例は、十九世紀初頭にプロテスタントの礼拝式で歌唱が息を吹き返すのに役立つことになった。[★37] 宗教的歌唱は世俗的な合唱団の活動にも影響を与え続け、十九世紀前半には多くの国民的祝祭で歌われたが、それにもかかわらず、とりわけ讃美歌と教会音楽は純粋に宗教的な空間に押し戻されてしまった。

新しい世紀が始まったときには、古典を鑑賞できるのみならず音楽も趣味とすることが教養人の理想とされ、自分の声の訓練と仲間内での斉唱が流行となった。いまや内輪の祝い事には演奏が付きもので、午後のお茶の時間にはテーブルを囲んで娘たちが歌っていた。[★38]歌唱技術を教え洗練するために音楽アカデミーの開設が求められた。そのうち最も有名なのは一七九〇年ベルリンに設立された歌唱アカデミーであるが、その影響はドイツを越えてロシアやフランスにも波及した。[★39] 一八〇九年、カール・フリードリヒ・ツェルターは室外に皆が集まって一緒に歌うためにベルリン男声合唱団《リーダーターフェル》を結成した。これはいかなる教会とも無関係な、ドイツ最初の合唱組織であった。その結成は時あたかもナポレオン占領時代であり、始まりからしてこの歌唱サークルは強烈な愛国主義を唱えていた。だが、このサークル自体は閉鎖的で、これに所属することは社会的な名望さえもたらした。実際、一九〇九年までメンバーが一九〇名を超えることはなかった。[★40] それは、合唱がブルジョア的親密圏の拡張であるような安定したブルジョア的な国民共同体の確立をツェルターが求めていたからである。「市民生活の慣行と条件こそ我々を支える基盤である」と、一八一〇年頃マンハイムの歌唱サークルが表明したのも同じ理由からであった。★41ツェルターとはまったく別に一八〇〇年代にスイスで歌唱サークルを結成したハンス・ゲオルク・ネーゲリ（一七七三―一八三六年）は、こうした狭い範囲を押し広げた。彼は大規模な市民的音楽運動を創出することを望んだので、私的な歌唱と公的な歌唱に明確な境界を設けた。「音楽はその親密圏から離れて、文化と教育の普遍的手段とならねばならない」とネーゲリは述べた。彼は排他的な小サークルがばらばらに音楽活動を営むことに反対して戦った。なぜなら、こうした状況こそ「私的な活動を公的活動に引き上げる」のを妨げている、と彼は考えたからであった。彼自身の開かれたサークルの試みは「尊敬に値する、颯爽とした愛国主義的な評判」の獲得をめざすものであった。★42ネーゲリの構想で合唱団に約束されていた将来の機能は、ツェルターがより排他的な愛国主義的目的で考えたものより明らかに優れていた。

だが、男子合唱団運動の先駆者たちが元来主張したブルジョア的な閉鎖性は、この運動の将来の発展にまでつきまとうことになった。男子合唱団運動の歴史全体を通じて、狭い範囲を抜け出ること、そして真に国民的な組織になることが課題であった。その技量をもって国民的祭儀で重要な役割を果たすためには、自分たちの閉鎖性を捨て去り、すべての民衆を自分たちの圏内に引き込むことが求められている、と彼らは気づいていた。歌によって音楽活動は社会活動に融合されるはずであり、ここに愛国主義的衝動は最初から存在していた。ともに歌う者は、ある意味、ともに生きる者でもあったが、それはまた国民解放闘争の情熱に生きる者であった。

確かに、この時代に最も愛好された歌が歌唱サークルに独占されていたわけではない。国民解放と自由の歌は一社会階層のみでなく万人に受け入れられた。そうした歌は森林の中にせよ、ベルリンの公園のカフェにおいてであれ、ゲルマン的風景の中で歌われねばならなかった。こうした歌は国民統一への呼びかけであり、統一達成に貢献できる者すべてに広まるメッセージでなくてはならなかった。

歌がもつ愛国主義的威力の注目すべき例は、『ラインの守り《ディ・ヴァハト・アム・ライン》』によって示される。この歌は、名もなき一官吏［マックス・シュネッケンブルガー］の詩をベースに一八四〇年に作られた。時あたかもフランスが国境線をライン河まで拡張せんかと危ぶまれた時期であった。たちまちにして、『ラインの守り』はライン地方のみならずドイツ全土に広まり、分裂していた国民に最も愛唱される歌に数えられた。この歌は居間でも街頭でも歌われた、と同時代人は伝えている。[★43] この歌は祖国への熱き思いを大衆が分かち合えるシンボルとなった。こうした現象を男子合唱協会が見過ごすはずはなかった。解放戦争に由来する歌（その多くはアルントの作曲）がすでに持続的な人気を獲得していた以上、なおさらのことであった。

男子合唱協会メンバーの大半はブルジョア層に属していたが、最初から多様な社会階層を含んでいた。十九世紀前半にいくつかの男子合唱団が設立されたが、その第一号はおそらく一八〇一年マイセンで結成された「歌唱協会《ジングゲゼルシャフト》」だろう。その協会は最初プロテスタントの聖歌集に固執しており、一八四〇年代までは近隣の歳の市で歌っていた。★44 だが、こうしたスタートは散発的なものにすぎず、一八四八年革命は男子合唱団活動の中断を意味した。その結果、合唱団が強固で持続的な結社として登場するのは、一八五〇年代、六〇年代となった。★45 国民統一は挫折したが、いまや対ナポレオン闘争の連帯を引き起こしたのと同じダイナミズムが、分裂したドイツを一つにまとめ上げようとする衝動につながった。いったい、この目的にとって民族歌謡や国民的自由の歌以外のいかなるものがより適していたといえようか。合唱団は国民的祝祭に参加したし、たとえこうした儀式に加わらなかったとしても週例会あるいは月例会で彼らの愛国精神は増幅されていった。

地方の合唱協会には儀礼の創成を始めたものもあった。最初、彼らは公開コンサートを開いたり、あるいはメンバーの親密な夕べの集いを催すだけであったが、やがて間もなく全住民の参加のうちに奉献された団旗がもたらされた。人口一九、〇〇〇人ほどのエッテンハイムのような小都市においてさえ、合唱団は近隣町村をも巻き込んだ祝祭と競演会を催した。たとえば一八九六年エッテンハイムでのこうした祭典は教会礼拝で始まり、行列、演奏会、競演会、ダンスと続いた。しばしば体操家協会や在郷軍人会が参加したが、エッテンハイムでは合唱団は消防団と密接な提携関係にあり、それによって補強されていた。[★46] 合唱団は歳の市や射撃大会、カーニバル、はては居酒屋まで、あらゆる機会を捉えて合唱したようである。[★47] 一八四八年以後に結成された合唱団では著しく強まった祖国を愛し国民統一を願う情熱が、常に前面に浮かび上がっていた。[★48]

多数の個別の合唱協会が、排他的な歌唱サークルを除いて一つの組織に統合されるのは、単に時間の問題であった。一八六二年「ドイツ合唱団同盟《ドイチェ・ゼンガーブント》」結成の呼びかけは、「ドイツ諸族」の統一の必要性やドイツ人の力強さを養うための協力を強調していた。[★49] この同盟は、やがて国民的祝祭の性質を帯びるようになった年次祝祭や合唱競演会を主催した。合唱団は団旗や記章――もちろんドイツ柏も加わっていた――を掲げて町中を行進し、祝祭会堂で愛国的な演説や詩に耳を傾け、自らの歌を合唱した。この「合唱団祭《ゼンガーフェスト》」の式典にはしばしば射撃協会と体操家協会が参加したので、祭典はにわかに大衆示威行進の外観を呈していた。

だが、ドイツ統一が一八七一年に実現すると、祝祭や国民的記念碑が直面したのと同じ難問に合唱協会もぶち当たった。閉鎖性というブルジョア的伝統が再び自己主張を始めようとしていた。このことは一八七一年以後、公開性が無視されたというわけではないが、公開性は「受動的な参加者としての」聴衆の地位にまで引き下げられた。つまり、男子合唱団は相変らず公衆に向けてコンサートを開いたが、娯楽形式が再び中心を占めた。一方で、合唱協会はもはや音楽活動に参加しないメンバーの存在も認め始めた。その結果、合唱団の集会はその純粋に社会的「帰属の」側面がますます重要な意味を持つに至った。[50] これと同時に、出演者はもはや斉唱せず、より複雑な和声を練習するようになった。こうした和声がコンサートの聴衆に感銘を与えたとしても、それは一般民衆が参加できないことを意味した。合唱団同盟の公式機関紙は、こうした傾向を食い止めようとしたが、失敗に終わった。このように歌を民衆《フォルク》に行き渡らせない私的なコンサート公演は非難されたが、[51] いずれにしても国民的祭祀《カルト》の構成要素である合唱団の機能は深刻な危機に陥っていた。

そのうえ、ドイツ第二帝政の社会的分裂状態が深刻な影響を及ぼすようになっていった。一八五〇年代においてさえ、ユダヤ人は独自の合唱協会を設立していた。彼らが情熱に駆られてライプツィヒ会戦を祝賀する合唱に加わった時代は、はるか昔のことになっていた。[52] だが、第二帝政を浸食していた社会的亀裂にもかかわらず、ほとんどの合唱協会は住民各層を含んでいた。それでも、当時の機関紙から読み取れるのは、教師やパン職人をはじめとして同業者おのおのが独自の分派協会を形成したことへの不満である。[53] さらに、上流階層はもはや合唱協会での活動意欲を失ってしまい、職人、小商人、労働者がメンバーの大半を占めていた。[54] この構成は社会民主党系の労働者が自分たち独自の合唱団分派を形成しはじめ、一八九四年に「労働者合唱団同盟《アルバイター・ゼンガーブント》」を結成した後でさえ変わらなかった。分離独立したにもかかわらず、多くの労働者は元祖「ドイツ合唱団同盟」への忠誠を守った。その社会的基盤が狭くなったといっても、合唱団は決して閉鎖的な小市民的組織にはならなかった。メンバーの統計を入手することは難しいが、一八九五年には約八二、〇〇〇人の合唱団員が組織を構成していたことが知られている。★55

合唱協会がこうした難題に直面していたのと時を同じくして、声高な国民主義が擡頭した。国民への献身こそ、国民統一への闘いで合唱協会が果たした役割の思い出によって多様な合唱協会を統合したものであった。ところが、第二帝政期にはこの愛国主義はビールとダンスと単純な娯楽を伴った「心地よい《ゲミユートリヒ》」夕べの集いで歌われる歌詞に限られることがあまりに多かった。しかし、実際には合唱協会が自分たちの内部サークルに完全に引きこもってしまったわけではなかった。合唱協会はたとえば一八七五年ビスマルク還暦祝典など、あらゆる種類の国民的イベントや国民的記念碑の落成式に始終参加していた。メッツ占領(一八七〇年)やセダン戦勝記念日(一八七七年)などの祝典を計画するために、しばしば合唱協会は体操家協会や射撃協会と提携した。★56 ケルスキ族のヘルマン([ローマ名]アルミニウス)は合唱団お気に入りの英雄であり、トイトブルクの森の戦いの記念日を祝う合唱作品は絶大な人気を博した。★57

ドイツ合唱団同盟は独自の機関紙によって古今の愛国歌謡の普及に努めた。その紙面はこうした作品の広告で溢れていた。皇帝ヴィルヘルム二世は合唱団の変わることのない「礼儀正しい《リスペクタブル》」愛国主義を熟知していたので、男子合唱団のために自ら作詞を試みた。もっとも、『合唱団新聞《ゼンガーツァイトウング》』さえ「いつも非常に首尾よいわけではない」と批評したように、皇帝の作品はよい出来ではなかったが、「皇帝もまた合唱者である」という事実は幾分誇らしく思われていた。★58 いまや自由の歌は稀になり、体制エリートに喜ばれるような賛歌がそれに取って代わった。しかし、「合唱団祭《ゼンガーフェスト》」で国民的儀礼はドイツ統一以前と同じように続けられた。

オーストリアの合唱協会もドイツ合唱団同盟の傘下にあり、一九一二年頃のメンバー総数一六万人のうち約三万人はオーストリア人であった。★59 彼らにとってドイツ帝国《ライヒ》への合併という国民統一は達成されておらず、国民解放の闘いはいまだに現実そのものであった。オーストリア合唱協会は同盟に新たな「躍動《エラン》」を導入しようとした。ここにおいて歌曲は依然として革命的武器と見なされ、彼らはドイツの兄弟同志に「スラヴ人の攻撃性の高まり」について書き送り、民族《フォルク》へのさらなる愛情を示すよう熱心に説きつけた。★60 ユダヤ人を排斥したオーストリアの合唱団では反ユダヤ主義が明確な役割を演じたが、一方ドイツではこの問題は用心深く敬遠されていた。オーストリアの合唱団は自分に何度も言い聞かせてきた使命、つまり国境線にこだわらず全ドイツ民族を取り込む使命を忘れないようにドイツの合唱団に注意を喚起していた。★61

分裂状態のワイマール共和国期になっても、国民的関心事は引き続きドイツ合唱協会に活気を与えていた。当時、彼らは古い伝統に従って、全ドイツ民族の統一促進を試みた。

こうして合唱団同盟はオーストリアの合唱団を傘下にとどめたのみならず、全在外ドイツ人をも取り込んだ。実際、合唱団は民族意識を強化するために国境外のドイツ人居住地を訪れた。[★62] 合唱団同盟は政治党派から超越した自らの立場を称賛し、かつてのようにドイツが分裂状況から脱することを望んだ。合唱団同盟は、合唱団は完全無欠な祖国に奉仕する、と表明していた。[★63]

不安定なワイマール共和国は、合唱団とその祭典に新たな刺激を与えたように思われる。一九二四年に行われた合唱祭の一つは四万人の男女を集めたし、合唱団同盟のメンバーも一九二五年までに五〇万人に達した。[★64] しかし、政治的党派に超越した立場を誇ったことは必ずしも共和国への忠誠拒否を意味したわけではない。合唱団は帝政下で類似の祝典に参加したように、「憲法記念日」の行事に参加した。[★65] おそらく、時の体制を支持する伝統が強すぎて、あからさまな反共和主義も乗り越えられてしまったのであろう。実際、共和国は合唱団同盟に補助金を下付していた。[★66] また留意せねばならないことだが、射撃協会や体操家協会と違って、男子合唱団はあらゆる種類の地域的、政治的あるいは非政治的な祝賀行事にいつも参加していた。つまり、歌うことを愛するあまり政治的忠誠心は片隅に押しやられていたわけである。この事実も、共和国への合唱団の態度を検討するとき考慮しなければならない。新しい体制《レジーム》への合唱団の適応能力は、他の組織とは著しく異なっていた。

それでも、合唱協会はヘルマン記念碑の落成記念祭など愛国的祭典を祝い続け、ヘルマ

図53　1928年ベルリン社会主義青年団の「動作合唱」。

ンにふさわしい後継者としてその建築家バンデルを讃えた。「ドイツ人は英雄的勇姿を仰ぎ見ることを愛する」と合唱団同盟の機関紙には書かれている。★67「とりわけ国民的指導者不在の時代には、国民的記念碑は国民統一の意識を我々に想起させるに違いない」。こうした所感は、共和国が最も平穏で安定した時期であったとしても、共和国への積極的な支持にはならなかった。また、合唱団同盟はヴィルヘルム時代の伝統をワイマール共和国に持ち込んでいたが、新体制への公然たる敵対的態度は取らず、時には新体制と提携さえしていた。同じ祝祭や愛国心を合唱団とともに担い、密接な関係にあった体操家協会や射撃協会は、このようにはドイツ共和国と妥協しなかった。

第一次世界大戦直後、合唱音楽は新しい芸術様式へと拡大した。エーリヒ・シュトロイベルは「合唱動作演劇《コーリシエス・ベヴェーグングシュピール》」を案出したが、そこでは音楽と動作の複合によって劇的効果を引き出せるように合唱が使われた［図53］。合唱団全体の振り付けを組織することで、合唱団が国民的祭祀《カルト》へ参加する

図54　1936年ベルリン「ディートリヒ - エッカート劇場」での「民会劇」。

まったく新しい次元が開かれた。「リズム合唱《リトミッシャーコール》」も「音楽と視覚的表現を融合させる」ために使われた。[★68] だが、この形式では音楽は背景へ押し込められがちであった。シュトロイベル自身は、一九一九年に劇のプロットを象徴する集団動作を強調して開始された、いわゆる「動作演劇《ベヴェーグングシュピール》」の影響を受けていた。ここにはモダンダンスが取り入れられたが、それはリズム運動とそれに伴う集団の統一性をモダンダンスが強調したからである。こうした合唱団は身振りをつけて歌ったが、独唱者との応唱も行われた。それは、聖職者と信徒の答唱のようでもあった。シュトロイベルは次のようなプロットで一作品を書き上げた。リズムに合わせて動く合唱団が唱歌を開始し、歌を続ける。先唱者が独唱部を唱う。そして、聴衆の参加が求められている歌を拡声器が告げる。

一〇年あまりのち、ナチ党の「民会《ティング》」劇は、この「合唱動作演劇」を人種と民族の共同体を象徴的に表現するうえで桁外れの効果があるとして採用した[69]〔図54、65〕。

合唱演技はいまや演劇に、否むしろ完成した礼拝儀式になっていた。音楽はしばしば完全に消えてしまい、いわゆるシュプレヒコールがそれを引き継いだ。祭儀文句がいっそう明確に押し出され、かなり長かった歌曲に代えて簡潔な合唱句が利用された。次章で述べるように、こうした方面で労働者運動は先駆的役割を果たした。第一次世界大戦後の労働者運動の大衆祝祭は、こうした祭儀の生き生きとした模範を示した。ナチ党は当初シュプレヒコールを存分に使っていたが、この形式の発展が共産主義者の功績であるという事実は認めていた[70]。しかし、間もなくこの合唱形式はあまりに技巧的すぎるとわかり、またこの目的のために利用可能な戯曲もほとんど入手しがたいことが明らかになった。加えて、オペラファンのヒトラー自身がこうした「言語劇」より音楽劇を好んだように思われる[71]。それにもかかわらず、合唱劇の朗誦部はナチ党大衆集会での栄唱として残った。だが、他方で本来の合唱演劇は背後に退けられた。

それにしても、合唱団は演説者や大衆と相互に対唱した場合でさえ、より伝統的に機能し続けた。合唱団は相変わらず国民的崇拝儀礼に不可欠な要素であった。音楽と祭儀聖句の組み合わせは徹頭徹尾、神聖な祝典の基本要素であった。しかもナチ党は崇高なムードを強調するためにオルガンさえ利用した。ヒトラー自身ニュルンベルクの会議堂《コングレスハレ》〔図11〕

に巨大なオルガンを設置するよう命令した。★72 ナチ党集会でいつも普通に歌われていたことは別として、国民的祝祭における合唱団の役割は第三帝国期に絶頂に達した。

ナチ党が権力を握ったとき、合唱団同盟は国民的祝祭に独立組織として参加するといういつもの役割を続けることができると考えた。当初は、収穫感謝祭［十月第一日曜日］のように新たに復興された祭日や勤労の祝日［旧メーデーの五月一日］に合唱団同盟は参加した。★73 同盟は民族歌謡を強調したり民族歌曲コンクールを主催したりして新体制への順応を図った。しかし、コンサートと閉鎖性の伝統は、こうした慣行を打破しようとした同盟指導者たちの努力にもかかわらず、なお強固であった。ナチ党は流行していた四部合唱を、民衆が合唱に加わる妨げになるとして批判した。誰でもが参入できる「開かれた合唱」が要求された。★74 一九三三年の合唱祭は政党を超越した「全ドイツ人のための神聖な時間」と名づけられたが、そのレトリックにもかかわらずナチ党はこの主張を疑っていた。★75 それでも公の場ではナチ党もこの重要な組織の機嫌をとっていた。内務大臣ヴィルヘルム・フリックもルドルフ・ヘスも、ナチ党内の類似組織が合唱団同盟と張り合うことはないと確約したし、一九三三年にヒトラーは同盟の指導者たちを接見した。もちろん、憎むべきライバルであったドイツ労働者合唱同盟は解散させられた。★76

こうした態度にもかかわらず、合唱団指導者の中にはワイマール共和国を哀悼をこめて追憶した者もいた。ワイマール共和国では合唱団は国家の援助を得ていたが、その援助もいまや少しずつ取り上げられた。ナチ党の合唱組織が「同盟とは別に」存続し、ナチ党祭儀を支配した。実際、ナチ党合唱団が活用されればされるほど、ドイツ合唱団同盟はますます確実にナチ党組織に統合されていった。アルフレート・ローゼンベルクが一九三四年に合唱団組織を支配したが、同時にヒトラーは彼にナチ党のイデオロギー監督を担当させた。★77 ローゼンベルクは公的祝祭の形式と内容に特別な関心を寄せ、これを中心テーマとした雑誌を刊行した。彼の思うがままに、合唱団同盟には緩慢な死が許された。男子合唱団の伝統的に果たした機能が文字どおりの歌う熱狂に高められたまさにそのとき、その組織はナチ党祭儀の一要素へと解消されてしまった。

それをナチ党は、男子合唱団が自らの「ブルジョア的」過去を清算したのだと見なした。合唱団はコンサートと同じく独自の祭典の開催をも諦めねばならなかったし（もっとも、これは一九三九年になってのことだが）、民族共同体に祭祀儀礼《カルト》で奉仕せねばならなかった。★78 そして最終的には、合唱コンクールとその表彰式も廃止せざるを得なくなった。こうした処置は、男子合唱団が社交的団欒と国民的決意を融合させる以前、つまりその歴史的起源にまで引き戻そうとする試みであった。とすれば、教会の日曜礼拝に取って代わった「朝の祭礼《モルゲンフアイアー》」のような儀式に参加するようにナチ党が合唱団に求めたことも理解できよう。また、ナチ党の目論見では、合唱団は民族共同体の「闘争活動」に必要な規律の支えになるはずであった。

合唱団はその古典的なレパートリーの多くを破棄せねばならなかった。民族歌曲《フォルクスリート》がドイツの偉大な作曲家の芸術作品に取って代わった。[79] たとえば、合唱曲「オランダ感謝祈禱」《ダス・ニーダーランディッシエ・ダンクゲベート》は合唱団成立以来の伝統を持ち、ほとんどすべての国民的祝典で歌われてきたにもかかわらず修正を余儀なくされた。ナチ党が異議を唱えたのは、「義なる神」といういい回しと、「主よ、われらに自由を与え給え」という結びの文句であった。ナチ党は、この祈禱文の改作が十六世紀初期の原文からユダヤ人によって行われた事実を見つけだした。それをナチ党は次のように解釈した。「義」を強調するのは典型的にユダヤ的であり、それは先入観に従って民族を善と悪に分割することだ、と。また、「主よ、われらに自由を与え給え」は、ドイツ統一以前の国民的儀礼では特に自らに引きつけて考えられてきたにもかかわらず、ナチ党は欺瞞的な愛国主義の空念仏としてあざ笑った。[80] それで今度は「父なる神」を前に祈禱が行われ、あらゆる敵との闘いにおける神の加護を求めることで締めくくられた。[81] だが、一度確立した祭儀形式を変えることほど困難なことはない。自由への訴えは例外なく削除されたが、「義なる神」はナチ党公認の民族歌曲集においてさえ存続していた。[82] いつもなら祝祭や祭儀の本義をよく理解していたナチ党員も、この場合に限っては党の祝典においてさえ掌握できていなかった。

しかし、ナチ党の祝祭や大衆組織の成功が証明しているように、そうした失敗は稀なことであった。男子合唱団は古い形式でも新しい形式でも効果的に活用された。国民的意志を持ったほかの伝統的組織も同じく巧妙にナチ党の祝典に統合されてしまった。体操家と合唱団の関係はたいへん密接であり、一九二〇年の末頃には合唱団組織の公式機関紙は『体操家新聞《トウルナーツアイトウング》』の傘下にあった。[★83] 同じく合唱団と射撃協会も友好関係にあった。[★84] この三組織はいずれもビスマルクの以下の発言を好んで想い起こした。「射撃協会と体操家協会と男子合唱団はドイツ統一に欠くべからざる貢献をなした」。また、次の詩は彼らの誇りを表現していた。

「体操家、合唱家、射撃家は国家に至高の柱石なり」。[★85]

3　射撃協会

射撃協会《シュッツエンゲゼルシャフト》は一八〇〇年以後に結成された。ラインラント地方などの射撃協会は、市民軍《ビュルガーミリーツ》の創出を望んだフランス占領軍によって奨励された。[★86] そのほかの地方では、フランスからドイツを解放するために射撃の訓練が行われ、結局はラインラントの射撃協会もこの国民的運動に身を投じた。こうした協会は小さな地域グループによって構成されており、一町村に多数の異なる射撃団体が存在したこともよくあった。たとえば、ミュンヘンでは一八一二年には射撃協会は一つだったが、一八七〇年には一六団体、一九一四年までには二〇六団体に達した。第一次世界大戦後、その数は減少に転じたが、それでもミュンヘンには約六五の射撃協会がナチ党の権力掌握後に存在していた。[87] 男子合唱団と同じく、射撃協会は全ドイツに広まり、地方村落ではおそらく合唱団よりもかなり人気があった。協会の活動は、射撃訓練と射的コンクール開催に限られてはいなかった。つまり、ただビールやワインを飲んだりする気楽な集いにとどまらない社会的な配慮が重視された。メンバーのための年金基金を設けた協会もあったが、協会は最初から「登録」団体であり、普通いずれかの君侯一族とつながりを持つことで、君侯がその射撃協会の名誉総裁になったものであった。[88]

カトリック地域の射撃協会は宗教的要素を強調しがちであったが、それはおそらく彼らが自らのアイデンティティを求めることの多かった中世ギルドへの追憶のためであろう。射撃祭は宗教的行列と組み合わされることが多く、実際にメンバーがカトリック教会に所属することを絶対条件とする協会もあった。[89] ここでも「すでに敬虔主義に関して述べたことだが」、再び宗教的情熱と国民的意識の結合が登場する。だが、こんどの結合は、単なる聖職者の参加とかキリスト教祭儀を政治目的に合わせて改作するというレベルを超えた結合であった。その例として、ボンの射撃協会の規約が役立つであろう。一八四〇年、この協会は祖国を讃える祝祭に喜んで参加したが、同時に信仰、とりわけ教会祭礼の讃美に貢献することを呼びかけた。その規約の求めるところによると、射撃訓練の目的はメンバーが社会的な霊の交わり《コミューニオン》を深めることと、人民《フォルク》を楽しませることであり、最後にブルジョア

的秩序の護持が強調されていた。[★90]

このような愛国主義、中産階級の自負心、社会的親睦、お祭り気分の混交はほかの協会規約からもうかがい知ることができる。しかし、プロテスタント地域では、しばしば宗教的要素が欠落していた。それでは、プロテスタント系協会は純然たるブルジョア組織だったのであろうか？ もちろん、そうではない。中産階級の生活様式と道徳をまねていたとしても、協会の構成では中産階級には含まれない田舎に住むメンバーがかなりの比率を占めていた。しかも、一八五〇年代以降、ある程度は労働者も射撃協会に加入した。[★91] 射撃協会はそれが唱えたヒエラルヒー的政治秩序、社交様式、お祭り気分の強調という点ではともかくとして、その社会的構成においては必ずしもブルジョア的ではなかった。しかし、協会の刊行物においてはブルジョアと人民《フォルク》は不可分なものであった。たとえば、一八六五年の記念冊子は、祖国防衛に武器を取れるよう中産階級である「市民《ビュルガー》」が惰眠から目覚めることを求めていたが、同時に軍隊は人民《フォルク》全員から徴兵されるべきとつけ足していた。[★92] 射撃家は人民《フォルク》と中産階級を同一視していたように思える。

一八六二年、射撃協会は集まって全ドイツの連合組織を結成したが、それはドイツ合唱団同盟設立の呼びかけとほとんど同時であった。全ドイツ射撃祭は二年ごとに開催されたが、地域レベルの祭典［図55、56］の開催数も上昇し続けた。フランクフルトで全ドイツ組織結成記念に参列したフリードリヒ・テオドール・フィッシャーは、生き生きとした描写を残している。それは射撃競技と祭典儀式の二部に分かれていた。祝祭ホールは銃声かまびすしい射撃場の隣に建てられた。（合唱協会も加わって）ホールではこうした祝典にはつきものの饗宴が設けられた。愛国主義的演説が行われ、また『ゲルマーニア』と名づけられた祝祭劇も上演された。最後には、チロル地方の射撃家の先唱によって会衆全員が合唱した。★93

ここにおいてもその後の祭典でも、宗教的な要素は欠けていた。カトリックの地域では教会への参列が引き続き重要とされたのは確かだが、プロテスタントとカトリックの混住

図55　1861年射撃祭におけるゲルマーニア女神の活人画の山車。

図56　1863年ミュンヘンでの射撃祭記念イラスト。

地域では式事は世俗化されていった。

こうした祭典は祭祀《カルト》儀礼だったのであろうか？　フィッシャーによれば、実際それは政治的催し物であったが、単なる政治集会ではなかった。[★94]民衆のお祭り気分と行事への積極的な参加は演説を圧倒していた。演説者の発言すべき内容よりも彼の存在感が演説に効果を与えたことを、フィッシャーの描写は明示している。実際のところ、演説が祝祭ホールの雑音をつきぬけて聞き取られることはほとんどなく、またいずれにせよ、演説の愛国的内容は誰にとっても実際に聞く必要などないほど聞き慣れたものであったに違いない。

祝祭劇や斉唱と同じ意味で、演説者はいわばシンボルであった。古典古代の演説者やドイツ統一の煽動を行った初期の演説者は、演説内容によって聴衆に感銘を与えたが、いまや演説はそれが行われる以前においてさえ効果的でなければならなかった。[★95]つまり、舞台装置全体の中で演説の置かれた状況が、演説と祝祭全体の成功を保証していた。このことは合唱団や体操家それぞれの祭典にもあてはまった。どんなに遅くとも一八六〇年代までには、こうした祝典演説は本来的なコミュニケーション機能をほとんど失ってしまい、祝典の祭儀リズムの一部となっていた。

合唱団や体操家の祭典と同様に、「射撃祭《シュッツェンフェスト》」も国民的祝祭の本流に位置していた。しかし、その祭儀はいまだはっきりと整えられていなかった。もちろん、射撃家自身は自らの祭典を「国民的な《ナツィオナール》」と形容していた。すでに述べたように、ドイツの「民衆祝祭《フォルクフェスト》」は、単に楽しみの種を意味するものではあり得ず、イデオロギー的中核を持たねばならなかった。一八六五年ブレーメンの第二回ドイツ射撃同盟の祭典では、そうした中核は巨大なゲルマーニア女神像であった。以前の祭典では、このシンボルは賞品が収められた祭殿の頂上に据えられていた。[★96]いまや、この立像は協会旗が奉納されたホールに隣接して、入場門と直接向かい合った場所に置かれた。かくして、国民的統一のシンボルはドイツ全土の多様な旗――その旗は各地の射撃協会を表すものであった――によって取り囲まれることになった。

こうした祭典の舞台設定は徐々に定式化されていった。しばしば中央正門を中世の城門風に設営することで、祭典の開催地一帯は一つの空間に統合された。祝祭ホール、賞品が収められた祭殿、旗のホール、これらすべては著名な建築家によって特別に設計されていた。[★97]

こうしたことすべてをもってしても、なお祭典は全体的統一性を表現していなかった。軽佻浮薄と享楽主義は公式には拒否されたにもかかわらず、存在していた。射撃競技が祝典儀式の進行を中断したし、個人的な遊技がなお祝典参加の重要な動機であった。ビールが気前よく振る舞われ、会場は飲食物や娯楽を提供する屋台に取り巻かれることが多かった。こうした祭典は国民的儀礼であるとともに歳の市でもあった。それまで祝宴はドイツのみならずフランスにおいても愛国的な集会に枠組みをしばしば提供したわけだが、ヤーンが「満腹に愛国主義なし」とすでに宣告していたように、祝宴は国民的祭儀の発展にとって最も望ましい道具立てとはいえなかった。

射撃協会は支配者層と持ちつ持たれつの関係にあり、こうした活動を第二帝政期も特に変革することもなく続けた。だが、ワイマール共和国に対する彼らの態度は合唱団同盟の態度とは異なっており、最初から敵意剝き出しだった。たとえば一九二二年、時代の新しい精神が射撃家の隊列にはまったく食い込めなかったことを証明した、と協会の公式機関紙は射撃家の仲間意識を称賛している。実際、射撃家は今や「愛国の夕べ」を組織したが、それは体操家が同時期に創ったものとよく似ていた。しかし、体操家と違って、この集会は男子合唱団やオーケストラやダンスといった協会外の催し物も備えていた。つまり中産階級の「心地よさ《ゲミユートリヒカイト》」が愛国主義と結びつけられており、当時「射撃家の大半は中産階級の出身である」[★98]とバイエルン射撃協会の公式機関紙は自認していた。軍事訓練も絶えず議論の種を提供した。射撃協会はフランスのルール占領に抵抗して銃殺されたナチ党の英雄アルベルト・レオ・シュラーゲターを称賛した。一九二三年ミュンヘンのバヴァリア女神像の前に立った協会の一指導者は、楽団が「よき戦友《デア・グーテ・カメラート》」の曲を奏でるなか、シュラーゲターの英雄的行為に対して半旗を掲げよと宣言した。[★99]

もちろん、射撃協会は敗戦国ドイツで軍備の必要性を強調したが、国民社会主義の擡頭下ではそれは単なる主張にとどまらなかった。一九三三年バイエルンの射撃祭はフォン・

エップとエシェリヒの両指導者を擁した右翼義勇軍を讃えるために開催された。[★100] この冒険主義者たちは射撃家たちの間で人気を博していた。彼らは、ドイツ東部国境でポーランド人に闘いを挑み、さらに加えて［十一月革命後レーテ共和国を樹立した］ミュンヘンの左翼革命を鎮圧していた。射撃協会も［合唱団などと同様］自分たちが政党政治を超越していると信じていたが、武器の使用に喜びを見いだし、戦友愛と祖国愛のチュートン的精神に満ちた「ゲルマン男子」を支持していた。[★101] それゆえ、一九三二年に共和国の危機が深刻化したとき、射撃協会はかの「転覆《ウムシュトユルツ》」[★102]、すなわち一九一八年のドイツ革命を嘆き、奇跡がこの過去を消し去ることを願っていた。

こうした射撃家の態度は国民社会主義的というよりもむしろ反動的であった。射撃協会が結成以来鍛え上げ、また第二帝政期も存続させてきた君侯一門との絆《きずな》が射撃協会の威信を支えていた。だから、大多数の射撃家は心情的には君主制主義者にとどまっていた。合唱団と違って、彼らは労働者層のごく僅かしかメンバーとして引き止めることができなかったように思われる。第一次世界大戦後も射撃協会の本質は不変であり、圧倒的に中産階級と農民の組織であった。第一次世界大戦以前でさえ青年が射撃協会を敬遠したのは明らかだった。そのうえ、射撃はライフルやそのほかの装備を保有する必要があり、その費用は馬鹿にならなかった。そのためメンバーがいっそう限られてしまったことは疑うべくもない。[★103] 男子合唱団が参加することも多かったが、射撃祭はいかなる意味でも共和国の祝典とは無関係であった、といっても過言ではない。

ナチ党が権力を掌握したとき、わざわざ声明を発表して自らの国民的態度に証しを立てるまでもあるまいと、射撃協会の指導者は主張した。[104] 射撃家たちは一九三三年ミュンヘンの「ドイツ芸術館《ハウス・デア・ドイチエン・クンスト》」——ヒトラー自身が礎石を置いた——起工式の祝典に参加し、またナチ・メーデー「勤労の祝日」に旗を掲げ制服を着て行進した。[105] なかんずく射撃協会が試みたのは、彼らが確かに貢献した「人民武装《フォルク・イン・ヴァフェン》」の重要性を強調してナチ党の愛顧を得ることであった。[106] しかし、ナチ党は男子合唱協会と同じように射撃協会を批判した。つまり、協会はあまりにも閉鎖的で、あまりにも「結社《フェライン》」的である、と。この批判は、たとえ射撃協会があまり熟練を必要とせずほとんど誰でも参加できるクレー・ピジョンや静止標的の射撃、いわゆる「自由射撃《オープン・シューティング》」の推奨に努めていたとしても、妥当するとされた。[107] 合唱協会が四部合唱の放棄によって試みたのと同じことを射撃協会も行った。しかし、合唱や射撃に特殊な技術が内在する以上、こうした試みに成功の見込みはなかった。精緻に練り上げられた、賞品を賭けたコンクールはとりわけそうであり、ここでは一般民衆は参加から閉め出されたままであった。

射撃を大衆化する試みは、無益に終わった。一九三四年、ナチ党は射撃協会に組織改革を要求し、ドイツ射撃同盟《デア・ドイチエ・シュッツェンブント》による統制を強化した。かくして、各射撃協会はこの中央組織に支配された。男子合唱団と同じように、射撃家もナチ党国家に統合された。三〇〇

○の比較的大きな地方組織は軍隊の指揮下に置かれた[★108]。射撃家自身にとっても、国民的儀礼での役割は、軍事訓練の服務に比べれば重要ではなくなった。ナチ党はただ再軍備と戦争が続く限りでのみ、こうした軍事目的への活用を計画していた。総統秘書であり第三帝国の実力者であったマルティン・ボルマンの計画では、ゆくゆくは射撃家も地域の慣習伝統を賛美する村祭りに組み込まれることになっていた[★109]。それでも、射撃家は第三帝国の祭儀で補助的な役割ぐらいなら演じていた。射撃家は行進し参列したものの、男子合唱団のように祭儀の雰囲気づくりに与《あずか》ることはなかった。

しかし、巨大な愛国的結社として、射撃協会は大衆を組織する手本を提供した。射撃家は体操家と合唱団と一緒になって、ナチ党が権力を掌握する一世紀以上も前から国民的儀礼に翼参した愛国的集団を形成していた。フィッシャーが述べたように、彼らの祭典は通常の政治集会ではなく、国民的祭祀《カルト》の形成と保持に確かな貢献をした催しであった。

4 モダンダンス

さまざまの異なる要素を同期させ、これを統合する運動あるいは進行の原理は、国民的祝祭がうまく機能するためには不可欠であった。ダンスの採用ほどそれに適したものがあり得たであろうか？ フォークダンスは「聖なる空間」を満たすために絶えず活用されてきた。ドイツの青年運動はダンスを身体の解放として、また宇宙のリズムとの交感として称揚してきた。[★110] しかし、第一次世界大戦後のモダンダンス運動の出現は、一九二〇年代の国民的祭祀《カルト》に独特かつ重大な影響を及ぼし始めた。モダンダンス運動は住民各層をあまねく含み込むという意味では決して真の国民的運動ではなかったとしても、歌唱、リズム、身体運動というその主要な特徴は、モダンダンスを合唱協会や体操協会に結びつけた。こうした特徴はまた容易に祭祀《カルト》儀式に適用できたので、熱狂的な帰依者は比較的少数ながら、その影響力は相当大きかった。

かつてハンバッハ祝祭においても実際そうであったように、射撃祭の群集はなお無秩序であった。大衆参加によって祭儀の統一性を生み出すために、空間と運動は融合されねばならなかった。こうした統一性にモダンダンスは関心を示したので、数多くのナチ党祝祭を手がけたアルベルト・シュペーアがモダンダンスの創始者の一人メリー・ヴィグマン[図57]に魅了されたのも驚きではない。[★111]

メリー・ヴィグマンはほかのすべてのモダンダンス創始者と同じく、身体の運動と、身体を投入する空間との両方を強調した。ヴィグマンの考えでは、ダンサーは自分の周りの空間を形づくるが、それは実在する空間でなく、形を備えているものすべてを溶解するダンスのリズムの拡散が創出する非合理な空間とされた。[★112] ヴィグマンはソロ・ダンスの有効性を、とりわけダンサーの大集団からソロを際立たせたときの有効性を確信していた。しかし集団、つまり「声明する舞踏合唱団」こそ、空間を形成し雰囲気を創出する際に最も効果的であった。単一の目標を与えられて一つの躍動する全体に溶解する人間集団として、こうした舞踏合唱団はシンボルになると見なされた[113]。このようにリズムに合わせて動く集団による空間形成は、一九二〇年代に実践されたモダンダンスの基本であった。また、異常なまでの照明への関心が、意味深長な空間創出の試みにつけ加えられた。光線はダンス、音楽、言葉と同じ比重を持たねばならない、とヴィグマンは主張した[114]。

　空間と運動の概念展開にとって同じように重要なものは、リズム体操《リトミッシェ・ギムナスティーク》であった[図58]。これこそエミール・ジャック・ダルクローズ（一八六五―一九五〇年）が第一次世

図57　表現舞踏を教授しているメリー・ヴィグマン。

図58　ダルクローズによる「リズム体操」。

界大戦前、リズム、音楽、身体文化《ケルパークルトウア》のために彼が創った田園都市ヘレラウの学校で実践したものであった。ダルクローズは最初はジュネーブの音楽家、音楽教師であったが、一九一一年より（ドイツで最初の）実験的な田園都市に居を構えた。彼はこの地に建築家ハインリヒ・テッセノー設計の学校ホールを造らせた［図59］。

図59　ヘレラウ田園都市のリズム教育施設（1910–11年、設計テッセノー）。

ダルクローズはイサドラ・ダンカンの影響を受けたが、因襲から身体を解放することを強調したダンカンの主張に満足しなかった。それに代わって、彼は音楽とリズムによって新しいダンス形式を確立しようとした。「（身体）運動を秩序づけるとは、精神をリズムにまで陶冶することを意味する」★115。

ダルクローズもまた光線が空間形成の重要要素であると確信していた。屋外劇場はこの領域ですでにいくらか革新を行っていたが、その光線は自然光であり芸術的創造の法則を必要としなかった。光線は空間形成に携わるのみならず人間の肉体美を際立たせねばならないが、このために（劇場内のように）個人にスポットライトを当ててはならなかった。なぜなら、そうすることで共同体的効果が破壊されてしまうからであった。[★116] ダルクローズのダンスは集団ダンスであり、彼は共同体精神を保持しているとしてヘレラウの地を絶賛した。また、ダンサー同士や観客との間にも芸術的連帯を鍛え上げねばならない、とダルクローズは主張した。[★117] グルック作『オルフェウスとエウリュディケー』［竪琴の名手オルフェウスは冥府から妻を連れ帰るとき、戒めを忘れて振り返ったため永久に妻を失ったというギリシア神話を題材とした作品］はヴィグマンのお気に入りだったが、ヘレラウの生徒にも人気があった。この作品では光線と暗闇をシンボリックに使うことができたからである。つまり、復讐の女神フリアは地下世界の神秘的な光線の中で舞い、他方でオルフェウスとエウリュディケーは日の光をめざして進んだのである。[★118]

ダルクローズの理論は［一九〇六年に］ヴィッカースドルフでグスタフ・ヴィーネケンが開いた自由学校共同体《フライエ・シューレゲマインデ》なる寄宿学校に採用され、アメリカにも影響を及ぼしたが、ヘレラウにおいては結局失敗に終わった。[★119] いずれにしても、彼とヴィグマンの見解はよく似ており、空間、運動、光線への彼らの思い入れは、明らかに祭儀的な様相を呈していた。実際のところ、この両者は自分たちのダンスを儀礼と見なしており、そのことが伝統的舞踏のテクニカルな技巧が生み出すのとはまったく異なるムードを醸し出していた。メリー・ヴィグマンは「ダンスのおとぎ話」について語り、彼女が演出した「死の舞踏」を自分の創作の絶頂と考えていた。[120] 空間と光線とともに、シンボル表現に満ちた動作が、このダンス形式にはみなぎっていた。観客と俳優は同じムードを共有したにちがいなかった。

第一次世界大戦後、それまでよく上演されていたホールや劇場から祝祭の領域にモダンダンスを引き出したのはルドルフ・フォン・ラバンであった。彼は軍事パレードの「祝祭的自制」に感銘を受けていたが、ヴィグマンの親しい芸術仲間であった彼は、モダンダンスの理論とこの感動を融合しようとした。彼が求めたのは、「共同運動と跳躍、祝祭の歩行、雄々しい駆け足」を強調する芸術形式であった。[121] ダンスは「運動する合唱団」でなければならないという考えではヴィグマン、ダルクローズと同じだった。ラバンの表現を使えば、ダンスは「運動における歓喜の共通体験」を演技者たちに与えなければならない。[122] ラバンにとっては、ダンスの真髄はその祝祭的性格にあり、[123] 実際、その演技は「舞踏祝祭劇《タンツフェストシュピール》」と呼ばれていた。お祭り気分は演技者と見物人の間で共同体体験を増強し、かくして日常生活の無為と不摂生とは対極的なものが示される、とラバンも感じていた。[124]

祝祭に与えられた伝統的な意味が、これ以上に簡潔な表現で示されたことはなかった。ラバンは自分が説いたことを実践した。彼は国中を旅して回り、さまざまな集団のために祝祭を組織した。彼はとりわけ労働者祝祭に関心を示したが、それはモダンダンスの信奉者が政治的に進歩派であったためである。だが、ラバンはそれ以外の多くの集団にも貢献した。ラバンによって、空間、光線、シンボルの理念は、リズムと「動作合唱《ベヴェーグングスコール》」の訓練によって、広汎な観客に通用するようになった。ラバンが祝祭を組織する要請を受けたときにはいつも、彼はまず祝祭のために「動作合唱」の訓練をし、ときにはシュプレヒコールも稽古した。こうして集団は一致した運動、特に祝祭のステップができるように教練された。彼の基本的意図は、動作の共通体験で歓喜を生み出し、それによって「空間を征服すること」であった。★125

ヴィグマンやダルクローズと同じく、ラバンも自分のダンス劇場を設立したが、彼はプロイセン国立劇場のバレエ振付師《バレットマイスター》となった。興味深いことは、彼がバイロイトでも仕事をし、ヴァーグナーが書いた数少ない舞踏曲に深い感銘を受けたことである。しかし、一九三六年に彼はドイツを去ってイギリスに亡命せねばならなかった。彼の作品がクルト・ヨースの舞踏団によって続けられたのはこの地であった。メリー・ヴィグマンは一九三六年ベルリンの青年オリンピックに姿を現し、そこでいくつかの合唱ダンスを指揮した。その後、彼女も活動をやめてしまい、一九四二年の引退公演のためにいま一度姿を見せたにすぎない。★126だが、こうした芸術家と国民社会主義は政治的立場が違うにもかかわらず、ナチ党はこのダンス形式の奨励促進を続けた。一九三四年、帝国文化院《ライヒスクルトウアカマー》はモダンダンスを実演する「ドイツ舞踏祭」を主催した。アルフレート・ローゼンベルクの文化組織は、「運動ダンス《ベヴェーグングスタンツ》」はあらゆる祝祭の創造において重要な要素であると宣言した。★127

また国民社会主義はモダンダンスに関連する伝統も利用した。それはフランソワ・デルサルト（一八一一―七一年）の「美学的体操《エステティク・ギムナスティーク》」であり、すでに十九世紀末にはその信奉者が存在した。この一派は近代の神経質さや不安と対極をなす「高尚な身振り」を創り出そうと努めた。それぞれの身体動作は明確に定められた思想に基づかねばならなかった。つまり、道徳的エネルギーが肉体の運動に吹き込まれねばならなかった。不意の動作は非難されたが、それはこの理論が自制と同様、内的調和と秩序を生み出すとされていたからである。[★128]デルサルト自身はサン・シモン主義からキリスト教まで遍歴した風変わりな人物であった。彼のシステムはアメリカ合衆国で絶大な人気を博したが、それはまたラバンの「祝祭的動作」に影響を与えた。その規律と理想主義のため、二十世紀初頭からデルサルト・システムは民衆・青年スポーツ中央委員会によって推奨されてきた。[★129]

国民社会主義のような大衆運動は、空間と運動の原理に重大な関心を示していた。この結果として、ダンサーにいっそう優れた体操訓練が求められたが、モダンダンスはすでにそれをカリキュラムに組み込んでいた。今や体操もダンス理論と共に「より高次な美の原理」を支えている、と言われていた。[★130]すでに一九〇二年には、こうしたダンスと体操の結合が美しき肉体に歓喜を生み出す、と考えられていた。この歓喜こそ、ギリシアに由来する美の概念を理解するために必須のものであった。[★131]体操の父ヤーン自身、よく似た理念を掲げていた。美はいま一度、国民的祭祀《カルト》に結びつけられ、体操とダンスの結合によって人間は美を具現するようになると考えられた。こうした過去の伝統はモダンダンスに、その創始者たちが獲得できたものよりもいっそう大きな国民的名声をもたらした。

祭儀儀礼としてのモダンダンスの重要性については、これ以上の説明を要しないであろう。確かに、国民社会主義者が大衆を組織した方法においては軍事的な先例が大きな役割を演じた。しかし、第三帝国期にアルベルト・シュペーアたちがこの芸術形式に魅了されたことには十分な理由がある。ナチ党祝祭を構成するためには、空間と共同体と動作の規律に、またとりわけ重要なリズムに心を用いる必要があった。ナチ党祝祭の関係者の何人かが（アメリカの指揮者）ポール・ホワイトマンのジャズ[★132]や［ガーシュウィンの］「ラプソディ・イン・ブルー」（一九二四年）にも心を奪われていたことは、また注目に値する。堂々たるバンドで「シンフォニック・ジャズ」を行ったホワイトマンは「バンドリーダーの帝王」として知られていた。ここでもリズムと光線の新しい活用が、集団演技と統合されていた。同じように、モダンダンスは空間、合唱団の動作、光線を新たな様式で結びつけた。照明効果についてナチ党が行ったいくつかの実験はもちろん純粋に実用的なものであった。アルベルト・シュペーアは一九三五年テンペルホーフ飛行場での党員大集会を演出して「光の大伽藍《リヒトドーム》」［図60］に到達した。だが、それは彼が作業しなければならなかった地形によるやむなき結果であり、対空サーチライトの天空照射を観察していた成果であった[★133]。それはそうとしても、この章で議論してきた光線の概念は、多くのナチ儀式の演出に明らかに影響を及ぼした。

新しい政治様式の建築資材は組み上げられていった。ここで論じた諸協会組織は各自の役割を演じ、ますます多くの民衆を祝祭と祭儀儀礼の営みに引き込んでいった。さらにモダンダンスは主に一九二〇年代に凝集力のある要素をつけ加えた。しかし、ナチ党が活用した完全に仕上がった祭儀の基礎は、まだ完成されていなかった。この最終的な展開は労働者運動によっても促進された。本書では何度かこれまでにもこの問題に触れているが、「新しい政治」の発展への労働者運動の貢献について、より詳細に検討する必要があろう。しかし、まず歴史を遡って、十九世紀後半における労働者の間での祭儀形式の発展から始めなければならない。

図60　1937年9月11日午後8時。ニュルンベルク党大会会場。サーチライトが上空向けて照射された「光の大伽藍」。

第七章　労働者の貢献

労働者運動は、その敵対者にさえも感銘を与えることになった政治的祭儀を発展させ、それにより「新しい政治」に独自の貢献をしていた。一八六三年にラサールがドイツ初の真の労働者運動として全ドイツ労働者協会（ADAV）を設立して以来、規律のとれた大衆運動は常に存在してきた。ラサールは煽動によって支持者大衆を作り上げようと目論んだ煽動の大家であった。彼は目的を達成するために、ビラと新聞、そして連続的に繰り返された大衆集会を利用した。彼が自分の支持者を「軍隊《アルメー》」と見なし、彼の遊説が「観閲式《ヘーレスシャウ》」として知られたことは、象徴的であった。後年のルエーガーと同じく、ラサールはきたるべき時代に大衆を魅了することになった政治様式に対し優れた直観力を持っていた。

大衆煽動はラサールが労働者協会を指導した際の必須要素であった。「政治闘争にとってとりわけ重要なものは、無関心な人々を獲得することと可能な限り多数の者を（運動に）巻き込むことである」[★1]。ラサールの集会は完成した政治祭儀には到達しなかったとしても、独特な形式を発展させた。指導者が町に到着したり、集会に入場したりすることが、第一級の重要性を帯びるようになった。ラサールは駅で代表団の出迎えを受け、合唱協会は彼が泊まるホテルの窓の下でコンサートを催し、そしてホテルから集会ホールまで花で飾られた馬車を押し立てた行列が形づくられた。ときには、合唱協会が行列に加わったし、凱旋門が通りに建てられたこともあった。集会ホールでは「同盟歌《ブンデスリート》」が歌われたが、それはラサールが斉唱の威力を熟知しており自らの運動のために独自の賛歌を作らせていたからである。ホールは一面花で覆われたが、労働者の子供たちが摘んだ花を飾りつけることも多かった。集会が最高潮に達するのはいつもラサールの演説であったが、これは二時間以上も続くことがあった。ここでは演説者と彼が託宣する内容が決定的に重要であった。というのも、ラサール集会の祭儀はまだ演説者をシンボルに変化させていなかったからである。[★2]

しかし、ラサール集会は新しい信仰の創出という性格を帯びていた、と同時代人は報告している。ラサール自身こう書いている。「新しい宗教の創設されるときは、かくあるべしと確信しました」[★3]。ラサールは「預言者」であり、彼を取り巻く雰囲気は「神聖なもの」であり、労働者階級の統一を礼賛していた。たとえ、演説の中に国民的テーマが入り込んでいたとしても、彼が礼賛したのは国民の統一ではなかった。だが忘れてならないことは、ラサールが一八四八年革命の民主主義煽動の継承者であり、その革命で頓挫した国民的民

図 61　1890 年社会主義者鎮圧法の廃案を祝うビラ。社会民主党はゲルマンの英雄ジークフリートとして描かれている。その頭上にはラサール（左）とマルクス（右）の肖像がある。

主主義の信奉者であったことである。

彼の集会にみなぎっていた燃えるがごとき信念は、活動を鼓舞し、統一に向けさらなる刺激を加える政治的戦術によって補強された。ラサールの集会では彼の敵は活動を封じ込まれていたが、敵方が集会を開いたときにはラサール派は一丸となって押しかけ集会を占拠した。[★4] この類の戦闘行為は長きにわたり続くことになった。

しかし実際のところ、ラサールの強烈な指導力は念入りに仕上がった祭儀の発展を妨げ、むしろラサールを中心に人格崇拝《カルト》が成立した。確かに、彼以後の大衆運動にとっても指導者は同様にカリスマ的であり、重要なものと見なされたが、しかし指導者と支持者は強力な共有の神話で結びつけられていた。つまり、［この段階になると］政治的祭儀が媒介的な装置として機能したので、指導者と支持者が互いに直接向き合う必要はなくなった。フリードリヒ・ルートヴィヒ・ヤーンは疑う余地もなくカリスマ性を持っていたが、彼の始めた運動は国民崇拝の儀礼により［人格崇拝を生み出さなくても］自立していた。たとえばヴァルトブルク祝祭においては、ヤーン自身がそこにいなかったにもかかわらずヤーンの存在は明らかに感じられた。つまり指導者崇拝《カルト》は政治祭儀に統合され、それとの均衡が保たれねばならなかった。この場合、指導者は宗教的衝動全体の一部としてのみ存在し、崇拝された。だが、ラサールもルエーガーもこの種の指導者ではなかった。つまり、彼らの政治様式は人格的性格が強すぎたのである。

しかし、彼らの個性に由来し彼ら自身が指図した人格崇拝《カルト》も、独自の安定した形式を持つに至った。すでに述べたように、指導者の到着と入場は最重要の儀礼要素であった。これは古い伝統に連なっていた。つまり、華麗な行列と式典を行うために、国王の首都への「歓呼に満ちた入城」が利用されるのはいつものことだった。しかし、十九世紀になると、ここに大量の民衆が積極的に参入してきた。こうした入場は、もはや君主の一挙手一投足だけを中心に展開するものではなくなった。それ以降、到着と入場は、運動の統一性を印象深く裏づけるものとなった。この発展で労働者運動は重要な役割を演じた。ついには、入場者はもはやラサールのような指導者だけではなくなり、自らのシンボルとして旗を掲げてぎっしりと整列した群集も加わった。後年の社会主義者の間では、指導者崇拝《カルト》に「旗の崇拝《カルト》」が取って代わったが、より徹底的に儀式化した祝祭を欲していた人々の不満をそれは解消しなかった。というのも、感動的な入場は社会主義集会では唯一祝祭的な部分として存続することが多かったが、それ以外は演説と討論が大半を占めたからである。ナチ党と他の右翼団体は「整列行進《アウフマルシュ》」に祭儀慣例を組み合わせることができた。右翼と違って、のちの社会主義はカリスマ的指導者を欠いており、そうした人物が存在したとしても、人格崇拝《カルト》は忌避されていた。

しかし、労働者運動は祭儀の完成に役立つ集団を発展させ続けた。労働者は合唱協会に参入したが、一八七五年以降になると階級意識を持った労働者の多くはドイツ合唱団同盟を離れて彼ら独自の組織を形成した。[★5]こうした新しい集団の結成は社会民主党選挙者協会の形成と時を同じくした。一八九四年に労働者の合唱協会は一九、三二二人のメンバーを擁した統合組織「労働者合唱団同盟《アルバイター・ゼンガーブント》」を設立した。[★6]この運動は急速に広まり、一九一一年にはメンバー数は一四八、〇〇〇人に達した。こうして労働者合唱団同盟はより古いドイツ合唱団同盟に匹敵する組織に成長したが、それでもなお多くの労働者が旧組織にとどまっていた。推定によれば、一九〇七年、たとえばザクセンのケムニッツ市で、この「ブルジョア的」組織のメンバーの約六〇パーセントが実際には労働者であった。[★7]それにしても、労働者合唱協会の躍進は社会民主党内の強力な反対を押して成し遂げられた。ラサールは斉唱の重要性を理解していたが、当時の社会民主党指導部はそうやすやすとは容認しなかった。その原因はおそらく、労働者合唱協会メンバーの何割かは労働組合員ではなかったということにあった。[★8]しかし、将来に至るまで社会民主党につきまとう、より根本的な問題も存在していた。党指導部は「新しい政治様式」に懐疑的で、労働者にマルクス主義理論を教え込み、党の組織化を完成することに関心を集中していた。シンボルと神話を使って大衆を社会主義に搦《から》め捕ることに党指導者はあまり乗り気ではなかったのである。

それにもかかわらず、労働者合唱団は社会主義祝祭に参入していった。一八九〇年、初めて挙行されたメーデーは、労働者合唱団の形成に強い刺激を与えた。ブルジョア的な合唱団同盟はこの祝典を歌唱で盛り上げて欲しいという労働者の切実な要望を拒絶した。なぜなら、彼らがこうした「ラディカリズム」の支持に一線を画していたためである。それゆえ、労働者合唱団が祝祭における彼らの指定席を奪った。それにもかかわらず、一九二九年になっても、社会民主党は労働者合唱団を十分利用していないという批判の声が上がった。[★9] 一九二九年になっても、批判の声が上がるのももっともで、労働者合唱団は労働者歌謡と自由の歌、そして大規模合唱に重点を置こうとはしたけれども、実際、こうした歌が十分作られたわけでもなく、労働者合唱団のレパートリーにはブルジョア的合唱団が歌ったのと同じ歌が多く含まれていた。[★10] 一九二五年になっても労働者合唱協会は社会主義的歌謡の不足を嘆いていた。労働者合唱協会の歴史でマルクス、エンゲルスがほとんど言及されなかったこと、彼らの名前を冠した地方組織が見あたらないこと、一方でラサール派の伝統から多くが取り入れられ、かなりの協会がラサールの名を冠したこと、こうしたことのすべてはおそらく労働者合唱団で支配的だった精神を典型的に示している。

確かに次のようなことも報告されている。名高いアナーキスト、エーリッヒ・ミューザムは、一九二五年に上梓した詩集『革命、闘争、進軍、風刺歌』において、社会主義青年団員にマルクス主義の歌「インターナショナル」がほとんど知られていないと断言した。その代わりに若き「赤色戦士」は一九一四年の愛国讃歌に由来する歌を唄っていた。[★11] 一八四八年革命時に盛んに歌われた体制批判の風刺歌も今や完全に忘れ去られていた。こうした革命的エネルギーの欠乏は労働者合唱団にも責任があった。なぜなら、彼らの関心はブルジョア側のライバル組織と同じく、政治煽動に専念するよりも社交的な夕べやコンサートの開催に向かいがちだったからである。

エーリッヒ・ミューザムは社会主義者に次のように忠告していた。闘争精神と断固たる意志の保持に歌が果たす重要な役割を国民主義者は常に認識していたが、社会主義者も同じことを肝に銘じるべきである。[12] 労働者合唱協会は社会主義祝祭に参加したが、なお重要なことには自分たちの全国的な「合唱祭《ゼンガーフェスト》」も催していた。この祭典は徐々に手の込んだものに仕上がっていった。(ラサールのときにそうであったように) 祝祭行列は際だっていた。このように組織された合唱団は、街頭に居並び傍観する大衆に影響を及ぼすことができたからである。一例として一九一四年バイエルン労働者合唱祭を取り上げてみよう。ここでも、ブルジョア的諸組織との類似性が即座に浮かび上がってくる。行列には体操家やサイクリング団 (労働者に人気のスポーツ) が含まれていた。秩序は労働者体操協会のメンバーによって保たれ、旗が掲げられ、歌が合唱された。[13]

ここで再度、前述した社交的集会と祝祭の混合に直面することになる。祝祭ホールの開会式は典型的であった。ヴァーグナーの『タンホイザー』行進曲が始まると、それに合わせて合唱団がホールに入場した。モーツァルトの『フィガロの結婚』序曲が続いた。そして、(これから四年後バイエルン革命を指導することになる) クルト・アイスナーが演説したが、内容がよりよき世界への熱烈な呼びかけであったことは疑うべくもなかった。それが終わると、出席者全員によって「自由の歌」が合唱された。この開会式はビゼーの『カルメン』、バイエルン民謡のメロディとバイエルンのユーモア作家の寸劇《スキット》で閉幕した。★14 開会式の前段で喚起された神聖な雰囲気は後段の民衆祝祭《フォルクスフェスト》では消滅していた。その終盤では大半のブルジョア的合唱祭の出し物と比べてもいっそう軽薄な娯楽が呼び物とされた。少なくともそこに愛国的テーマはまったく顔を出さなかったが、ここでは階級闘争もビゼーの『カルメン』に掻き消されていた。「インターナショナル」が歌われた形跡はどこにもなかった。

街を通り抜ける祝祭行列は時を経るにしたがってより手の込んだものとなった。メーデーの祝典で繰り返されることになるが、実際のところ社会主義運動は通りという通りを行進し、行列で練り歩くことを重視していた。一九二五年［ニュルンベルク］の「バイエルン労働者合唱祭」［図62］に、それでもかなり素朴だった一九一四年［ミュンヘン］の行進の情景を見ることはできない。いまや祝祭行列は運動旗を掲げファンファーレを鳴らす馬上の先触れ隊に導かれて開始された。その後に活人画《タブロー・ヴィヴァーン》を載せた山車《だし》が続いたが、最初の山車では夏至の祝祭に向けて行進する古代ゲルマン人が表現されていた。ゲルマンの歌が斉唱され、ゲルマン風の装束がまとわれた。竪琴《ライラ》を持ったうら若き「金髪の」ゲルマーニア女神は二本の柏の間に立っていた。二〇〇人の合唱団が自らゲルマン主義を行進によって体現したということは、確かに社会主義者の祝祭行列としては異例であったかもし

図62　1925年ニュルンベルクで行われた労働者合唱祭での祝祭行列、山車の上に「活人画」が見られる。

れない[★15]。この活人画は愛国的組織なら感激したかもしれないが、なぜ労働者合唱祭という場で使われたのか、説明することは難しい。それでも確かに、これはドイツ社会民主党の愛国主義に光を当てている。あるいは、社会民主党が支えた共和国は伝統的な国民的祭儀に戻りつく宿命にあったのだろうか。また、ことによると結局のところ労働者合唱団はブルジョア的な合唱協会の伝統形式から離れることができなかった、ともいえようか。加えて言えば、労働者合唱団は自らの神話やシンボルに利用できる社会主義固有の伝統といったものを見いだしてはいなかった。そのことは、この祝祭行列にトマス・ミュンツァーや十六世紀の農民蜂起が使われていようがいまいが同じことであった（なぜなら、ワイマール共和国における社会民主党は「体制」を代表しており、実際に党の祝祭で農民「叛乱」をしっかり取り込んだのはナチ党であったからである）。

　この祝祭行列における二番目の活人画の意図は分かりやすい。この行列はニュルンベルクで行われており、都市貴族と職匠歌人によってこの中世的な都市が象徴されていた。その後ろには、牧歌的な田園詩の活人画と「歌声の威力」を表現した山車が続いた。この祝祭行列は、古代ゲルマンから現代の自由に至る歴史全体を網羅していた。最後の山車には自ら鎖を断ち切る自由の女神が登場し、この山車はドイツ共和国の色「黒赤金」で飾られていた。[★16]祝祭行列の最初に現れたゲルマーニア女神と最後に登場した自由と共和主義のクライマックスは、共和国がゲルマン神話に根を下ろしていると見物者に思わせようとしていた。意図的なものだったかどうかは知る由もないが、これは妥当な仮説といえよう。そうであれば、この場合社会民主党は国民主義的伝統を活用していた。国民主義的伝統はいくつかの社会民主党文献でもほのめかされていたが、実際には共産党のほうがいっそう国民主義的伝統に訴えていた。

　労働者合唱協会は社会主義のデモ行進に参加したし、一九一〇年の選挙権拡大要求のデモのように行進をリードしたことさえあった。[★17]しかし、最大の労働者デモ行進であるメーデー行進は「叫ばず《カイン・ルーフ》、歌わず《カイン・リート》」のモットーにより、沈黙を守るべきとされた。[★18]実際に、純然たる荘重さに人々が感動するよう計画されていたので、こうした沈黙の強調はもてはやされた。「我々は多数を握っている。我々は大衆である。ゆえに我々は権力を握る」。このスローガンは沈黙の行進によって誇示され、また社会民主党系労働者の成熟を立証した、と公式の党機関紙は表明していた[19]。ここでは合唱団は必要とされなかった。

一八八九年第二インターナショナルのパリ会議は、世界的な祝祭日として五月一日、メーデーを宣言した。労働者階級の連帯を誇示し、世界の平和と連帯を呼びかけることが計画された。だが、メーデーは示威であって祝祭ではないと考えられた[20]。それゆえ、労働者が市街を行進することは決定的な重要性を持っており、遊歩するブルジョアを挑発すべきものとされた。さらに労働者の行進は街路も運動場も公園も労働者階級のものであると知らしめすものとされ、メーデーに労働者が「市街を占拠した」ことが誇示された[21]。こうした行進は模範として軍隊の影響を受けていたが、またよりよい世界を熱望する千年王国説《キリエズム》にも満ちていた。ラサールの「新たな宗教の創設」は、ドイツにおいて依然機能していた。こうした行進の一つにおいて、労働者は初期のラサール組織から引き継いだスローガンを旗に掲げて進んだ。「労働者は未来の教会が建立される岩である[22]」。大衆儀礼の精神を形成するために、宗教的なものがいま一度世俗的なものに結びつけられた。

一九一八年から一九年のバイエルン革命の指導者クルト・アイスナーは、メーデーの最も熱烈な支持者に数えられた。今世紀の初頭、彼は次のように書いている。「これまで祝祭を剥奪されていた人々が、ついに彼ら自身の祝祭を手に入れたように思える。つまり、フランス革命の祭典における歴史と博愛の精神は生き続けているのだ。民衆が統一への切なる願いを自ら表明しようとしたハンバッハ祝祭の伝統も生き続けている」。こうした民衆自身から湧き出る伝統を継承するものこそメーデーである、とアイスナーは考えていた。[23]

五月という時期は象徴的であった。世界を創造し再生する春は、みずから労働者階級運動を導くことを宣言するものであり、解放された自然の躍動はプロレタリアートの躍進力となった。[24] また、アイスナーはヴィルヘルム時代の祝祭を歓喜と献身の精神を喪失してしまったものとして、次のように的確に批判していた。「こうした祝祭は単に忠誠の誓いの退屈な取り交わしに成り果てた」。[25] 一九一八年十一月十七日に彼自身がミュンヘンの国立劇場で催した「革命の祭典」では交響楽団の演奏と演説が行われた。彼は黒いビジネススーツを着用していたが、[26] それでも祝祭の重要性を理解していた。つまり、アイスナーは同時代の政治的祭儀よりもラサールの流儀に近かった。いずれにせよ、メーデーはフランス革命の祭典と比較すべくもないものだった。

メーデー行進の「神聖な沈黙」は、見物するブルジョアの心胆を寒からしめるのみならず、行進する人々の間に連帯感を引き起こすものとされていた。群立する旗はもっぱら刺激的な色彩とシンボルを提示していた。統制のとれた印象を強めるために、ついには労働者によそ行きの服を着用するよう指示が出された。[27] また、おびただしい人数そのものが重要とされ、ある社会主義新聞は街路の両脇に人工的に盛り山を作ることを提案した。個々の参加者が一瞬行列を離れて盛り山に登り、自分の前後を行進する数千人の隊列を展望できるようにすることが狙いだった。[28] 第三章でみたように国民的記念碑によって煉瓦とモルタルで展開されてきた膨大さ、壮大さの伝統は、この「市街の占拠」において生き生きとしたものになった。大量なものは単一なものを形づくった。かつて国民主義者が試みたことは、今や数十万人が参加した規律あるメーデー行進によって完璧に実現された。

行進はメーデーのクライマックスであった。だが、やがて他の煽動形式がこれを補強するために投入された。ビラが配布され、ポスターが貼られ、ついに「メーデー新聞」がこの行事のために発行された。この新聞は労働者の階級闘争ときたるべき勝利に基づいて、メーデーのモットーを表明していた。アイスナーは次のように書いている。「五月の強い日差しは一年間を通じて高潔なプロレタリアートに注がれねばならず、プロレタリアートはいかなる場合でも自らの大義に負っている祝祭の熱情を忘れてはならない」[29]。

一八九三年フランスで最初のメーデーは、提灯と色鮮やかな旗をともなった伝統的な民衆のお祭り《フェスト》ではなかったので、フランスの労働者は面くらってしまった。[30] しかし、儀礼的な沈黙がドイツのメーデーを支配し続けたという確証はない。なぜなら、第一次世界大戦終結までには沈黙の行進が伝統的な祝祭行列の装いを受け入れるようになった例も見受けられたからである。シュトゥットガルトでは四つの楽隊が行進に加わり、労働者合唱協会も参入した。[31] フランスでは労働者自らの要求によってデモ行進は祝典に代わってしまった。[32]
こうした事態は、ある程度までドイツでも生じた。一九二〇年に共産主義者は次のように批判している。社会民主党は第一次世界大戦のずっと以前からメーデーを「朝の祭礼や夕べの集い」に変質させ始め、ついには「党員内輪の心地よい行事」にしてしまった。[33] また、オーストリアでも共産主義者は、社会民主党のメーデーは「民衆祝祭《フォルクスフェスト》」そのものであり、たわいのない行事である、と見なしていた。[34] だが、こうした批判は事実をひどく誇張していた。しばしば「反乱の日曜日」と呼ばれたメーデーが民衆祝祭へと変わる兆候は見られたが、すべての社会主義者がそれを阻止しようと熱心に努力していた。たとえば、メーデーは労働者の大義を示す請願書に署名して終わるのが普通であり、その後で労働者は帰宅するべきとされ、ささいな娯楽もいっさい提供されなかった。[35]

メーデーは唯一の労働者祝祭ではなかった。労働者合唱団がもっと洗練された祭儀を発展させてきたことについてはすでに触れた。同じことを労働者体操協会もめざしていた。ブルジョア的組織から分かれたこの二つの労働者組織は、ブルジョア的な親組織から祝祭と祭儀の理想型を引き継いでいたのかもしれない。その形式は国民的崇拝の儀礼が行われた伝統に由来していた。労働者たちが伝統的な組織を割って出たとき、すでに彼らもこの伝統を保持しており、メーデーの沈黙行進を補うためにそれを階級闘争に振り向けた。

強烈な国民主義を持った体操家協会の場合、社会民主党に加入した労働者がそのメンバーとして生活することは困難であった。また、社会主義者の側で体操家の関心を国民的なものから逸らそうとする試み——たとえば、セダン祝祭を無視するよう求めた試み——は失敗した。一八九三年に約四〇〇〇人のメンバーで労働者独自の体操組織が設立された。そのメンバー数はやがて劇的に増加し、この組織はブルジョア的体操家を「権力への迎合」ゆえに非難した。[★36]

社会民主党は労働者合唱協会の場合とまったく同じように、体操家の有効性を認めることに難色を示した。党指導部が恐れたのは、この組織が社会民主党の教育的な努力を掻き乱すのではないかということだった。体操家の間で伝統となっていた強い国民主義を指導部が察知していたことは疑いの余地もない。この新しい体操協会は急速に成長したが、一九二四年に至ってもなお労働者体操家の大半が旧来のドイツ体操家同盟にとどまっていると考えられていた。[★37]

労働者体操協会は祭典で活躍することで存在を正当化しようとし、また彼らは国民的祭儀から直接採用した言葉で自己の正当化を試みた。「我々は大衆の間に熱狂を生み出したい。また、合唱団、炎の柱、旗、あるいは印象深い簡潔な演説のように、現在の形式を超えるものを活用したい」。[★38]もしも体操家のこうした提案が受け入れられていれば、社会民主党も国民主義的な崇拝と祭儀に加わっていたかもしれない。だがいずれにしても、体操家が運動の新しい政治様式の促進に寄与したことは確かであった。

それにしても、体操家の儀式であった「祝祭劇《フェストシュピール》」は、「未来劇場」が要求したものと似ていなくもなかった。たとえば、一九二九年、第一次世界大戦後に行われた二度目の全国集会で労働者体操協会は『自ら解き放て《ベフライエ・ディヒ・ゼルプスト》』の題目で祝祭劇を披露した。それは『マルセイエーズ』の曲に合わせた「突撃隊《シュトゥルムトルップ》」の入場で始まった。この「整列行進《アウフマルシュ》」はすでに前章で論じた「動作合唱《ベヴェーグングスコール》」の形式が採用された。★39

　奴隷と奴隷化された労働者が舞台を横切って行った。そのとき、青年の合唱団が彼らに決起を促した。しかし、奴隷化した労働者は行動を起こすことなく、ジャズのリズムに時間を浪費した。それでも青年たちは挑み続けた。ついに『インターナショナル』の音楽とともに青年たちは踊りだし（これも未来劇場から採用した演出だが）、労働者が囚われている牢獄に突進した。続いて短い演説が行われ、そして青年たちが身を投じた理想に対して全員が厳粛な宣誓を唱えた。最後に、プログラムでは劇の「神格化《アポテオーゼ》」が用意されていた。動作合唱の行われているなか、青年たちは途中で燃えさかる松明を受け取って、観客のもとへ下りていった。観客席の周囲に炎が点された。合唱隊が（観客席の一部である）水泳プールに沿って行進している間に、競技が行われた。競技が終わると、市街の松明行列によってこの祝典劇の幕が引かれた。★40

　この祝典行事は詳細に記述してしかるべきものであろう。なぜなら、ここに十分な発展を遂げた祭儀が見いだせるからである。そこには過去の伝統とともに新しい合唱形式とモダンダンスが利用されていた。一九二〇年代に成立した新しい芸術形式は伝統的な世俗的祭儀に組み込まれたが、この新しい政治様式を左翼は右翼と同じ程度まで受容できたことがわかる。労働者体操協会の指導者自身は、いやしくも世界を手中にせんとする運動が物質的諸力のみに導かれるはずがないと確信していた。あるいは、人間行動のあらゆる側面を洞察するためには偉大な想像力を働かせねばならない、と信じていた。[★41] しかし、社会民主党指導部がそうした見解に従うであろうとは期待すべくもなかった。人間の意識に関するマルクス主義の諸概念は長らくカール・カウツキーの史的唯物論に押さえ込まれていた。いずれにせよ、祭儀的アプローチではなく講義中心の労働者教育によって意識を高めるべきだ、と社会民主主義者は感じていた。だが他方で、一九三一年の危機的時代に青年党員の政治教育に深く関わったオーストリア社会民主党員は、構成員の思想教化に努めたとしてドイツ労働者体操家同盟を称賛した。この体操家たちは政治的世界観を高めるためにスポーツ競技場をいかに利用すべきかを知っている、と。「我々は同様の協会組織を創らねばならない」[★42]。オーストリアのマルクス主義者はドイツの同志に比べて、スポーツ組織に内在する儀礼形式の活用についてより深い認識を持っていた。

ドイツの社会主義者の認識の低さにもかかわらず、とりわけワイマール共和国期には、いわゆる赤色スポーツ組織の人気は上昇していった。「労働者スポーツ運動」は体操のみならずそれ以外のスポーツを多く含んでいた。「赤色自転車愛好者」は早くも一八九六年に結成された。この自転車クラブは選挙に際して伝達係を務めたので、党の立場からすれば覚えめでたい存在だった。一九二〇年には「自由射撃協会」さえ労働者によって結成されたが、この協会は労働者スポーツ運動内で最小組織の一つにとどまった。実際のところ、「労働者スポーツ運動」は一九二〇年代には最大級の社会主義組織の一つであり、およそ二〇〇万人のメンバーを擁した。この運動は共産党と社会民主党への社会主義運動の分裂に耐えた、実際唯一の統一的労働者組織であり続けた。しかし、この組織内部でも、一九二九年に社共の緊迫した関係がもはや耐えきれないものになったとき、社会民主党は指導権の奪取に踏み切った。そこで共産党は独自な体操スポーツ同盟の結成を試みたが、この組織は少数分派にとどまった。[★43] それにもかかわらず、すべての社会主義者が以下の信念では一致していた。「競技での調和のとれた肉体の動きを通じて、プロレタリアートの力を表現する数千もの人々は、大勢の観客を一つの全体に、つまり真の人民祭典の特徴を帯びた全体性へと融合するのである」。[★44]

ワイマール共和国期に七万人から九万人のメンバーを擁した「労働者青年団《アルバイター・ユーゲント》」も、儀礼とシンボルを強調した。これも社会民主党傘下の組織であったので、このきまじめな議会主義政党は、その指導部［の無理解］にもかかわらず、少なくとも青年党員層においては祭儀形式の意義を解するセンスを獲得していた。もちろん、合唱団が自分たちの祭典に合わせて慣れ親しんだシンボルに手を加えたように、労働者青年団のシンボルは国民的伝統

に引き上げる。

以下のリープクネヒトの注釈は引用に値するものである。「(大会参加者は)ライン河から引き揚げられるニーベルングの秘宝を忘れることはないだろう★49」。このゲルマン神話があまりにも強大な影響力を持っていたので、社会主義を実りあるものにするにはこの神話の上に社会主義の議論を打ち立てねばならない[図61]、とリープクネヒトは信じていたのだろうか? 社会主義者の合同が新たな「ニーベルングの秘宝」であったのだろうか? 彼の注釈は我々をこうした思索に導くであろう。ここで社会主義者の合同はゲルマン神話につながれたが、それと同じように後年、労働者合唱協会はワイマール共和国を金髪のゲルマーニア女神に結びつけることになった。労働者運動の祭祀《カルト》的要素は、国民的祭祀《カルト》の歴史的伝統にいとも容易に結びつけられた。つまるところ、中産階級もこれと同じような祝典を催していた。誕生日や記念日、あるいは一八五九年のシラー記念祭のような公的祝典でも、活人画と詩の朗読は等しく行われた。そのため労働者運動が独自の祭儀形式を見いだすことは困難になっていた。独自性を求める運動は実際に成功しなかったけれども、国民的祭祀《カルト》の全体的な発展には重要な貢献をしていた。

第一次世界大戦後、革命的エネルギーが最高潮と思われたとき、たとえ過去の祭祀《カルト》体験に由来するものであったとしても、労働者運動は実際に新機軸を試みた。一九二〇年から二四年にかけてライプツィヒでは、社会主義革命の歴史的重要性を提示するために労働者による大衆祝祭劇《マッセンフェストシュピール》の創出が試みられた。この大衆祝祭劇は実際にはすでに触れた「民会《ティング》」劇とよく似ており、衆人環視の中で（三〇〇人にも達する男女）労働者の大集団によって演技された。★[50] だが、この新しい演劇は「祝祭」と見なされ、そう呼ばれたが、この祝祭劇の基礎になった既存の野外演劇がそうであったように、この場合「祝祭」とは祭祀《カルト》儀礼を意味していた。そうした舞台環境で上演された題目は、『古代ローマのスパルタクス蜂起』（一九二〇年）、『農民戦争』（一九二一年）、『フランス革命』（一九二三年）であった。もっと一般的な演題としては、国際的友愛の勝利で幕を閉じる『戦争と平和』（一九二三年）、交戦国の水兵たちが友愛を誓い合い世界平和を宣言する『目覚めよ！』（一九二四年）などがあった。演技の明快さがこの劇の本質であったので、『スパルタクス』では、奴隷は鞭打たれ、ローマの貴族は勝利の宴と乱痴気騒ぎを行った。奴隷は「剣闘士の兄弟」と闘うことを拒絶し、十字架にかけられた。★[51]

音楽はふさわしい雰囲気を醸し出すために使われた。『農民戦争』では、観衆を傍観者の立場から劇に引き込むために「動作合唱団《ベヴェーグングスコール》」が観客席へ下りていった。エルンスト・トラーが書いた一五場面の『フランス革命』はいかにもプロの作品で、演劇通が演出を担当した。しかし、一九二四年までには労働者大衆祝祭劇は破綻してしまった。この失敗の原因は、台詞《せりふ》がトラーのような知識人の芸術的表現手段だったという事実に内在していた。

図64　1932年ベルリン社会主義青年団の青年式における「合唱劇」。

台詞が合唱や俳優の集合的動作を圧していたので、こうした演劇が本来伝えるはずであった明快な印象が台無しにされていた。ある観察者によれば、トラーの劇ではもはや個々の俳優は識別できず、その台詞も聞き取ることができなかった。「大衆の叫び声だけが、遠くの雷のように天に向って昇っていく」[★52]。また、いっそう複雑な性格描写をしようとして、台詞がめだって使われるようになると、この劇はその効果を失った。この祝祭劇は、「演劇による参加と行動への呼びかけ」と定義されていたが、伝統的な演劇へと回帰する傾向を示していた。

こうした変化が起こるや否や、労働者は劇場を見限って家路についてしまった。こうした劇に労働者はもはや容易に参加できなかったし、巨大な観客席で複雑な劇の展開を理解することもできなかったからである。こうした劇はうんざりする代物になってしまったが、その成否が歌と動作で決まっていた以上当然であった。台詞の比重が大きくなっていったため、演技の視覚的、音楽的調和は破壊されてしまった。国民主義者なら、演説はこうした場合短くなければならず、弁士は完全に統合さ

ないことを理解していた。

敗だったが、合唱劇《シュプレヒコール》［図64］は成功を続け、二〇年代後半にはあ

傾向の社会主義者にますます愛好されていった。一九二九年に合唱劇がマイクロホンの新技術にどうにか対応できるようになると、社会主義者はこの合唱劇を未来の共同体演劇の萌芽と考え、いまを時めくアテネ民主主義になぞらえた、と言われている。★53この合唱団も観客との掛け合いに依存していたので、大衆の参加を促すのに役立つ集団だった。合唱劇が国民的祭祀《カルト》の一部に採用され、のちには国民社会主義によって活用されたことはすでに論じたとおりである。しかし、一九二〇年代において合唱劇を最も活用したのは社会主義者であった。だが、ここでも労働者に有効な合唱曲はほとんどなく、実際には、大戦前からすでに合唱劇を活用していた組織、つまりドイツ青年運動の合唱曲が多く借用された。★54社会主義祝祭で合唱劇はしばしばダンスと合体したし、ラバン自らそれを演出することもあった。だが、こうした演出には次のような批判も投げかけられた。「こうした演技はプロレタリア的大衆煽動よりも教会の聖譚曲《オラトリオ》に近い。たまに大革命が表現されるとしても、戦闘的な労働者運動としてではなく巨大な若い女性として表現された」★55。労働者の意識から旧来の擬人的シンボル表現を取り去ることは困難であった。それが若い女性の「革命」にせよ、あるいはバイエルンの労働者合唱祭の「ゲルマーニア」であったにせよ、こうした擬人的表現は国民的祭儀を確立しようとした人々からも、この種の国民的記念碑

を敵視した人々からも、絶えず反感を買っていた。

ヒトラー青年団《ユーゲント》で合唱劇が大変な人気を博している、と報じたあるナチ党員によれば、この芸術形式は政治宣伝に特別効果的な手段として共産党が発展させたものであった。★56 ドイツ共産党においては、合唱劇はより洗練されたものになり、一九二三年から二五年の間に合唱劇の演技はレヴューや動作合唱あるいは演劇にさえも応用されていった。たとえば、グスタフ・ヴァンゲンハイムの『労働の合唱』（一九二三年）は朗唱や舞台動作の代わりに合唱の掛け合いを用いた。登場人物は象徴的であり、農民、社会民主党員、司祭、共産党員であった。ときには俳優が単独で配されたとしても（すなわち大実業家の場合）、これは多数の俳優が演じる勧善懲悪劇の形式であった。舞台装置の簡素さが合言葉となった。ヴ[illegible]ハイムによれば、舞台面など存在せず、合唱団は晴れ着ではなく仕事着を身につ[illegible]かった。★57

[illegible]は、自ら利用するために各々合唱劇の特別冊子を出版したが、どち[illegible]とめ上げることを強く訴えていた。「大量の人間は一つの人[illegible]え、すでに論じた労働者大衆祝祭や労働者体操祭で[illegible]どうしてもできなかった。

[illegible]風刺の夕べ」においても展開された。[illegible]刺詩、合唱、さらには体操によ

ってさえ表現していた。しかし、この芸術形式もブルジョア的レヴューからそのまま借用したものにすぎず、労働者はなおも彼ら独自の「情宣活動《アギットプロップ》」――アジテーションとプロパガンダ――を見いだそうとしていた。そのための着想は、ソビエト連邦からもたらされた。一九二七年に訪独したソビエトの「青シャツ隊《ブラウエ・ブルーゼン》」が演じた「活人新聞《レーベンデ・ツァイトウング》」は、ドイツ共産党の青年団が合唱劇に新しい方向性を見出す刺激になった。最初は「整列行進《アウフマルシュ》」であった。演技者はホールに向けて入場行進を行った。次は、演題への簡単な説明である。これもパレードの形式で行われた。「青シャツ隊」は古代ローマの剣闘士のいでたちで現れ、さまざまなソビエト新聞のタイトルやテーマを書いたプラカードを掲げていた。それに続いて、多様なテーマが演じられた。たとえば、寸劇『新しい生活様式』が青シャツ隊によって演じられたが、その寸劇には体操やダンスやプラカードが随所に投入されており、そこでは都市と田舎は統一され、新しい生活が誕生していた。★59

これは神話を民衆に注入する一つの方法であった。ヴァーグナーの手法そのものではなかったが、イデオロギーの具現化と共有された雰囲気の創出は確かにヴァーグナーの手法に酷似していた。しかし、ここには舞台背景が一切なかった。「美への渇望もなく、自然主義もない」と共産党機関紙『赤旗』はそれを表現した。★60 加えて、ユーモアと風刺がこの寸劇では大きな位置を占めるとされていた。共有された雰囲気とは劇への感情移入ではなく、劇から一定の距離を保つことであった。ヴァーグナーとも国民的祭祀《カルト》とも違って、青シャツ隊は観客を批判的思考に導くことになっていた。この目標において、彼らはこれまで論じてきた労働者の儀礼と大きく異なっていた。

労働者「政治劇場」の有名な演劇監督だったエルヴィン・ピスカートルは、自らの意図を理性への呼びかけと定義した。労働者演劇は興奮と熱狂よりも、啓蒙と知識と認識を伝えるべきだ、と彼は主張した。しかし、現実には彼の劇のテンポ、観客を演技に引き込む手法、極端な単純化は明らかに理性的ではなかった。実際、ピスカートル劇に関する最近の研究が明らかにしているように、彼は無秩序な群集を規律正しい大衆に変えようとしたのであり、メーデー行進や［ナチ党の］ニュルンベルク党大会と似てなくもなかった。[★61]ピスカートルは明らかに国民的祭祀《カルト》と目的を共有していた。しかし、これまで述べてきた祭祀《カルト》的要素の展開と彼の演劇との間には、より深いつながりがあるように思える。ピスカートルの政治演劇を研究したC・D・イネスは、ナチ党作家の言葉を引用している。ピスカートルの演劇で「民衆の情念と思考と願望が最も視覚的に表現」され、直接的な共同体体験が創出されることを、その国民社会主義者は力説していた。こうしたナチ党員による評価は、ピスカートル演劇の要約といっても過言ではない、とイネスは書いている。[★62]

そうはいっても、ナチ党がマルクス主義の劇場からこの演劇を借用する必要はなかった。こうした演劇形式は第一次世界大戦のずっと以前の「未来劇場」にも含まれていたからである。

合唱劇のほかにナチ党が左翼から拝借したものは、「人民劇場《フォルクスビューネ》」の概念であった。人民劇場ではブルジョア的な趣味と対立すると見なされた演劇が安い料金で上演された。一八九〇年にこうした人民劇場は設立され、イプセンやゾラやシラーのような作家の作品を上演して、支配階級への批判を強めていた。一九三〇年にはキリスト教組織や国民主義的右翼も、この人民劇場を模倣した。ナチ党はこの対抗運動には便乗せず、一九三一年ナチ党独自の人民劇場を設立した。そこではシラーの『群盗』や第一次世界大戦で戦死した青年運動の英雄ヴァルター・フレックス作のビスマルク劇が上演された★63。明らかにナチ党劇場はバランスを取ろうとしていた。つまり、シラーの作品に象徴されるブルジョア性への反発は、党のためにビスマルクの伝統を利用する試みによって調整された。しかし、ナチ党の人民劇場は観劇サークルへと後退し、ダイナミックな情宣活動組織《アギットプロップ》には発展しなかった。

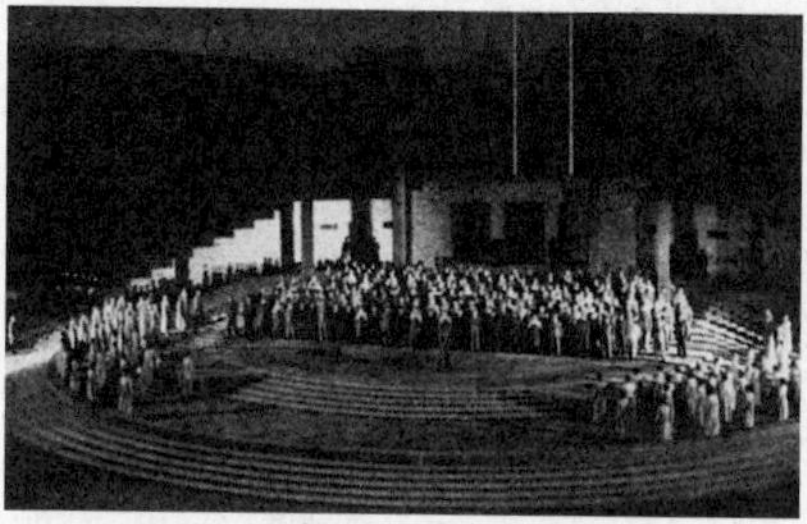
図65　1935年ハイデルベルクの「民会劇場」でのナチ演劇『帝国への道』上演風景。

とはいえ、そうした人民劇場とは別に、ナチ党は「演劇部隊《シュピールトゥルッペン》」を結成し、賃貸したり無償提供されたホールで公演した。上演された作品はシラーともヴァルター・フレックスとさえも無関係な、露骨な内容を押し出す粗野な街頭演劇であった。一九三二年ベルリンの在郷軍人会ホールで、ナチ党演劇部隊は「ある突撃隊同志の殺害」を上演したが、それはユダヤ人に責任を負わせるものであった。「ユダヤ人」は舞台に引き摺り出され、「彼らのわけのわからぬ言葉（つまり、イディッシュを茶化したもの）で泣き言をたれた」が、即座に銃殺刑が宣告された。こうしたお芝居は特にヒトラー青年団《ユーゲント》で人気があったようである。★64

ピスカートル演劇は絶えず共産党とごたごたを起こしていたが、その切れ味は依然冴えていた。共産党としては、いずれにせよ理性と批判精神に訴えようとする演劇は気がかりであった。おそらく、共産党は党の正統性《オーソドクシー》から容易に逸脱しかねない主情主義《エモウショナリズム》が含まれていることも恐れていた。こうした芸術形式がロシアでスターリン主義の犠牲になったのとそっくり同じように、ドイツでもこの形式はより説教くさい取り組みの中の一エピソードにすぎぬものとなった。

「集団報告《コレクティーフレフェラート》」はこの説教くさい演劇が発展したものの典型であった。これも合唱劇の中から成立し、一九二七年から二八年まで広く行われたが、合唱劇の叙情性を退け、スローガンや事実申告や命令を簡潔な説教形式で表現した。この演技者集団は音楽の伴奏でスローガンや命令に合わせて演技した。音楽は常にプロレタリア舞台の重要要素であった。★65共産党の指導者ヴィルヘルム・ピークはこうしたすべての情宣活動の本質を次のように総括した。情宣活動が具現するのは「表現の単純さ、目標への感情移入、徹底的な下準備、共同作業での最も厳格な規律である」[66]。

こうした情宣活動は「未来劇場」の一形式であり、観客と直接的な関係を結ぶために伝統的な演劇形式を解体するという「未来劇場」と同じ目標を持っていた。ひところ、この演技は祭祀《カルト》演劇に比べると、人々にもっと批判的な距離を取るよう誘導していた。それにもかかわらず、労働者演劇も象徴的かつ神話的であり、民衆歌謡とダンスと体操を活用した祭祀《カルト》演劇であった。民衆をイデオロギーに搦め取ることができる技術として、ナチ党でさえもそれに関心を示した。だが、それはナチ党の宣伝家たちが考えていたほど新しくも革命的でもなく、「新しい政治」の推進力全体の一部であった。

社会主義運動全体としても神学的、祭儀的形式へ向かう衝動は感じられた。たとえば、フランスでは第一次世界大戦が終わった一九一八年に「人民祝祭協会」が創設された。この協会は共産党や労働組合、さらには社会党のために祝祭を組織したが、ドイツ労働者体操家同盟が具現した思想と同じく、闘争に対する労働者の情緒的献身が重要であると強調していた。祝典は特別な祝い事のテーマに基づいていなければならず、そのテーマで芸術的な全体性を構成しなければならなかった。合唱劇と並んで形象シンボルが使用されたが、行事の中心は音楽が占めていたので、この協会は合唱協会の性格を帯びがちであった。そこではバッハ、ベートーベンやヴァーグナーのようなクラシックが使われたが、フランス

革命期の祭典で使われた音楽の復興も試みられた。[★67]

しかし、祭儀への衝動はあくまでも衝動のままにとどまり、労働者運動がそれに支配されたわけではなかったことも確かである。フランス「人民祝祭協会」は「理性の讃歌」を作ったが、[★68]それは、当然なことだが、社会主義の理性的な構成要素がこうした祝祭と齟齬をきたすことを示している。一九二七年ベルリンで社会民主党と共産党の一般党員約五〇〇人が、あらゆる宗教的祭儀を拒否したことは注目に値しよう。もっとも、彼らの中にはキリスト教教会にとどまった信徒もいたわけだが。社会主義と宗教についてのアンケートを彼らに送り、これを分析評価した者は注意深く以下のように記述した。「この社会主義者たちの誰一人として、祭儀の心理学的構造についての感受性を持っていなかった」。[★69]この五〇〇人の社会主義者は、ほとんどがベルリンの労働者住宅街ノイケルン在住者に限定された小さなサンプルにすぎないが、彼らは党員の一傾向——それ以外の人々が労働者運動の祭儀を明らかに肯定していたとしても——をよく表しているといえよう。一方、右翼の側では祭儀形式は全体として高く評価されており、その心理学的応用に対する感度を欠くがごときいかなる党派も存在しなかった。右翼は社会主義者のような不利な条件から免れていた。

あらゆる形態の社会主義の基礎をなす理性主義は、祭儀の発展の障害として機能する可能性を持っていた。また、それは過剰な説教主義《ディダクティズム》に至る可能性もあった。こうした社会主義者の説教主義は労働者が地区集会の閉幕に際して行うことになっていた演劇を見れば一目瞭然だった。こうした演劇はすでに一八七〇年代から存在していたが、労働者自身ではなく指導者か文筆家が書いたものであった。こうした作品の題目は前途を約束し、労働者大衆集会でも言及された過去の歴史を多く示している。しかし、その筋立ては労働価値論などをテーマとする実例講義によって中断されることが多かった。★70 いつも社会主義者は、信念への傾倒より理性や論理への訴えかけによって労働者を教育しようとした。彼らの敵である国民主義者や右翼の集会に比べて、社会主義者の集会で説教くさい演説が中心的な役割を演じたのは、そのためであった。

それにもかかわらず、ナチ党はプロレタリア的なデモ行進と祝祭がもたらした先例から影響を受けていた。ヒトラーは『我が闘争』ではっきりとそれに謝辞を捧げている。ヒトラーはウィーンの労働者の大衆デモが四列縦隊で行進をする様を凝視していた。「ほとんど二時間にわたり私はそこに立ち尽くして、人間でできた巨大な竜がゆっくりと傍らをうねりながら進むのを見つめていた」。★71 ヒトラーは社会民主党の規律正しさに感銘を受け、この党を将校と兵士からなる軍隊になぞらえた。★72 またある程度、彼自身がその成功に感服した敵である社会主義者の組織観と対比して自分の組織観を決めていた。★73

だが結局、社会主義者が国民社会主義の祭儀へ与えた影響は過大評価されてはならない。なるほど、社会主義者は自ら模範を示すことでその祭儀の発展に寄与してきた。しかし、つまるところ国民社会主義の祭儀はドイツ史の一世紀半に及んだ祭祀《カルト》の発展の極致であった。

第八章　ヒトラーの美意識

一九三五年のニュルンベルク党大会で、ヒトラーはこう述べている。国民が自らの記念碑を打ち立てるときにのみ、歴史は真に注目に値する国民を見いだすのである、と。[★1] この「記念碑」の言葉でヒトラーが表現していたのは、彼自身の体制《レジーム》の功績のみならず、あり得べき唯一の大衆運動としての国民主義の政治祭儀であった。国民社会主義は、その運動が始まる一〇〇年以上前から催されてきた国民的祭祀《カルト》の展開の上に成立した。この展開はナチ党の政治様式を理解するために欠くことのできないものである。つまり、これなくして大衆運動としての国民社会主義を正確に分析することはできない。

ヒトラーはこの祭儀の実用的、イデオロギー的両側面を熟知していたので、具体的な政治的課題を自らの本能的な信念に結びつけることに成功した。ヒトラーは政治的な必要性と世俗宗教の最終目標を慎重に秤にかけてはいたが、政治的課題と信念の結合に冷笑の余地などなかった。ヒトラー自身は国民的祭祀《カルト》儀礼を創出したわけではなく、ナチ運動の祝典への適用に直接口を出すことさえなかった。彼はこの仕事を他人に委ね、その舞台演出《ミザンセーヌ》

図66　1888年当時、完成した壮麗な建物の並ぶ「環状道路」。左より国会議事堂、市庁舎、大学、ブルク劇場。

を観察したうえで初めて口を挿んだ。[★2] もちろん、ここでのヒトラーの批評がその後の祭祀《カルト》形式を決定づけたことはいうまでもない。しかし、彼自身がお笑い草と思った祭儀形式でさえ、ヒトラーは成り行きにまかせていた。たとえば、想像たくましく古代ゲルマンの慣習を復活させることなどヒトラーは小馬鹿にしていた。[★3] それにもかかわらず、数年間は古代ゲルマン風の家が建築され、ゲルマン衣装が着用され、「民会《ティング》」劇が再現された。ヒトラーがこうした擬古主義《アルキイズム》を軽蔑した理由は彼個人の美意識によっており、これはナチ党の政治様式を理解するうえで明らかに重要である。

ヒトラーが青年時代に体験したウィーンは、それ以後生涯を通じ彼の芸術的また建築的好みを決定づけた。彼は時の経過とともに美意識を成長させ変化させる部類の人間ではなかった。有名な環状道路《リングシュトラーセ》［図66］はヒトラーにとって彼自身そう呼んだように、まさに「勝利の道」であった。彼はそれを注意深く研究し、それを眺めていつも「我を忘れて」

いた。[★4] 彼の青年時代のウィーンを風靡した代表的建築は、ヒトラーにとって建築の精華を象徴し続けた。一八七〇年以降こうした建築の多くはテオフィル・エドゥアルト・フォン・ハンセンによって手がけられ、それによって彼はウィーンの公的な建築様式に決定的影響力を誇った。ハンセンが設計した国会議事堂などの建造物は、同時代人が絶賛した「古典主義的簡素さ」、すなわち彼の古典古代様式への愛着を明らかに示している。だがまた、ここで古典主義的とされたものは——特に国会議事堂の内部ホールは空間の活用によって——記念碑的壮大《モニュメンタリティ》さを表していた。壁柱式会堂のモデルにはローマの「カラカラ帝」浴場が使われた。古代のモデルを追求したウィーンの建築家はハンセン一人のみではなかった。ハインリヒ・フォン・フェルステルもローマで行ったスケッチを大学校舎の設計に反映させた。ハンセンが感服していたゴットフリート・ゼムパーも、「環状道路」とそれに沿って並ぶ記念碑的建造物に霊感を吹き込んだ人物の一人だった。[★5]

国民的祭祀《カルト》で大きな比重を占めるに至った古典主義的美意識にヒトラーが染まったのは、まさにこのウィーンであった。ついにヒトラーは、「今日」ほど人間がその外観や感性において古代に近かったことはない、と述べるに至った。[★6] 古典主義様式は壮大かつ簡素な自己表現の形式を示した。一九二〇年代後半、ヒトラーと建築家パウル・ルートヴィヒ・トローストの親交はヒトラーの古典主義をいっそう根強いものにした。トローストの影響でヒトラーは以前は好みではなかったクレンツェの手になるミュンヘン建築「グリプトテー

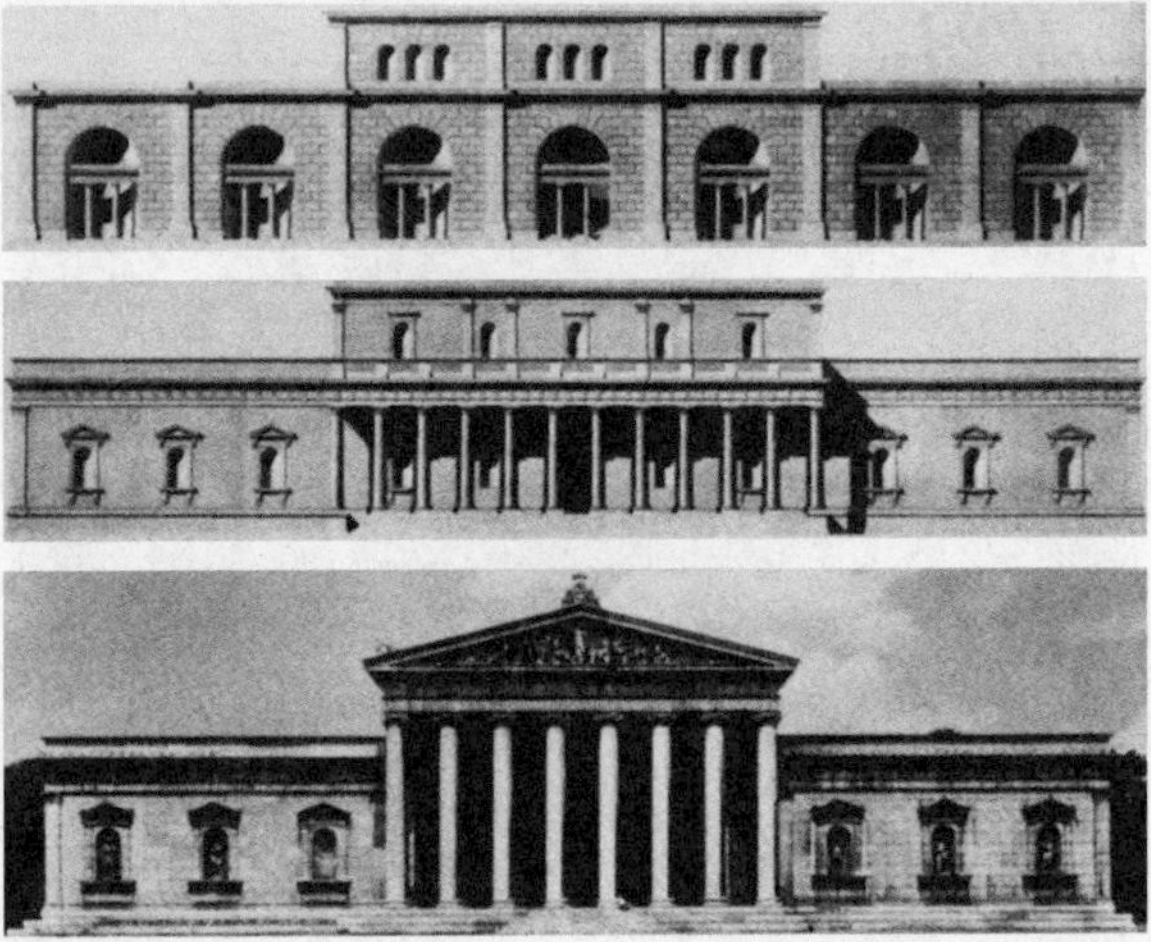

図 67　「グリプトテーク」の 1816 年クレンツェ構想図（上はローマ式、中はルネサンス式、下が実際に建てられたもの）。

クやピナコテークなど」［図67］を評価するようになった。おそらく、ヒトラーが関心を示すようになったのは［ルートヴィヒ通りの］疑似ルネサンス様式の建造物であった。トローストがナチ党のために設計した建物は、「ドイツ芸術館」［図73］や「ナチ党本部」のように、古典主義的かつ簡素であった。もちろん、これらはすべて現存している。

ウィーンでの体験とトローストとの親交の影響で、ヒトラーは十八世紀後半のプロイセン建築ルネサンスを再発見した。ある証言によると、第三帝国期に書かれたフリードリヒ・ジリーに関する一冊の本もヒトラーに影響を与えていたかもしれない。ローマとアクロポリスの結合たる記念碑的なるものは「日常生活を超越する」ようだ、とこの本は主張していた。[★7] ジリー自身の凱旋門設計図がヒトラーを感動させたことは確かである。一九二五年のスケッチブックにヒトラーは心を込めてそれを模写し、そこに第一次世界大戦戦没者の名前を刻みつけることを願った。後年、ヒトラーはベルリン都市改造計画で、この凱旋門の具体化を構想した［図76］。また、ジリーのフリードリヒ大王記念廟の設計図［図21］もヒトラーの想像力を虜にした。この記念廟の模型をアルベルト・シュペーアが作ったときヒトラーは大変喜んだ。[★8]

こうした古典主義の影響は平凡な美意識の特質だった。ウィーンで固められた基礎はトローストやジリーの影響で変わることはなかったし、ヒトラーの保守主義はもとのまま温存された。ヒトラーが模範的な表通り《シュトラーセ》や建築物としてスケッチしたものは、たいていは一八七〇年代以降の中欧のありふれた公的建造物に似ていた。独創性や、第一次世界大戦後もてはやされた建築家グループの影響を暗示させるようなものは皆無だった。確かに、ヒトラーは形式の簡素さと質素な建築材の使用を好んだが、こうした嗜好は「新即物主義《ノイエ・ザツハリヒカイト》」を唱えたバウハウス［図68］とは無関係で、むしろ新古典主義の復興に基づくものだった。十九世紀末頃、新古典主義が主張した指針は、芸術工芸運動によって深められた。その機関紙『芸術守護者《クンストヴァルト》』は一八八七年創刊から第一次世界大戦勃発まで教

図68　デッサウの「バウハウス」校舎（1925年グロピウス設計）。

養ある中産階級の間で非常に愛読された。『芸術守護者』では、芸術は装飾の代用品や様式の戯れであることをやめ、芸術が奉仕するべき目的を明確に表現しなければならない、と信じられていた。こうした考え方は十八世紀以来この路線を進んできた「語りかける建築《アルシテクチュール・パルラント》」の発想に近かった。だが、芸術工芸運動はドイツ民族《フォルク》に捧げられていた。民族の伝統的芸術工芸は外国の影響と混合されることなく更新されねばならなかった。[★9] 芸術と建築の目的は、自国に固有の簡素な様式で表現された。

すでに［第三章で］その建築観を検討したゴットフリート・ゼムパーとヴィルヘルム・クライスは、こうした運動のメンバーだった。さらに直接的な関係では、アルベルト・シュペーアの師ハインリヒ・テッセノーは『芸術守護者』の主張を普及させるために一九〇一年設立された「デューラー同盟」の評議員だった。[★10] テッセノーは芸術工芸運動の指針を具体的に示し伝授した。彼は建築において簡便さを強調した。「素朴なる勤勉、率直な思索と生活」は簡単な材料の利用と結びつけられた。装飾は女性的で不真面目なものと考えられた。そうした簡素さは、テッセノーがブルジョア社会の特性と見なした秩序と調和への愛情を意味した。こうした理論の結果、最終的な産物は新古典主義になった。[★11] テッセノーは自らの建築と著作で、芸術工芸運動と同じく新古典主義運動がその目的の雄々しさと真面目さ、さらに市民生活と結びついていることを示している。おそらくヒトラーもそれに同意したであろう。テッセノーは大戦前ドイツのほとんどの建築学校で使われた手引書を執筆したが、ヒトラーも建築の勉強をした以上これをよく知っていたことだろう。

周知のように、第三帝国では多くの工場、私的住宅、さらに兵舎にさえもバウハウス様式が反映されていた。しかし、ヒトラーは新古典主義的伝統において具象主義建築に興味を示しただけで、それ以外の建築デザインはたとえ提出されたとしてもほとんど目もくれなかった。

ヒトラーの美意識のこうした保守性は、特に彼自身が描いたオペラ劇場の設計図で一目瞭然である。オペラ劇場の設計はいつも彼が取り憑かれていた強迫観念の一つであり、それ自体が国民的祭祀《カルト》の採用と深く繋がっていた。一九二五年のヒトラーのスケッチブックにはオペラ劇場内装のスケッチが何枚かあるが、それはすべて月並みなもので、「未来劇場」の影響などは一かけらも見あたらない。ここでも若き日に彼の心を捉えた構想、ウィーンのオペラに彼は固執していた。ヒトラーが演劇の新機軸で受容できた限界はバイロイト祝祭劇場までであったように思える。★12

オペラ劇場のためにヒトラーが描いたスケッチには、彼が祝典について抱き続けていた先入観を示すいくつかの特徴が表れている。スケッチではホールと大階段に観客席や舞台よりも広い空間が割り当てられていた。だが、いかなる建築家といえども実際にヒトラーの計画どおりオペラ劇場を建てることは不可能だった。なぜなら観客席への登上階段と観客が幕間に遊歩する広大なホールが、ともに強調されていたからである。しかも、階段はホール自体よりも大きな空間を占めていた。ヒトラーが愛した(オペラ劇場を含んだ)「環状道路」に沿った建物の大半が大階段の吹き抜けを伴っていた事実は、彼の巨大階段への思い入れにとって確かに重要であった。ゼムパーやハンセンあるいはフェルステルのような建築家が思い描いたように、そうした階段部分は記念碑的壮大さの構想に不可欠の要素であった。

ヒトラーは巨大な装飾的階段を愛し、劇場設計だけでなく、新ベルリンのための公的建造物を計画することになった際にも採用した。ゲーリング宮殿はもともと最大の登上階段を設けることになっていたが、ヒトラーはこれを即座に自分の記念碑的建築のために変更してしまった。第三帝国期にヒトラーに提出された建物と内装の設計図を見れば、しばしば総統自らが太いペンで正面中心の大階段の拡張を指示していたことがわかる。

こうした大階段の偏愛に心理学的な解釈を加えようとは思わないが、それはヒトラーの美意識における重要な傾向を暗示している。ヒトラーにとって建造物がもたらす印象は建造物が本来持つ機能と同じほど大切であり、この印象は空間の壮大さによって伝えられねばならないとされた。壮大さは建物の入口と登上部でただちに実感され、さらに機能的にはそうした構造物で優位を占めるはずの観客席の周囲においても、この印象は醸し出されていた。いわば式典の雰囲気が式典の催しそのものよりも重要であった。ヒトラーが彼の劇場スケッチに持ち込んだ原理はミュンヘンの「総統館《フューラーバウ》」［図69、70］で日の目を見た。ネヴィル・チェンバレンがそれを上って行かねばならなかった一九三八年ミュンヘン会談における巨大な装飾的階段はここでも全体を圧倒していた。ヒトラーが階段の上に立ち、ネヴィル・チェンバレンがそれを上って行かねばならなかった一九三八年ミュンヘン会談における威圧効果を思い浮かべることは容易であろう。

空間は壮大さと荘厳さを意味した。つまり、権力および権力関係を具現していた。ヴェネツィア宮《パラッツォ・ヴェネツィア》のムッソリーニの執務室は、こうした舞台装置にもう一つの例を提供する。訪問者は扉の内に入ってから独裁者の机に到達するまで途方もない空間を横切らねばならなかった。ヒトラーにとって儀式ばったこと、つまりそれにふさわしい雰囲気を生み出す「記念碑的で仰天すべきもの」は、それが大衆集会や祭祀儀礼《カルト》として機能上必要になる以前でさえ彼の美意識の一部であった。それゆえ、建造物は民衆の要求に配慮せねばならず、つまり一五万人から二〇万人の人々を収容する空間が必要である、とヒトラーは主張した。[★13]古典主義的なものから記念碑的壮大なものへの変化は、ヒトラーの設計図から明白に読み取れる。それは年の経過とともに加速化していった。ヒトラーのこうした注文から免れるために、いくつかのナチ党建築を任されていた建築家パウル・ボナーツは結局ドイツを逃げ出した。彼によると、ヒトラーには巨大なものを取り扱うための感受性、つまりギリシア人に備わっていた芸術的本能がまったく欠けていた。[★14]だが、ボナーツのいうこの欠落

図69　ミュンヘンの「総統館」(1933-37年パウル・トロースト設計)。

図70　「総統館」の大回廊。

は大ホールと大階段を備えたヒトラーの劇場設計図にあらかじめ明らかであった。それでも、膨大な民衆を収容する必要性、すなわち荘厳さという理念と権力とが綯《な》い交ぜになった必要性が、それに輪をかけたことは間違いなかった。だが、こうした空間でさえ過去のモデルに基づいており、彼の保守主義はなお十分に発揮された。もっとも、ヒトラーの幻想を掻き立てたのは今度はオペラ劇場ではなく教会であったのだが。

すでにヒトラーのスケッチブックにおいて、祭祀《カルト》を執り行うホールは、巨大なドームとアプシス［教会の合唱席後方の半円形ないし多角形の張り出し部分］を持った教会と酷似していた。またヒトラーは教会の塔をスケッチで描いており、このような巨大な塔がドームに加えられていた。さらにまた、ヒトラーが好んで設計した都市ホールでは教会の形態が採用されていたが、そこに建てられた塔は市中のあらゆる教会の塔よりも高くなければならなかった。おそらく、こうした都市ホールは、世俗的シンボルを武器にして教会の流儀で教会を打倒するヒトラーの企図の特質を示していた。ここでもヒトラーの教会への敵意は明白になっていた。彼は政権を握るはるか以前から、この敵意のため世俗的祭祀《カルト》とキリスト教祭祀《カルト》を厳しく峻別していた。だが他方でヒトラーの保守主義は、彼自身がいかに望んでいたとしても、教会礼拝とのはっきりした区別を妨げていた。こうしたほとんど無意識の連鎖がヒトラーをいま一度――これまでの章で分析してきたように――世俗的祭祀《カルト》の展開に結びつけていた。たとえより洗練され十分完成された祭儀であったとしても、ゲルマンの炎と祭壇が一八一五年のときと同じようにヒトラーの世俗的祭祀《カルト》の統一を形成していた。

第三帝国期にヒトラーはもはや都市ホールの設計をしなかった。それでもなお、リンツやアウグスブルクのナチ党公会堂建設計画には在地の教会塔を圧してそびえる教会風の尖塔が含まれていた。[★15] 伝統的な教会の鐘楼がなおも最も目立っていたとしても、その鐘楼は過去の祝典でも鐘を鳴らしたように、国民社会主義者の祝典で鐘を鳴らしたし、また第三帝国になってもそうした祝祭にはしばしば鐘が鳴らされた。しかし、これはキリスト教的なものが本質的に民族的《フェルキッシュ》な儀式に入り込むことを意味していただろう。しかし、ここでも両者の併存関係は決して完全には解消されなかった。コロッセウムをモデルに設計されたニュルンベルクの会議堂《コングレスハレ》には巨大なオルガンが設置されるはずであった。[★16] 同様に、工場などに備えつけられた小さな民族的《フェルキッシュ》祭祀堂は、教会そっくりの外観——アプシス、長椅子、祭壇の配置空間さえも——を保持していた。

ヒトラーの保守的な美意識は彼の人生観全体を規定していた。この事実はヒトラーが示した社会的伝統と民族的《フェルキッシュ》神秘主義への愛着を説明するのに役立つであろう。中産階級道徳、家族や種族との古代的な人格的結合が回復されねばならないとされた。しかし、それは森の中で古代ゲルマン人が実践した道徳ではなく十九世紀のブルジョア道徳——つまり家族、結婚、質素で献身的な生活の尊厳——への復帰であった。ヒトラーの建築における美意識を決定した時代が彼の道徳観も確定した。ヒトラーの知的形成は一八八〇年から一九一〇年までの世界で停止してしまった、とアルベルト・シュペーアは書いている。[17] ヒトラーは第一次世界大戦で自分が使ったライフル銃でその二十数年後の兵士も十分やっていける、と信じていた。絵画に限って考えるとヒトラーは一八九〇年で止まっていた、と建築家トローストの未亡人ゲルディは考えた。[18] これもまた正しい。ヒトラーが愛好し保護した画家は感傷的リアリズムに属しており、第三帝国の公認芸術雑誌では模範的ドイツ芸術家としてロマン主義画家カスパー・ダフィット・フリードリヒ、ハンス・マーカルト、ハンス・フォン・マレーの名があげられていた。[19]

こうした模範は、党がしばしばその剛勇を讃えた古代ゲルマンの理想ではなかった。ヒトラーにとってドイツ芸術とは古典主義とロマン主義の複合形態を示した芸術と建築であった。彼が想像上の古代ゲルマン的伝統の模造を軽蔑したことは、それほど驚くことではない。真のドイツ的本質に関するヒトラーの定義は、十九世紀の国民的祭祀《カルト》の特徴である芸術様式を採用したものであった。すでに［第三章で］論じた古典主義とロマン主義の総合《ジンテーゼ》はヒトラーの定義と一致していた。[20] ヒトラーはヴィルヘルム・クライスが存命であることを知って大喜びし、二、三年後、第二次世界大戦の戦没者慰霊祭を催す建物と記念碑を建築する計画を彼に任せた。この建築家に会う以前にさえ、クライスのロマン主義的景観の理想と古典主義的規範の保持にヒトラーは惹きつけられていたに違いない。ヒトラ

図71　ベルリンの「新帝国総統官邸」(1939年シュペーア設計)。

ーはゴットフリート・ゼムパーやブルーノ・シュミッツのような建築家にも敬意を払った。彼らは古典主義的でピラミッド状の、また聖なる空間を持つ数々の国民的記念碑を生み出した造形家であった。[★21]

ロマン主義と古典主義は、国民の伝統的自己表現を決定づけていた。現代的《モダニティ》なものは拒絶され、「美なるもの」は工業的でブルジョア的な文明に対立するものとして再定義された。フィッシャーの美学原理は無傷のまま残っており、それはナチ芸術の風景礼讃を見れば一目瞭然である。つまり、こうした風景は見る者に「直接」働きかけるものでなくてはならず、変わることなき美の理想が風景からもたらされねばならなかった。こうした観想によって人間は、現代芸術の頽廃に覆い隠された人間存在の源泉を回復せねばならなかった。美なるものは「純粋なもの」であり、混沌《カオス》ではあり得なかった。秩序の原理は美しきものの本質的要素であった。「秩序への意志に由来する」こうした企図を「記念碑的《モニュメンタル》壮大さに高めていくことが我々の時代の要請である」[★22]。ここでもまた、過去においてと同様、こうした意志は「心の安らぎ」を意味している。精神の動揺は、建築様式や芸術様式によって、または石や木材、金属のような

図 72　「新帝国総統官邸」のヒトラー執務室（27×14.5 m、高さ 9.75 m）。

素材の組み合わせによって静められねばならなかった。ヒトラーとナチ党員は決して最新の現代技術の利用に反対であったわけではないが、その技術は美の概念に役立つように利用されねばならなかった。(すでに引用した)ヴィンケルマンの言葉だが、美しきものは大洋の静寂なる水面のように、鏡のように滑らかだが絶えず動いているものであった。[★23]

美しきものは、また秩序の原理を与えた。ヒトラーはこう表現している。「神経をいら立たせた十九世紀は、終焉に至った」[★24]。ナチ党員にとって、神経をいら立たせたものは「頽廃」の兆候であった。彼らはこの言葉をマックス・ノルダウの有名な著作から採用した。ノルダウの『頽廃《エントアルトウンク》』(一八九二年)は芸術の原理として「現代性《モダニティ》」と対照的な平穏さと明快さを強調した。ヒトラーが愛好した様式は、美と秩序というこの理想を具現していた。国民的祭祀《カルト》の発展を通じてロマン主義が古典主義的形式に統合されてしまったように、こうしてロマン主義は飼い慣らされてしまった。

そのうえ、現代的なものと工業的なものは、[芸術に]侵入してはならないとされた。一九三七年ミュンヘンの第一回「ドイツ芸術展」の絵画で、ヒトラーが個人的に価値を認めたものは、大半が風景画か農村生活の描写であった。[★25] 一方、彫刻では古典主義的系統の「理想的ドイツ人類型」が模範として示された。ヒトラー青年団《ユーゲント》がドイツ全土からニュルンベルクに行進する姿を描写した映画『若者は総統のもとへ赴く』Jugend kommt zum Führer(一九三九年)は注目すべき記録である。カメラはヒトラー青年団《ユーゲント》の群れがドイツ帝国のいたるところから行進するのを終始追いかけている。ここに映し出されたドイツは、村落、小都市などの一風景であって、工場、住宅団地、現代的な機械装置はいっさい現れない。この映画は工業化と現代性を払いのけたドイツを、第三世界の最も遅れた低開発地域のように描写している。それにもかかわらず、それは秩序と染み一つない清潔さが支配しているドイツである。心暖まる家庭の情景は正常な道徳性を示しているし、ナチ党の世界における女性の地位は映画全編を通じて明らかに再現されている。つまり、民族舞踊のパート

図73 「頽廃芸術展」「大ドイツ芸術展」の会場となったミュンヘン「ドイツ芸術館」(1937年トロースト設計)。現在の「芸術館」。

図74 1937年「ドイツ芸術館」落成にちなんで行われたパレードにゲルマン風衣装で歩く人々。

図75　ミュンヘンの都市改造計画模型に見入るヒトラー。

ナーとしてわずか二、三秒、それも一回きりしか少女は登場していない。

この映画は国民的な祭祀《カルト》と祭儀によって実現された幻想的世界を象徴していた。ヒトラー自身の頭の中では、こうした現実認識はプラグマティックな政治態度と同時存在していた。たとえば、国民的儀礼はそれ以外の際には嫌悪された都市のど真ん中で行われるべきで、その郊外ではない、とヒトラーは考えていた。彼はローマの公共広場《フォーラム》を模範として思い描いていたのかもしれない。★26 住民の集中する場所から離れて、自分たちで盛り上る「民会《ティング》」劇場にヒトラーが低い評価を下した理由の一つはそれである。ミュンヘン、アウグスブルク、あるいはリンツに計画された党の公会堂は都市中心部に位置する予定だった。さらに、ヒトラーは都市計画にも多大の関心を示した。第二次世界大戦後のために構想されたベルリンの壮大な改造［図76］は、ベルリンの境界線内で行われることになっていた。いかなる特別なナチ党都市も計画されず検討されることさえなかった。こうした都市計画への思い入れは、ヒトラー青年団《ユーゲント》の目で見た田園的ドイツと明らかに矛盾していた。

党の祝典に誰でも容易に参入できることは、政治上の要請であった。そのため祝典の設

図 76 「ベルリン都市改造計画模型」。手前の南駅から凱旋門、大会堂に至る直線道路。

営は田舎よりも都会でなければならなかった。まさしく都市の観相学《フィジイオグノミー》が党の求めに応じて作り出された。ヒトラーは都市化計画を受け入れたし、それを彼自身の目標に向けて手を加えようとした。ここでもヒトラーは完全な政治家であり、また同時に保守主義者であった。都市がどれほど頽廃的と見なされたとしても、祭祀《カルト》と祭儀はありのままの現実につなぎ止められていた。

政治的現実の正確な認識と結合した保守的な姿勢が、感覚への強烈なアピールを閉め出すことはなかった。ヒトラーはバイロイトの祝祭劇場を崇拝し、ヴァーグナーの演劇論を自分のものとしていた。ヒトラーにとっても、幻想とは、神話とシンボルの霊感から湧き出て、高次な現実性に至るものであった。このように「神話《ミートス》」も民衆にもたらされねばならなかった。ヒトラー公認の帝国舞台美術設計家《ライヒスビューネンビルトナー》であったベンノ・フォン・アーレントは、これに関して次のように説明した。舞台設計はそれ自体が目的ではあり得ないし、実験のために使われてはならない。そのような操作を観客は嫌うだろうし、幻想を生み夢を満たすことを邪魔するだろう。[★27] リヒャルト・ヴァーグナーも自作オペラの舞台設定について同様に考えていたし、こうした原理のよい見本である『トリスタンとイゾルデ』の舞台背景を実際にヒトラーは二枚ほどデザインしていた。[★28] ヒトラーの青年時代のウィーンにおけるもう一つの体験が、このデザインの基本にあった。その体験とは当時のアルフレート・ロラーによる舞台背景であり、この舞台美術家をヒトラーは第二次世界大戦に至っても絶賛し続けた。

アルフレート・ロラー（一八六四―一九三五年）はウィーン・オペラ劇場でグスタフ・マーラーの舞台美術を手がけ、またブルク劇場［一七七六年からオーストリアの国立劇場］で働いたのち、マックス・ラインハルトの舞台背景をデザインすることにもなった。彼は過剰な装飾を目の敵としていた。彼の舞台背景は混じり気のない雰囲気を伝え、印象主義に近づいていった。ロラーは演技の「枠組み」を作ろうと努めた。「装飾はそれ自体が目的であってはならない……幕が上がる瞬間に雰囲気を伝えるために、それは存在するのである」[★29]。一九〇三年、ロラーは『トリスタンとイゾルデ』上演用の舞台背景をデザインしたが、これは後年ヒトラーが自分のスケッチを描く際にモデルとしたものである。ロラーの表現の力点は、ベンノ・フォン・アーレントの言う幻想概念を利用していた。ロラーもまた、深く立ちこめた霧、たなびく千切れ雲、雨、溜息のような風を好んで背景に使った[★30]。ロマン主義的雰囲気はデザインの簡素さと合体し、また形式の調和は情緒性に結びつけられた。ヒトラーお気に入りのワイマールの「ドイツ国民劇場」舞台監督ハンス・ゼフェルス・ツィーグラーは、そのような舞台デザインを「詩的に変容させたリアリズム」[★31]と呼んだが、それは実際に完全な国民的祭祀《カルト》にぴったり一致する描写であった。指導的なナチ劇作家ハンス・ヨーストは『我信ず《イッヒ・グラウベ》！』（一九二八年）で次のように述べている。「演劇の機能は、信念の共同体を刷新することである。実体ある形式に大衆の非合理性を押さえ込む倫理性《エートス》によって、この共同体は形成される」[★32]。これと同じ観点から、ヒトラーは演劇とその機能を見ていた。全般的な舞台演出が非常に感動的であれば、ヒトラーは念入りな舞台デザインを含め、自分のスケッチにその感動を写し取ろうとしていた。

ロラーは照明の新機軸も打ち出した。彼は「照明が形式を変化させ、高め、溶解し、おとぎ話の魔法に変える」[★33]方法を理解していた。ここにヒントを得てヒトラーは自らの式典で光線を利用することに思い至ったのであろうか。それはなんとも言えないが、いずれにしろ光線が空間に与える効果は、またモダンダンスの原理でもあったことはすでに論じたとおりである。空間形成における照明の重要性を明白に示す新しい芸術形式とともに、この人気のある舞台効果はますます利用されるようになった[★34]。大衆集会と儀礼のために、この形式が吸収されるのは至極当然であった。ヒトラー自身は、祝祭は理想的には夕闇の訪れとともにのみ催されるべきであると確信していた。なぜなら、そのとき人々の感覚は影響を受け入れるべく広く開かれているからであった[★35]。しかし、こうしたロマン主義的かつプラグマティックな発言も、ほとんどのナチ党式典で見られた照明効果の驚異的な活用について、すべてを説明し尽くしてはいない。

ヒトラーにとって、オペラこそきわめつきの偉大な見せ物《スペクタクル》であった。舞台の幻想、音楽の魔法、またそれを取り巻く儀式、そのすべてをヒトラーは自分の構想に取り入れた。

「煌めく髪飾りと華麗な衣装をまとった女性が集ったウィーン・オペラの優美な光景を私

は決して忘れないであろう」[★36]。これこそ、ヒトラーの青年時代の劇場だった。ちょうどヒトラーの青年時代の建築が彼にとって真の自己表現を象徴していたように、一八九〇年代の芸術こそその創造性にふさわしかった。こうした美意識は第三帝国の祭儀に直接持ち込まれたし、ロマン主義と秩序、また古典主義的な調和と崇拝を象徴するものとなった。至極当然なことだが、ヒトラーの美意識は国民的祭祀《カルト》の発展と同時進行していた。なるほど、ヒトラーは一九二〇年代に流行した新機軸を採用している。たとえば、合唱劇《シュプレヒコール》であり、旗の結集であり、照明効果である。しかし、彼の基本的な保守主義は変わらなかった。

こうしたこともヒトラーに非常に有利であった。そのため、(たとえ礼拝しなかったとしても)カトリック教徒であったヒトラーにはお馴染みの、祭儀形式の永遠不変性を彼は高く評価できた。祭儀の変更は信徒をまごつかせ、その結果として祭儀の効力を減じることになるかもしれず、危険がつきまとった。すでにマルティン・ルターはこのことを熟知していたので、いかなる祭儀形式の変更にも長く躊躇した。第二帝政期とワイマール期に上から押しつけられた祝祭が成功しなかったことはすでに論じたとおりである。神話とシンボルの伝統的世界は、よほど慎重に構えなくては操作できるものではない。なぜなら、その世界とは人々が自らの生活世界を客観化する慣習を意味しているからである。神話は永遠であり健全かつ道徳的な宇宙を象徴せねばならないのである。

まさにこうした理由から、総じてナチ芸術とナチ文学は人気があった。「ドイツ芸術展」

の出展絵画はナチ党のいかなる圧力があったわけでもないのに飛ぶように売れたことはよく知られている。[37] 民衆は自分が支持するものを愛好した。同じように、第三帝国で産み出された文学も広汎な人気を博したが、それは文学が永遠不変の幻想をふりまく健全な世界を象徴していたからであった。ヒトラーの趣味は幼稚だと言われてきた。洗練された知識人の目から見れば、それはそうなのだが、ヒトラーの趣味は伝統的な民衆の理想にまったく調和していた。ヒトラー自身も、芸術的創造力として彼が定義するものの一部であった。「それゆえ、私がドイツ芸術について述べるときは、私はドイツ民衆における芸術の標準を考えている。それはドイツ民衆の性格と生活における、感性における、情緒における、そして発展における標準である」[38]。ヨーゼフ・ゲッベルスはさほどに危惧することもなく芸術批評を廃止し、民衆自身に芸術の判定を委ねた。ヒトラー自身の保守主義は完全に民衆の趣味と一致していた。この保守主義がまた国民的祭祀《カルト》を規定していたことを考えれば、その幅広い人気が理解できよう。ナチ党式典が打ち立てられたのは、まずそうした形式を可能にした伝統の上であったが、またその式典は複雑な産業社会で生活する住民の趣味も捉えていた。

民衆的な趣味は、確かに一八七〇年代以降ほとんど変化しなかった。ミリオンセラーの小説はそのよい例であり、十九世紀末のマルリットから二十世紀のヘドヴィック・クルツ－マラーまで基本的にはほとんど変わりばえしない内容だった。こうした作品は情緒溢れ秩序だった健全な世界を終始表現してきた。徳のある者があらゆる試練を乗り切り、上品な「思いやりのある心」の働きで外面的な富や権勢を拒絶することになっていた。願望はいつもこのようにロマンティックでしかも秩序だった世界の境界内で充足され、そこは「万物が所を得ており読者がただちにくつろげる世界」[★39]だった。これはまたヒトラーの世界でもあった。それはアルベルト・シュペーアが回想録でうまく描写したようなヒトラーの私的な宇宙であり、つまり儀礼とシンボルの公的な宇宙であった。

作家カール・マイが世界への目を開かせてくれた、とヒトラーが語ったことがある。一八九二年から一九三八年の間に七五〇万部売れたマイの小説は、アメリカ・インディアンの世界とオリエントを舞台にした冒険小説であった。マイのヒーローは法と秩序に身を捧げており、しかもそこでは美の世界が開かれ、人間の尊厳が重んじられていた。ヒトラーはヴィルヘルム期ドイツで幅をきかせたブルジョア道徳に引きつけられていたので、自分自身の欲動を統御して品格にまで到達するカール・マイのヒーローを絶賛した。[★40]マイの――とりもなおさずヒトラーの――ヒーローが保持し守り抜こうとした美徳とは、健全なブルジョアの世界を連想させるもの、つまり秩序、道徳性、「純潔な心」であった。しかし、ヒトラーは彼のマニ教的「世界を光明と暗黒の二元対立とした」世界観を失うことはなかったし、カール・マイのヒーローの暴力嫌悪を受け入れようともしなかった。マイをはじめとして、マルリット、クルツ-マラーのような流行作家は残忍な権力の乱用を非難していた。それは彼らにとって、総じて洗練された感情と対立するように思えたし、道徳的で秩序だった世界の危機にも思えた。しかし、ヒトラーはウィーンの青年時代に学んだような人種主義に影響されて、それとは別の考え方をしていた。

この人種主義は暴力的かつ野蛮であり、ランツ・フォン・リーベンフェルスやグイドー・リストを中心とした小セクトと結びついていた。こうした連中は定職も地位もなかったが、人種主義と神智学《テオゾフィー》［学問的知識ではなく直観によって神と合一を遂げ宇宙の本質を認識しようとする思想］を混ぜ合わせたものを宣伝することに専心していた。彼らの「哲学」なるものによって、アーリア人は秩序ある宇宙《コスモス》の顕現となり、その精神は自然の教訓を理解できる、とされた。リストにとって、キリスト教精神は古代ゲルマン人から真の「自然の叡知」を取り去り、秩序ある宇宙から民族《フォルク》に伝えられた純種の生命力を破壊したものであった。この生命力は神智主義者が考えたような創造的なエーテル［生命・宇宙の元素として仮想された精気］ではなく、アーリア人の生命力によって継承されるものとされた。また、太陽が宇宙の中心である以上、アーリア民族は太陽の民族とされた。ランツ・フォン・リーベンフェルスは「金髪の男権主義者双書」の副題を持った（ゲルマンの女神から名を採った）雑誌『オスタラ』を発行したが、ヒトラーがこれを読んでいたことはほぼ間違いない。[★41]『オスタラ』とリストを取り巻くサークルは金髪の民族と黒髪の民族の戦争、つまりアーリア人ととりわけユダヤ人の戦争を唱えた。劣等人間の人種要素が世界で暴威を振るっており、それによって「真の叡知」の顕現が妨げられている、とこのサークルは主張した。また、ユダヤ人「聖パウロ」がキリスト教精神を歪曲堕落させたのであり、イエス自身はアーリア民族の秘められた言葉をしゃべった、とされた。[★42] つまり、アーリア民族こそ宇宙の神秘を見抜ける唯一の人種であった。

ウィーンにおいて、ヒトラーは自らの政治教育にとって貴重な経験を積んだが、それを「世紀末《ファン・ド・スィエクル》」のブルジョア世界における道徳性と美的センスの賛美に結びつけた。国民崇拝の儀礼も当時の公的世界を構成するものであった。オカルト的なものと人種差別的なものを、ヒトラーは注意深く公衆の目から隠し、あるいは少なくとも世間体は保っていたが、それはヒトラーが精通した私的領域になった。ヒトラーのマニ教的善悪二元論はアーリア人対ユダヤ人に集中したが、演説でのアーリア人ステレオタイプの賛美やユダヤ人攻撃を除けば、こうした観念が祭儀に浸透することはなかった。彫刻や絵画においても、また集会や行進に参加している指導者の肥った下腹を見えなくするために照明が利用される場合にも、このステレオタイプは絶えず存在していた。[★43] 祭儀儀礼や「ナチ党やドイツ民族の」あらゆる自己表現において強調されねばならなかったのは、「肯定的な」ステレオタイプのほうであった。ユダヤ人のステレオタイプ、つまり「否定的な」ステレオタイプは式典やそのシンボル表現には決して使われず、祭祀《カルト》の外部、つまり新聞やパンフレットで広められた。邪悪さの典型と考えられたユダヤ人のステレオタイプが、国民崇拝を特徴づける美しさを損なうことは許されなかったからである。

ヒトラーがオカルトの力を信じたことで、世界を善と悪の戦場と観る彼の見解が深められたことは確かである。また、ヒトラーが自らの国民社会主義革命をこうした見地から考えていたことにもほとんど疑いの余地はないだろう。邪悪な既存秩序を打倒するために積極的な行動が求められたが、それは健全なる過去の復興の名においてでなければならなかった。ヒトラーの革命はいわゆる「代替革命」であって、社会的・経済的な根本的変革はいかなる意味でも含まれていなかった。むしろ革命は、「回復された世界」を創出し、真の道徳性を再生し、人々を一致団結させていた伝統的な力を覚醒させるはずであった。だから、敵は階級ではなく、近代性という邪悪な原理を象徴していたユダヤ人であった。ヒトラーの反ユダヤ革命は、国民的祭儀が体現した「肯定的な」世界を創出することになっていた。ヒトラーが自己の目的を達成するために必要な行動主義を絶えず抑制しようとしていたのは、この「肯定的な」世界のためである。しかし、行動主義と調和と秩序の原理との間の緊張は、党が直面した諸問題においてのみならずヒトラーの人格自体にも内在していた。秩序が終始叫ばれながらも、敵としてのユダヤ人はあらん限りの手段で闘わねばならないオカルト勢力とされ、ついには公然たる戦争での決着に至った。

ヒトラーは「狂信的信念」の見地から、そうした行動主義の必要性を認めた。「もしも変革の推進力が狂信的、いやヒステリックな情熱ではなく安寧秩序を唱えるブルジョア的な美徳のみであったなら、世界における偉大な変革の行動など想像さえもできないはずである」[★44]。ヒトラーの一九二四年のこの発言は、すでに論じてきたようにヒトラーが「世紀末《ファン・ド・スィエクル》」の安寧と秩序を具現した建築を称賛したことやヴィルヘルム期の道徳性を正しいと確信していたことと矛盾するかもしれない。しかし、ヒトラーはあれかこれかの理想のためだけに奮闘したのではなかった。むしろ彼はブルジョア的な美徳と美意識に排外主義的な信念の熱狂を吹き込もうとしていた。彼が何度も語った「信念の深さ」はこれを意味していた。ヒトラーの思想形成において伝統的なものとオカルト的なものは両方が互いに必要としていた。

ごく個人的な思索において、ヒトラーは神智学と関連した自然神秘主義に向かうことが多かった。一九二〇年代後半に、彼は自然の不思議な力――その力を誤って昇華させたのが文化である――が人間の夢の中に顕現するという仮説をかなり詳細に論じた。知識はいま一度「神秘科学」の様相を呈するに違いない、というのだ。一九三二年から三四年までの危機の時代にヒトラーが述べたところでは、「知識がいま一度神秘科学の様相を帯び、万人の手の届くもの（所有物）でなくなったとき初めて、知識は本来持つべき機能を取り戻すであろう。すなわち、人間性および超人間的自然を支配する道具としての機能である」[★45]。ヒトラーはその「神秘科学」を自分の心に暖め、せいぜい親しい側近と論じるだけであったし、ユダヤ人の悪魔的な力の特徴を明らかにするときにのみ、それを公の場で口にした。それゆえ信念の肯定的シンボルの安定性は決して損なわれなかった。

こうした考えは、ヒトラーが抱き続けた伝統と「純種なもの」――風景と民族《フォルク》が象徴するもの――への憧れを示しているのかもしれない。しかし、この民族《フォルク》概念はヒトラーの美意識を満たした古典主義的なものよりも、むしろ古代ゲルマンの神話と人種主義に関連するものと思われる。しかし、ここでもヒトラーは異なる諸伝統を融合させた。たとえば、ヒトラーはローマ軍団を打破したヘルマンこそドイツ統一を予示したと信じていたが、実在のヘルマンはローマ文化をすでに体得していた。実際、ドイツの前史はギリシア・ローマに基礎づけられていた。[★46] 新古典主義が基調となったまま民族概念の外観を決定していた一方で、古代ゲルマンの神話はヒトラーの人種主義的でオカルト的な信念とともに手つかずで温存された。

　ヒトラーは音楽劇を言語劇よりも愛好したし、こうした彼の好みについては証拠に事欠かない。彼はまた、発話言語を記述言語よりも好んだ。それではいったい、演説と祭儀劇の関係はどうであったろうか。およそ十分に完成された祭祀《カルト》においてならば、演説は行事内容の統合要素、つまり儀礼の一部にすぎない。一方、ヒトラーの演説は単なるスローガンや言葉の反復以上のものを含んでおり、計画的に運用されることが多かった。[★47] 式典の進行を邪魔しないように地方指導者の集会演説は十五分以内と指示されていたが、ヒトラー自身の演説は非常に長い時間続けられた。実際にヒトラーの演説が集会の中心であり、その前後で民衆の参加行事が行われた。長時間にもかかわらず、ヒトラーの演説は全体的演出と祭儀のリズムによく統合されていた。それはバロック時代の教会で、有名な説教師の説教が果たしたような機能であった。

この統合はヒトラーが大衆と一緒に行進し、ただ演説をするためにだけ出現する式典へと公式化された。[★48] 一九三三年二月に行われたヒトラーの最重要な演説の一つを収録した映画は、わずかの例外はあるものの、指導者よりもむしろ群集に焦点をあてていた。[★49] この事情に詳しいアルベルト・シュペーアによれば、国家元首であれ他の指導者であれ、一個人が儀式に及ぼす影響力を抑制することがヒトラーの狙いだった。式典自体が独立した生命を持たねばならなかった。ヒトラーは自惚れもあって、自分の後継者が自分のような魅力を持つと考えることができなかった。それゆえ、儀式が主導権を握らねばならなかった。そうなれば、将来の総統《フューラー》が「ボンクラ」であったとしても、何ら問題ではない。彼はこれまでどおりに国民的儀礼に導かれていけばよいのである。[★50] こうしたヒトラーの考えは次のようにも読み取れる。「祭儀はその演出と一緒になって、政治システムの存続を可能にする」。そのため、ヒトラーは英霊顕彰式典やニュルンベルクでのヒトラー青年団《ユーゲント》の行進のようないくつかの儀礼を「確定的」なものと選定し、それ以外の儀礼をただ「暫定的」なものとした。[★51] 祭儀の自律性というこの原則はいつもうまく機能したわけではなかったが、それでもヒトラー自身の考えでは、指導者と民衆《フォルク》の対面は決して個人崇拝《カルト》に堕してはならないものであった。

指導者の機能が式典全体に統合されたことは、演説のリズムと構成によってもうかがい知れた。ヒトラーはいつも「明快さ」を力説し、彼自身の世界観をナチ党『二十五箇条綱領』に凝縮したことに満足の意を表明した。[52] しかし、「明快さ」とは、いっさいの妥協を拒絶する形式の厳格さも意味していた。ヒトラーの政治原理「民衆は握手を理解しない」は、彼の言葉となって表れている。[53] 彼はダヌンツィオの以下の発言に全面的に賛同したはずである。「言葉は女性的であり、行動は男性的である。それゆえ言葉は行動にならねばならない」。[54] ヒトラーの演説はその語彙、修辞的疑問、明確な断定によって、事実こうした行動であった。そのうえ、彼の演説は聴衆が歓呼で参加できる一定したリズムを持っていた。

このリズムは好戦的かつ攻撃的であり、特に非常に印象的な抑揚を必要としていた。ヒトラー自身、演説とはハンマーを連打するようにして、民衆《フォルク》の心の扉を開けるものだ、と書いていた。[55] ヒトラーの演説は論理的に構成されていることが多かったが、内的な論理は声のリズムと躍動でぼかされていた。このため、聴衆は演説の論理を情緒的に感得していた。つまり、実際の内容を把握するでもその意味を熟考するでもなく、聴衆は闘志と信念のみを感じ取った。群集はよどみない弁舌そのものに心を奪われ、演説の内容を吟味するどころか演説を「生きた」のである。演説の構造は、イデオロギーを生きるという経験全体に不可欠な役割を果していた。その強烈な影響力のため、聴衆が批判的に距離をとることは困難であった。[★56]今でこそ、こうした演説の効果を私たちは構造分析によって把握できるのだが、ヒトラー自身は演説の構造を検討したわけでもなく意識さえしていなかった。ヒトラーは演説を大変な緊張の中、突然に猛烈な早さで書き取らせた（この口述筆記のために二人の秘書が常時必要とされた）。[★57]この仕事のやり方は演説の儀礼的効果を高めたに違いない。なぜなら、ここでヒトラーはまさにヒトラーらしく、彼が聴衆と共有する信念を明快に表現していたからである。ヒトラーの公的な演説は、いくぶん異なった祭儀の演出があったとしても、ムッソリーニの演説とほぼ同じ形式を採用していた。

かくして、ヒトラーの演説は行動であり、国民的自己表現の儀礼をドラマ化するのに不可欠な要素であった。多くの自由主義者や社会主義者の演説とは違って、ヒトラーは演説で説教を垂れたりせず、むしろ聴衆と共有する信念を明確に持ち出した。ヒトラーはギュスターヴ・ル・ボンの影響を強く受けており、[★58]『群衆心理』の格言に従った。曰く、指導者は共有された信念の統合要素でなければならない。曰く、指導者が実験したり新しいものを取り入れたりしてはならない。ヒトラー自身の実験と新機軸は、すでに広く受け入れられているものの効力を高めるため、つまり言葉を行動に変えるマニ教的二元論を導入するためだけに存在した。

演説がそれ以外のシンボル群の中の一シンボルにすぎないことは、地方のナチ党儀礼を見れば一目瞭然である。そこでは指導者の形式的演説よりも、短いアピールや信仰宣言に力点が置かれた。こうした式典では、指導者は共同体意識に声を与えるだけであった。ヒトラーもこうした機能を果たしたわけだが、彼の役割はもっと重要であった。というのも、ニュルンベルク党大会でただ一人永遠の炎に向かい歩を進めるときのように、ヒトラー自体が他のシンボルと交感できる生けるシンボルであったからである。だが、シンボルとして、ヒトラーは全出演者《アンサンブル》の一人であり、フェルディナント・ラサールやカール・ルエーガーなど過去の指導者のように、唯一人で超然として立っていたのではなかった。「整列行進《アウフマルシュ》」、稽古された群集の動作、炎、照明効果、そしてヒトラーの演説が劇的な一つの全体性を形成していた［図78］。実際、ヒトラーは自分の公的生活、さらには周囲の私生活をも「生けるシンボル」にふさわしくアレンジしていた。

ヒトラーがまさに一貫して明瞭かつ率直であったことは、たとえ体現しているのが人間であろうと、シンボルなら当然持つべき単純性と明快性の特徴を示していた。ヒトラーが身につけた装飾は簡素なものであった。それは褐色のシャツ、鉤十字、国防軍最高指令官としては柏葉勲章《アイヘンラウブ》であった。ヒトラーはまったく私生活を持っていないとされており、家長のシンボルとなることもなかった。国民的祭祀《カルト》の見地からすれば、こうした配慮は取るに足らないことであったかもしれないが、ヴィルヘルム時代における社交と式典の交錯が想起されていたに違いない。真剣さはどんな祭祀《カルト》にも必要とされていた。すでにルソーが

図 77　1935 年ナチ党全国党大会における軍楽儀礼とライトアップ。

図 78　ミュンヘン・ルイトポルト競技場でのナチ党英霊顕彰式典。

公的祝祭の必要性を唱えたのは、見せ物や軽薄な娯楽から人々を引き離すためであった。[59]
［第三帝国でも］ブルジョア的道徳性は支持されたが、公的生活ではいかなるブルジョア化も見られなかった。なぜなら、ブルジョア的道徳は「心地よさ《ゲミユートリヒカイト》」と混同されがちであったからである。そのうえ、総統《フユーラー》が家族に囲まれて普通の生活を過ごしていようものなら、結党以来絶えず誇示してきた「男子結社《メナーブント》」としてのナチ党イメージと齟齬をきたしてしまったであろう。[60]力強さと男らしさの保持は、シンボルの積極性において決定的な要素であった。ヒトラーは当然のことだが、オットー・ヴァイニンガーの『性と性格』（一九〇三年）を読んでいた。その中で、太陽は男性的なものとして称賛され、女性的なものはその薄暗い反射光にすぎないとされた。[61]人間をシンボルに変換することは、大変効果的であり、時に民衆の想像力は浅黒く黒髪のヒトラーを［ゲルマンの］理想型に変えてしまった。「総統《フユーラー》は金髪碧眼だ」という驚くべき数の発言が存在した。[62]この場合、夢は現実になったのである。

夢と幻想の世界は祭儀によって具現化されることで、何百万人という人々の心を捉えることができた。しかし、その世界は現実と隔絶して存在していたのではなかった。つまるところ半分はイデオロギーに、半分は組織にあてられていた『我が闘争』の記述では、プラグマティックな側面が浮かび上がることになった。ナチ祭儀は生活の全体的組織化に基礎づけられていた。つまり、誰しも党の統制下にある無数の集団の一つに所属することになっていた。こうした組織は指示された活動の枠組みを提供するが、そこでも社交生活は排除されていなかった。確かに、「礼拝の時間《ヴァイエシュトウンデン》」がこうした集団で行われたが、それは特に青少年を対象としていた。しかし、それとは種類の違う活動のほうが圧倒的であった。ヒトラーが自己の世界観の実現について語ったとき、それは式典や集会のみならず党の指導下に「万人」を組織化することを意味していた。こうした組織化は権力掌握への過程で、すでに党員に対して行われていたが、その徹底はナチ党が権力を握って初めて可能になった。

革命的な国民社会主義者が体制エリートになり、第二帝政の体制エリートが直面したのと同じ困難にぶつかったとき、この組織強化は決定的な意味をもった。躍動的《ダイナミック》なものに立脚した運動においては、そうした困難はより深刻なものであった。祭儀への倦怠はすでに一九三三年以前にも露呈していたが、それ以後ははっきりと顕在化した。これについては、プロテスタント地域のハノーファーとカトリック地域のラインラントの例を示すことができる。一九三三年には早くも当局は人々の「倦怠と消極性」について苦言を呈していた。また、党主催のあらゆる集会、式典、文化の夕べ、クリスマス祝祭は「ありがた迷惑なもの」になっていた。★63「盲目的愛国主義《フラーパトリオティスムス》」、つまりヴィルヘルム時代風のけばけばしい愛国主義、すなわち祭祀《カルト》の潜在的勢いを無視した形式主義にナチ党は陥りがちであった。それにもかかわらず、一九四三年になおもナチ党が民衆の熱狂を再活性化させるために盛大な政治的催しを始めたとき、本書ですでに分析してきた手段が再び最重要視された。トリーアだけで九二〇〇人参加の二つの大集会、延べ二万人を動員し、「礼拝の時間」、ヒトラー青年団《ユーゲント》の「整列行進《アウフマルシュ》」を伴った七一の公開集会、が行われた。[★64]

組織と祭儀は一年を満たす季節のリズムとなった。ヒトラーは、祝日とされた祭典に関する法律を公布した。ナチ党の日程表がキリスト教暦に取って代わることになったが、キリスト教暦のリズムはそのままにされた。ナチ党のカレンダーでは［三月十六日の］英霊顕彰式典、［六月二十一日の］夏至の祝日、［五月一日の］労働の祝日などがキリスト教の伝統的祝日である聖霊降臨祭や聖母昇天祭と混在していた。[★65]だが全般的に見れば、「礼拝の時間」への参列や家庭での党旗掲揚など全員の参加が求められた独特のリズムをナチ党のカレンダーは持っていた。こうした国民社会主義時代の行事日程をヘルネ市［デュッセルドルフ近郊］の編史家は細かく書き残している。絶えず繰り返される祝祭のサイクルが整えられた。党の人種問題専門家が神話の刷新についてうやうやしく語り、伝統的祝祭は背景へ退けられねばならなくなった。クリスマスは徐々に冬至の祝日へと解消された。ヒトラー青年団《ユーゲント》はもはやクリスマスキャロルを歌わず、「晴天の聖夜」Hohe Nacht des hellen Himmels を歌った。[★66]

特に学校と党組織においては、朝礼や夕礼や党旗掲揚など日常的な慣行に祝祭を組み込む試みが行われた。一九三五年から三六年にかけてデュッセルドルフの中等学校の講義はナチ党の祝祭と式典で一九回も中断された。[★67] このようにして、祭祀《カルト》儀礼としての祝祭は、組織と日常生活に組み込まれた。ヒトラーは組織化のプラグマティックな要求と礼拝の儀礼との間にいかなる明確な区別もしなかった。国民的祭祀《カルト》は健全な世界を復興するための政治的に不可欠なものとして、ヒトラーの思想を貫いていた。ムッソリーニが「政治は芸術のごとくでなくてはならない」と言ったとき、それは政治的決断が芸術家の創造性の特徴を持たねばならないことを意味したのであって、政治的祭儀を念頭に置いてはいなかった。[★68] しかし、ヒトラーは自分自身を芸術家と見なしており、その精神は文筆的というより映像的であった。ムッソリーニはいわゆる「頽廃芸術」には関心がなかったし、芸術的実験にも反対ではなかった。ヒトラーの文化に関する演説が示しているように、ヒトラーは、芸術が生活と政治を表象すると考えていた。それゆえ、ナチ党の政治においてヒトラーの美意識は重要で、いや実際のところ決定的であった。政治様式は世俗的宗教と一致し、特有な美の概念に基づき、祭儀形式によって表現された。

すでに国民主義の祭祀《カルト》は熱烈な支持者を見いだしていた。ナチ党祭儀の本質は本書で論じた多様な形式すべての繰り返しであった。「ドイツ芸術館」の除幕式で山車《だし》とともにヒトラーの前をパレードした行列のように［図74］、ナチ党の行進はさまざまな協会が各々の祭典で行った行列と比較できる。整列行進《アウフマルシュ》、合唱劇《シュプレヒコール》、信仰告白、動作合唱、すべてしかりである。舞台装置も、聖なる空間、それを取り巻く建造物、照明効果、旗も炎もすべてお馴染みのものだった。礼拝を皆が担っているという雰囲気を創り出し、また積極的に参加することによって「傍観者でなく、ただ行為者であれ」のスローガンが実行に移された。こうした礼拝が中世キリスト教的な民衆の行き過ぎを彷彿とさせることもあった。たとえば、一九三三年デュッセルドルフ市は、アルベルト・レオ・シュラーゲターの聖遺物を祀る本物の崇拝《カルト》を創り出した。シュラーゲターはフランス軍のルール占領下でサボタージュの容疑で処刑された。彼が寝たベッドが再現され、ヒトラーはシュラーゲターの心臓を貫通したとされる弾丸を収めた銀の聖遺物箱を市から贈られた。[★69] だが、常に翻っている「烈士の御旗」がより受け入れやすいシンボルをもたらしたので、聖遺物崇拝は長続きしなかった。

しかし、「礼拝の時間」さえシンボル表現においては絶えず手の込んだものになっていき、聖遺物崇拝に似た、誇張された形式に到達することもあった。ナチ党が洗礼の代用とした「名前の聖別」は、中心に祭壇が置かれた特別な部屋で執り行われた。祭壇ではヒトラーの肖像がキリストの聖像に代わり、三人の親衛隊員が祭壇の後ろに控えて立った。まさに彼らの存在こそ体制《レジーム》がその誕生を望んだ新しいタイプの人間を象徴していた。祭壇の両側には火が点された聖器と「生命の木」が配された。[★70] この儀式は本書で扱ったシンボル表現の展開のかなりの部分を要約している。人間の体型に具現された美の理想型、聖なる炎、木のシンボルがそれである。[★71] 第三帝国が終始ヒトラーの身体を必要としたように、ヒトラーの肖像はこのシンボル体系に不可欠な要素であった。キリスト教とこの世俗的宗教の類比《アナロジー》を完成するためには、聖遺物箱のみが欠けていた。行進曲を奏でる小さな楽隊が群集にふさわしい気分を保つに十分であった初期集会の時代からナチ党がいかに遠ざかってしまったかを、この儀式は示している。

国民崇拝の律動《リズム》は、政治を民主主義的信念と定義することに役立った。この信念において政治はあらゆる人間活動に入り込まねばならないものとされていた。ヒトラーの美意識は国民的祭祀《カルト》のあらゆる面を強化したにとどまらない。彼の保守的な美意識は、彼の誕生のおよそ一世紀も前から成長してきた国民的祭祀《カルト》の歴史的展開と一体化したのであった。

第九章　政治的祭祀《カルト》

大衆を国民主義へと教育するのは「社会的高揚」だけだというのは、ヒトラーの最も強い信念だった。それはつまり、民衆が国民国家の文化的成果に与《あずか》るということであり、アーリア人種を基盤とする正しい文化環境によって新しい人間類型が創造されるということであった。[★1] 政治的祭祀《カルト》は、この環境を具現したよい例であり、またその祭祀《カルト》自体が民衆の真の自己表現であると称せられた。しかし、我々が映画や写真で今日目にするナチ党の大衆集会はその［当時発揮した］効力を失っている［図77、78］。確かに、ニュルンベルク・スタジアムの傍らの炎、巨大で圧倒的な多くの旗、行進とシュプレヒコールは、現代の観衆にもスペクタクルを繰り広げてみせる。それは、ヒトラー自身毎夕とても楽しんで見ていた一九二〇年代、三〇年代のアメリカ製ミュージカルのスペクタクルと似ていなくもない。しかし、常にスペクタクルであったわけではない。参加者にとって何よりも重要だったのは、その象徴的内容だった。つまり参加した崇拝の儀礼的表現こそ、帰属意識にとってまったく決定的なものであった。そうした式典についての記述、あるいは記録写真さえも、現実に参加することからくるこの高揚感を捉えることはできない。党主催の大衆式典、公的祝祭、「礼拝の時間」は、新しい政治宗教の直截な具現化だったのである。

この「新しい政治」——本書ではそう名づけた——は、伝統的キリスト教儀式を多く改作し、またその連想のために幾分はキリスト教以前の異教時代にもさかのぼった。さらに、古典主義の影響は決定的重要性を持っており、実際、美と形式の理想はそれによって支配されていた。

ここで、この世俗祭祀《カルト》全体を本源的に規定したキリスト教の典礼形式の空間概念とその利用に立ち戻って考察してみよう。シンボリックな行為のみが行われる「聖なる空間」の観念は、原始時代、またやがてキリスト教に取って代わられる異教的崇拝にまでさかのぼる。そのような空間は、有史以来、祭儀行為に必要な前提と考えられてきた。「新しい政治」は、儀礼的演説をはじめパレード、行進、体操演技、ダンスで、この聖なる空間を満たす効果的な方法の一つと見なしてよかろう。こうした空間はドイツでは一八一五年のライプツィヒ会戦戦勝祝典からニュルンベルクのナチ党大会に至るまで取り入れられ活用されたが、その周辺地域からは明確に切り離して限定されねばならないものであった。この空間を創ろうとする試みは、体操家がベルリン郊外［のハーゼンハイデ］で最初に演技した「祝祭草原《フェストヴィーゼ》」から始まり、国民的記念碑の建立を経て、ヒトラーの［構想した］大会堂［図37、38、76］にまで至る。内容の変化または政治観の相違にかかわらず、国民主義的祭儀全体の一貫した発展を本書は提示してきた。この発展こそ、「新しい政治」を近代史の基盤たらしめたものである。

しかし、「新しい政治」の内容と形式は、その成功の一部を説明するにすぎない。国民統一への、またこの政治が表現した類《たぐい》の共同体への熱望は、当時の社会的諸要因と結びついていた。そうした諸要因についてはほとんど解明されていない。しかしながら、「新しい政治」の影響の及ぶ範囲が、しばしば草の根レベルでヨーロッパの右翼に活力をもたらすといわれる周辺的階級、つまり、小農民、小店主、自営職人、不完全就業の専門職、ホワイトカラー、そして低賃金の公務員に限定されていないことは明白であろう。また「新しい政治」の影響の及ぶ範囲は、政府の助成金や関税、内国税に頼って生活し利益を得ている人々に限られるということもなかった。[★2] 実際、ほぼヨーロッパ全域でこうした階級を超えて右翼は形成された。たとえばフランスでは、十九世紀から二十世紀への転換期、政治的右翼に指導された大規模な労働者階級の運動が起こった。[★3] プロレタリアートは厳しい疎外状況にあったので、彼らは反革命に深く巻き込まれないという予断は受け入れ難い。この予断に従えば、相当数のヨーロッパの労働者が誤った意識を示したことになる。右翼の原動力は、決して、その基盤であると誤解された諸階級のような周辺的なものではなかった。

労働者もまた「新しい政治」に引き込まれたことはすでに述べた。この政治は事実、

(常にではなかったが)大いに階級横断的であり、国民統一の理想は下方に広まり、下層階級も、たとえばスポーツ組織や男子合唱団をとおして、「新しい政治」に引き寄せられた。どれほど多くの人々が引き寄せられたかを正確に示すことは不可能だが、労働者階級の過半数を囲い込んだとまではいかなかったとしても、その数が少なくなかったことは確かである。だが結局、確実なことは、ナチ党において労働者は十分な比率では代表されていなかった。一九三〇年、労働者はナチ党員の約二一パーセントを占めていた。[★4] しかし、選挙の統計より遥かに重要なことは、ワイマール共和国の末期には社会主義政党そのものが国民主義的雰囲気に配慮せざるを得なくなっていたという事実である。

共産主義者たちは、今や積極的に国民主義者の票を右翼と奪い合った。社会民主党でさえ、自分たちも国民主義的で反ユダヤ主義的な雰囲気の蔓延に譲歩せざるをえないと感じていた。この状況の鍵となった要因は、敵をも自分たちの土俵で議論するのを余儀なくさせた国民社会主義者の手腕であった。[★5] ナチ党が政治的議論の領域確定にかくも成功したことは、彼らの自負した成果のみならず、国民主義的アピールの魅力をも示している。確かに、「新しい政治」の伝統は深部に効果をもたらしていた。一九二五年に催された労働者の祭典において、彼らの支持する共和国が金髪のゲルマン人の過去につなぎとめられていた様子は、すでに見たとおりである。

にもかかわらず、特にドイツ統一の過程において、大衆は常に「エリート政治時代の偉大なる成果の、もの言わぬ、理解力のない証人」であった、と考えることはなおも可能である。[★6]しかし、そのような所説は、「新しい政治」が、こうした「もの言わぬ」大衆の多くを深く巻き込んだことを否定するものではない。大衆はドイツ政治の当面の成り行きに影響を及ぼさなかった。政治の進路はビスマルクやヒトラーといった人間によって方向づけられた。しかし、大衆もまた簡単には無視できない存在であった。「新しい政治」は、ときとして漠然と政治的世論と呼ばれるもの――それはたいてい新聞に印刷されたことの議論によってのみ伝えられるのだが――を結晶化した。もっとも、こうした世論が常に個人や小集団によって統制されていた事実はいうまでもない。このように、「新しい政治」をとおし、多くの民衆が組織的政治勢力に編成されたが、この政治勢力は確かに民衆が共有した秩序、幸福、そして国民統一への願望を表現するものであった。

「新しい政治」の社会的起源をさぐるならば、精神的要因の魅力を忘れてはならない。人間の孤立化は工業化社会によって加速されたが、孤立からの出口がそれを生み出した社会経済的要因によって必然的に確定されるわけではなかった。ホイジンガが、「ある理念を現実の存在であると認めると、理念を生き生きと目にしたくなり、それは理念の擬人化によってのみ果たし得る」[★7]と書いた十五世紀と同じく、十九、二十世紀においてもなお、感情に形式を与えることは重要であった。有史以来、聖なるものの可視イメージを提示するだけで、信者は聖なるものを真理と確信した。「新しい政治」の明らかな階級横断的魅力は、内容こそ雑多であっても、そうした永久的で時間を超越した願望によって説明できる。「神話的シンボル表現は感情の具象化に至り、神話は人間の望みと恐れを具現し、組織し、それを万古不易の作品へと変身《メタモルフォシス》させる」[★8]。

そうした永久不変の作品が新しい政治様式の本質であった。ここにおいて人類学が有用となる。ある意味において、国民的記念碑は十九、二十世紀のトーテム・ポールであった。社会の偉大な顕現《マニフェステーション》は無意識の実存レベルに源を発するという、クロード・レヴィ＝ストロースの断言は疑いなく正しい[★9]。世界を説明し、そのディレンマの解決を約束するシステムに向けて、人間はこのような顕現を促す。その顕現自体は物質的なものだとしても、理念をいっそう抽象化したものにすぎない。形式《フォルム》は内容を与えられ、内容を伝える。神話とシンボルは実生活の意義を奪う機能は持たないとしても、社会生活を説明するものとなった。マルクスならそう呼んだであろう「客観的現実性」が舞台を設定し、神話とシンボルの作動する限界範囲を明確にする。実際のドイツの政治的状況では、神話とシンボルの内容を決定し、それを国民主義と結合することが事実きわめて重要であった。労働者運動は、「新しい政治」の形式の多くを、また国民主義の政治形式さえもいくらかは受け入れたが、その形式にプロレタリアートの状態にちょうどふさわしい自由の概念を注入していた。

しかし、内容の変化にもかかわらず、形式と基本的前提はそのまま残された。すなわち、健全で幸福な世界への憧れ、そして全員参加が可能な政治の美学で具現される真の共同体への憧れがそれであった。レヴィ＝ストロースが「宇宙のリズム」と呼んだものは、人類に原初からずっと取りついているものだが★10、平たく言えば、永遠への、そして無常の世の確固たる標《しるべ》への願望と定義できよう。

大衆運動の成長した時代において、「新しい政治」は大衆を組織する方法、つまり混沌とした群集を大衆運動に変える方法となった。これは、フランス革命期の食料暴動のような、特定の不平不満を訴える単なる抗議運動——中には遠大な目標をもつ政治的示威行動となったものもあったけれども★11——ではなかった。「新しい政治」は、むしろより恒久的な願望へ訴えた大衆政治の形式であった。また、神話、シンボル、そして審美的政治でその願望を実体化しようとするものだった。新しい政治様式は、統治者と被治者をつなぐ代議制議会統治のような媒介的制度に取って代わろうとしていた。

ベニト・ムッソリーニは、あらゆる革命に必要な神話と儀礼について語ったその口で、群集を秩序なき羊の群れになぞらえたが、それは決して偶然ではない★12。群集を組織しようというこの衝動は、大衆政治の現実的帰結であるのみならず、歴史への傾倒の産物でもあった。フリードリヒ・ルートヴィヒ・ヤーンをはじめ多くの者は、祝祭は自発的に催されるべきで、強いられたものであってはならないと信じた。つまり、永遠の、時を超えた願望を同じく不朽のシンボル形式で表現するために、祝祭は歴史と伝統に結びついていなくてはならなかった。ではなぜ、この歴史的次元への傾倒がおりしも十九世紀の始まりにおいて、かくも差し迫ったものとなったのであろうか。

歴史上の各時代において、時間は常に同じ速さで流れてはいない。時間はコミュニケーション手段の改善と、工業化世界の速い生活のテンポによって加速される。十九世紀初頭はこうした時期にあたっていた。都市では「のんびりした」田舎よりも時間が速く過ぎるという漠たる念は誰しもが持っている。そのような時間の加速は、いかにして混沌《カオス》を避けることができようか。芸術と美の永遠の形式は、いかにして生き残ることができようか。ゲーテは『ファウスト』の序文でこの問題を熟考した。新聞で今日の最新ニュースを読んできたばかりの観衆が劇場に入るとき、真理を明かす久遠の詩情は、そしてまた、人間の想像力は、いかにして生き残ることができようか。心急《せ》き、心ここにあらざる人々。もはやいかなるときも想いに浸ることはない。[★13] 一七九〇年から一八〇八年にゲーテが酷評したものは、時代の新しい速度だった。新聞は十九世紀をとおして、そのシンボルとなった。根源と永続性を求める者は、新聞を真の文化に対する邪悪な力と非難していた。

歴史への問いかけは、時間を整然とまとめ、その速度と折り合いをつける一つの方法だった。かくして歴史の強調は、神話とシンボルに必要だっただけではなく、加速する時間の流れの中で秩序を保つことにも役立った。ヴィンケルマンが提示した美のギリシア的理想は、そのまま歴史に組み込まれたが、それは当時の速さと気ぜわしさに鋭く対立する高貴な簡素さと静かな偉大さの範例であった。「新しい政治」は大衆政治の時代を、つまり歴史と時間への新たな傾倒を反映していた。

しかし、ここでも視野を狭めてはならない。「新しい政治」の発展を目の当たりにした時代には、代議制統治もまた信頼されていた。ベネデット・クローチェは、一九三一年になってもまだ、十九世紀を偉大な自由主義の時代と見なし、「新しい政治様式」が最初の試練を受けていた時代（一八一三―三〇年）を絶対主義に対する議会制統治の勝利と理解していた。[★14] その時代を生きた多くの人々がこのように感じたことは疑いようもない。

そのうえ、ドイツ人すべてが国民統一を望んだわけではなかった。分立した各ドイツ邦国の主権の存在を信じ、国民統一へのプロイセンの努力を非難する立場の勢力も少なからず存在した。そうした見解の人々もまた本書の分析の対象外であった。国民統一の追求だけを取り上げて、ドイツ史全体を考察することはできない。多くの自由主義者、保守主義者、そして社会主義者さえもが、経済や社会構造、または地域的独立といった別の諸問題に傾倒していた。本書では近代ドイツ史のたった一筋の糸を問題としてきた。このように、最初から自明であるはずのことをここで再度繰り返して述べることは必要だろう。なぜなら物事の起源の究明を試みる者には、自分の主張を「絶対」化しようとする傾向があるからである。

自由主義者、社会主義者、実証主義者などすべての人々は、自分の生きた時代の政治について異なった認識をしていた。本書で取り上げた彼らの現実認識は、国民主義、大衆運動、そして究極的には国民社会主義との関連ゆえに特に重要に思える。本書で分析した人間と運動は、その社会的基盤がいかなるものであったとしても、この国民主義の文脈に位置づけられた。最近では歴史家は、文化よりも個々の集団の経済的目的、そして国民主義のような運動の実際の要求と成果に、より関心を示すべきだと言われている。[15] これは一つの正当な研究手法である。しかし本書で示そうとしたように、国民主義と国民社会主義のリアリティは、高度に様式化された政治を通じて、多くの、おそらくほとんどの人々に示されたのであり、このようにして人々を運動へと組織することに成功したのである。

中欧においては文化的経験が政治的現実だったということも、また忘れてはならない。世界精神が国民文化を構成するというヘーゲルの主張は、[16] イギリスまたはアメリカ合衆国では広く共有されなかった特殊な伝統のなかで意味を持っている。精神は文化を形成し、文化は国民を形成する、とヘーゲルは述べた。ドイツにおいて、この考えが、しばしば本書で引き合いに出した「祖国は汝の内にある」という敬虔主義の伝統の深さを反映していることは疑いない。十九世紀初頭にこの主張はアルントやヤーンのような人々によって提唱された。そして劇作家ハンス・ヨーストは国民社会主義に転向した際（一九二二年）、この主張を繰り返した。「ドイツ……？　何処にはじまって何処に終わるのかは誰にもわからない。この世には、おお主よ、境界はないのだ。……それは人の心の中にある、さもなくば何処にも決して見つからないだろう」[17]。ロベルト・ミンダーはこれを、舞台裏をのぞくばかりで幕の前には現れないというドイツ人気質ととらえた[18]。そしてナチ党指導者たち（とヒトラー）は、そうした内省の姿勢によってのみ美と魂の理念が政治に具象化されるのだと理解していた。

本書は、政治理論の伝統的範疇に収めることはできない文化現象を問題としてきた。文化現象は、哲学的著作の理路整然たる分析で理解可能な、論理的または一貫したシステムとしては構成されてはいない。本書で扱った文化現象は、世俗宗教、つまりは、原始時代あるいはキリスト教の時代から続いたものであり、神話とシンボルをとおして世界を見、祝典と祭儀の形式のうちに希望や不安を表現するものであった。

「新しい政治」はドイツを国民的記念碑と公的祝祭で満たした。それは、意識的にまた無意識のうちに何百万もの人々がそこに安息の地を見いだした願望の具現化であった。また本書は、第三帝国が失業問題の解決や外交における具体的成果なくしても成功し得た、と主張しているわけでもない。しかし、ナチ党政治をナチ党員自身が見たように見るのに役立つだろう。この場合、祭儀はとりわけ決定的な要因の一つである。祭儀は社会的諸勢力よりもなお根本的なものである、そう見なすことができるかどうかは、我々の人間観によっている。たとえば、人間生来の性善と理性を信じるならば、「新しい政治」は単なるプロパガンダや人心操作ということになろう。

ある深遠な潮流が政治の概念を特徴づけたことを本書は示そうとした。その中に非常に多くの人々が真の民主主義の表現を見ていた。しかし、第二次世界大戦後にも、ドイツの内外を問わず多くの民衆が、そう考えようとし続けていたかどうかは確認し難い。[19]

確実なことは、本書で論じてきた国民的記念碑や祝祭の多くが、結果的にはその魅力を失ったことである。国民的記念碑のどれかを訪れて時間を超えた美を連想する者が今なおいるかどうかは疑わしい。そうした政治的、そして審美的な前提すらもはや我々に共有されてはいない。「新しい政治」の著しい顕現は、ある時代に限定された、流行遅れのもののように思える。

しかし、こうしたすべての事実にもかかわらず、人間性に不可欠なものと見なされる全体への根源的憧れと具象化の欲求を今日もなお、相当数の人々が共有しているのかもしれない。いまだに、生命の全体性へのあこがれというものは存在し、それは神話とシンボルに密接に結びついている。政治と生活とは互いに浸透するはずであり、それはあらゆる生活様式が政治化することを意味している。文学、芸術、建築、そして我々の環境すらも、政治的態度の表象と見なされる。議会制統治がうまく機能していないように見えるとき、政治を包み込む全体性としての文化の理念に、人は回帰しがちである。[20] そのような環境下では、現実世界の圧力が文学的想像力に重くのしかかり、芸術的創造力が抑えられて、政治の証《あか》しへと変形されるが、それを気にする人はいなくなる。生活の全局面の政治化としてしばしば非難されることこそ、現実には歴史の底流なのである。そこでは常に、多元主義、つまり政治を生活のほかの局面から切り離すことが非難されてきた。この政治と生活の切り離しを象徴する代議制統治が破綻の危機にあるとき、人々は再び、完全に整えられた安息の地を望む。そこでは、美しく喜びを与えるものと、実用的なもの、必要なものとは分かたれるべきではないとされている。[★21] どれほど真の人間性から外れていたとしても、「新しい政治」はそうした安息の地をもたらしてきたのである。

過去の歴史は常に現代のもの《コンテンポラリー》である。本書で分析してきた荘厳なスペクタクルは、我々自身のディレンマとそうかけ離れたものではない。この本は、多くの人間にとって第二次世界大戦と同時に終わったかに見えた過去を扱っている。それはしかし実際には、いまなお現代の歴史なのである。

訳者解説（一九九四年版）

本書について

最初に、本書の原タイトル『大衆の国民化――ナポレオン戦争から第三帝国に至るドイツの政治シンボルと大衆運動』について、一言いっておかねばならない。国民化 nationalization はおそらく「国民統合」、意訳すれば「国民国家統合」とすることもできたであろうが、この言葉が本書巻頭に引用されたヒトラー『我が闘争』からの引用であることもあり、あえて社会科学的な嚙み砕きをせず「大衆の国民化」とスローガン風にとどめた。さらにいえば、「国民の大衆化」ではなく「大衆の国民化」が問題なのであるとするモッセの立場を訳者もまた共有するからである。

本書はきわめて刺激的な著作である。副題にあるとおり、ドイツ近代史を国民主義《ナショナリズム》のシンボル政治史として再構築した本書の方法論は、歴史学、政治学、社会学、宗教学、美学などの学問領域を含み、また考察対象は芸術史、建築史、演劇史、スポーツ運動史、労働者文化史を含むドイツ文化史全般に及ぶ。こうしたさまざまな領域での歴史《ゲシヒテ》を「新しい政治」の誕生から成熟に至る――ルソーからヒトラーまでの――巨大なドラマにまとめ上げた本書を読後の余韻のうちに要約することは、あえてするまい。

なぜなら、この「新しい政治」――大衆運動と大衆煽動のシンボル表現によって特徴づけられる民主政治――のドラマは、ナチズムに至るドイツ精神史とも、政治祝祭史、ファシズム建築史とも読め、また「労働者運動はナチ宣伝にいかなるモデルを提供したか」「モダニズム芸術はナチ党にどう受容され、また影響を与えたか」という個別的なテーマとしても、読者一人ひとりが参加するドラマであるからである。モッセも指摘しているように、「新しい政治」は決して過去のものではなく、ナチズムで終焉したわけでもない、今やますます、全盛をきわめている「政治」であり、読者一人ひとりに問いかけられた物語《ゲシヒテ》なのである。

モッセは日本語版への序文の中で「本書がファシズム研究の新しい出発点と見なされたといっても、おそらく大きな誇張ではあるまい」と述べている。確かに、本書の先駆性と今日における古典的性格を確認しようと思えば、本書の影響下になされた政治文化研究を無数に上げることができる。比較的手近なところではE・ホブズボウム「伝統の大量生産――ヨーロッパ、一八七〇―一九一四」（E・ホブズボウム／T・レンジャー編、前川啓治・梶原景昭他訳『創られた伝統』紀伊國屋書店　一九九二年）やD・ブラックボーン「舞台としての政治　一八四八―一九三三年」（望田幸男他訳『イギリス社会史派のドイツ史論』見洋書

房 一九九二年）などがあるが、それらと比較すれば本書の理論的射程と問題性が群を抜いたものであることは明らかであろう。

著者ジョージ・L・モッセについて

しかしながら、本書の著者であるドイツ現代史の権威ジョージ・L・モッセの名は、わが国では（ドイツ史関係者を除いて）ほとんど知られていない。モッセの邦訳は、わずかにE・カメンカ編（土生長穂・文京洙訳）『社会的理想としての共同体』（未来社 一九九一年）に本書の要約論文ともいうべき「民族主義・ファシズム・急進的右翼」が存在するのみであるが、そこで「ジョージ・L・モース」と表記されている人物こそ言うまでもなく本書の著者ジョージ・L・モッセその人である。

著者同様ナチ体制下にドイツからアメリカに亡命した多くの文化人の中には、自らドイツ音を改めアングロサクソン風に名乗った人物もいる。それは本意不本意にかかわらず亡命によって新たなアイデンティティを確保したことの積極的な表明とみてよかろう。本書の著者にしても「亡命ユダヤ系アメリカ市民」として「モース」を名乗っている可能性も考えられたので、著者に確認したところドイツ風の発音である旨返事があった。ちなみに、著者の手紙では、プロイセン裁判所判事であった彼の大叔父アルベルト・モッセ（一八四六―一九二五年）が明治十九年に内閣法律顧問として招聘来日し、明治二十一年発布の市制町村制の草案を執筆したことが触れられていた。

後述するように歴史家モッセの中心的な研究領域が、国民主義、人種差別主義（ユダヤ人問題）、宗教問題、知識人論であることを含め、彼の著作を理解するうえで彼自身の経歴は決定的に重要である。

一九一八年　ドイツ有数のユダヤ系新聞出版コンツェルンであるモッセ家の御曹司としてベルリンに生まれる（祖父ルドルフが出版社の創始者で、父ハンスが広告を近代化し、国際的高級新聞『ベルリン日刊新聞《ベルリナー・ターゲブラット》』ワイマール共和国期の最大部数夕刊紙『八時夕刊新聞《アハトウア・アーベントブラット》』など有力新聞を発刊した）。

一九三三年　第三帝国成立にともない家族で国外へ脱出（一四歳）。まずパリへ、その後イギリスに渡る。

一九三七年　ケンブリッジ大学に入学（一九歳）。

一九三九年　一家の米移民にともないケンブリッジを辞し、ハヴァーフォード大学入学、四一年学位取得。

一九四四年　アイオワ州立大学専任講師、のち準教授。

一九四六年　ハーバード大学に博士論文を提出。

一九五五年　ウィスコンシン大学准教授、のち教授。八八年より名誉教授。

一九六六年『現代史雑誌』Journal of Contemporary History 共同編集者となる。その他、学会、研究所の理事・評議員を数多く歴任。

一九七八年 ヘブライ大学（イスラエル・イェルサレム）併任教授。八五年より名誉教授。

以上の経歴で明らかなように、彼が亡命ユダヤ人であった、否、今なおあり続けている事実は重要である。しかも、彼の家系がドイツの自由主義とモダニズム文化を担った輝かしい知的家系に属し、ドイツ文化の精華を体得していたことは、彼の著作にも微妙な陰翳を与えている。それはドイツ史ないしは「モデルネ」へのアンビヴァレントな視線といってよい。

「シンボル政治史」としてのモッセ史学

著者の履歴・業績のすべてを紹介する紙幅はここにはない。新聞記事や書評などを除いた著者の業績は、モッセ教授本人のリスト（一九九三年現在、訳者あて）によれば、著作二〇冊、分担執筆三九冊をはじめ、近代史一三本、現代史四八本、その他四本を含む総計六五本の論文からなる。共著、編著を除いた主要著作を年代順に並べると以下のようになる（多くはドイツ語・イタリア語・フランス語などに翻訳されているが、ここではドイツ語訳のみ括弧内に記した）。

The Struggle for Sovereignty in England, from the Reign of Queen Elizabeth to the Petition of Right, Oxford 1950.

The Reformation. 1950. (3rd revised edition 1963.)

The Holy Pretence, a Study in Christianity and Reason of State from William Perkins to John Winthrop, Oxford 1957.

The Culture of Western Europe: the Nineteenth and Twentieth Centuries, 1961. (3rd revised & enlarged edition, Boulder 1988.)

The Crisis of German Ideology: The Intellectual Origins of the Third Reich, New York 1964. (*Die Völkische Revolution*, Frankfurt a. M. 1991.)

Nazi Culture; Intellectual, Cultural and Social Life in the Third Reich, New York 1966. (*Nazi-Altag*, Königstein 1978.)

Germans and Jews, the Right, the Left and the Search for a "Third Force" in Pre-Nazi Germany, New York 1970.

The Nationalization of the masses: Political Symbolism and Mass Movements in Germany, from the Napoleonic Wars through the Third Reich, New York 1975. (*Die Nationalisierung der Massen; Politische Symbolik und Massenbewegungen in Deutschland von dem Napoleonischen Kriegen bis zum Dritten Reich*, Frankfurt a. M. 1976.)

Toward the Final Solution: a History of European Racism, New York 1977.（*Die Geschichte des Rassismus in Europa*, Frankfurt a. M. 1990.）

Masses and Man; Naitionalist and Facist Perceptions of Reality, New York 1980.

Nationalism and Sexuality; Respectability and Abnormal Sexuality in Modern Europe, New York 1985.（*Nationalismus und Sexualität; Bürgerliche Moral und sexuelle Normen*, München 1985.）

German Jews Beyond Judaism, Bloomington 1985.（*Judische Intellectuelle in Deutschland, zwischen Religion und Nationalismus*, Frankfurt a. M. 1992.）

Fallen Soldiers: Reshaping the Memory of the World Wars, New York 1990.（*Gefallen für das Vaterland*, Stuttgart 1993.）

Ebrei in Germania fra Assimilazione e Antisemitismo, Florence 1991.

著作八冊目にあたる本書『大衆の国民化』は、彼の作品の中でも円熟期に書かれた特に魅力的なものの一つである。こうしたモッセの著作の中で本書は最も体系的な構成をもっており、そのシンボル政治史を代表するものになっている。『ドイツ・イデオロギーの危機――第三帝国の知的起源』（一九六四年）、『ナチ・カルチャー――第三帝国の知的・文化的・社会的生活』（一九六六年）、『ドイツ人とユダヤ人――ナチ体制以前のドイツにおける右翼、左翼および〈第三勢力〉の模索』（一九七一年）の研究を踏まえて近現代ドイツ通史を構想して書かれた本書の第一章は、モッセ史学のマニフェストと呼ぶこともできよう。以後の著作では、本書の主題「国民主義の問題性」の個別的展開として論文集『大衆と人間――国民主義者とファシストの現実認識』（一九八〇年）、『国民主義とセクシュアリティ――近代ヨーロッパにおけるリスペクタヴィリティと性的逸脱』（一九八五年）、『英霊――世界大戦の記憶の創造』（一九九〇年）が物された。また、「ドイツ人とユダヤ人」の主題を展開した著作として、『最終的解決に向けて――ヨーロッパの人種差別主義の歴史』（一九八〇年）、『ユダヤ主義を超えたドイツ・ユダヤ人』（一九八五年）などがある。

以下では、国民主義とユダヤ人問題という二つの中心的研究領域を統合する「シンボル政治史」の方法論についてモッセ史学の全体像を本書との関係から素描しておきたい。ここに挙げた現代史関係の著作はわが国のファシズム研究でも知られていたが、五〇年代のイギリス近代史研究は訳者自身今回はじめて手にとった。しかし、モッセの著作の宗教社会史的アプローチや比較史的な視線はこうした初期著作の存在によって生まれたものである。

博士論文『英国における主権闘争』を別にすれば、『聖なる偽装――ウイリアム・パーキンスからジョン・ヴィントロープまでのキリスト教と国家理性』（一九五七年）が現代史家モッセの原点である。本書の謝辞冒頭（一三頁）は『聖なる偽装』で引用したマキャべリの言葉「善良な人間が邪悪な世の中でいかに生き残れるか」で始まっているが、これはナチズムの「最終的解決」に至る過程を問題にしたそれ以後の著作に引き継がれた問題関心である。その意味では、「神々の争い」の真っ只中で宗教とイデオロギーの現実性を問うモッセの著作は、決して単なる歴史叙述ではない。

『聖なる偽装』では十七世紀のピューリタンの決疑論《カジュイストリー》［道徳上の行為の善悪を社会的慣行などの観点で決めようとする議論］を通じて「宗教的政治的理想主義の熱烈な要求は切迫した日常生活にいかに折り合いをつけたのか」が跡づけられている。このようなピューリタンの現実主義を評価する立場は、本書に先行して書かれた著作『ドイツ人とユダヤ人』におけるワイマール期左翼知識人の評価にも直接反映している。そこで、ワイマール期左翼知識人が観念の高みにとどまり、日常の政治舞台に立ち入ることができなかったことを、モッセは痛烈に批判している。

> この連中は現在から未来に橋を架ける作業に満足せず、むしろこうした退屈な作業を脇道を通って回避し、激しい濁流を跳び越えようとしていた（*Germans and Jews.*, p. 32）。

その歴史研究が歴史家個人の生き方の現れと考えるなら、こうしたイギリス近代史からドイツ現代史への研究対象の移動は必然的であったように思われる。それにしても、モッセが儀礼とシンボルと演劇の黄金時代である十七世紀バロックの政治史を専門としていたことが、本書を読み解く鍵ともなる「シンボル」——理念を可視化し政治運動を発展させる手段——の独自な概念を確立するのに役立ったことは容易に想像できる。

モッセのシンボル政治論によれば、大衆はシンボルを育み発展させる政治的組織によってのみならず、祝祭や神話、記念碑、美術、小説、音楽、演劇など広範な文化創造によっても政治の舞台に引き込まれる。つまり、日常生活のあらゆる相互行為は政治的意味を帯びてくることになる。ちょうど、キリスト教における良心の糾明で「行い」も「怠り」も罪になるように、この政治の舞台では、参加するにしろ無視するにしろ非政治的であることは許されない。モッセが政治的無関心という大衆人の政治的な罪の言い訳に論駁し、大衆政治の現実に手を汚すことなく「イデオロギーの繭」に閉じこもる教養市民に厳しい批判を向けるのはこのためである。その意味でも、ナチズムに代表される大衆政治の成功を「プロパガンダ」という言葉で片づけることに批判的である（本書三二頁）。それは政治的「怠り」によって第三帝国を招来した人々に、意志なきプロパガンダの受け手（被害者）としての免罪符を与えることになるからである。モッセ自身、インタビューの中で次のように答えている。

プロパガンダという言葉に私は絶えず反撥しました。プロパガンダは操作《マニユピレーション》を意味するので、こうした文脈では大変誤解を与えやすい言葉です。私の考えでは、ファシズム大衆運動は実際のところ操作《マニユピレーション》の運動ではなく、合意《コンセンサス》の運動でした（*Nazism, a Historical and Comparative Analysis of National Socialism*, New Brunswick 1978, p 115.）。

ヒトラーの成功は人々を操る宣伝技術によっていたのではなく、大衆が参加を体験しアイデンティティを獲得し救済されたシンボリックな同意承諾によって達成された、と本書でもモッセは指摘している。

こうしたシンボル政治の分析で、当然にもモッセは経済的社会的要因に対する文化と神話の自律性を主張したが、それは文化や神話が経済的社会的文脈を離れて存在するというわけではない。それは「誤った意識を持って民衆は歴史をつくる」のであり経済的要因は直接歴史に反映するのではない、というモッセの歴史観に関わる主張である。政治を形成するシンボル、文化、神話、理念は、それによって「媒介」される利害や行動の錯綜において検証されねばならず、このためモッセは「媒介」mediation をシンボル政治史の基本概念として提唱している（*Nazism*, p. 117.）。たとえば、ドイツにおける反ユダヤ主義の妄想はモッセによれば、経済的社会的な意味でのユダヤ人の存在自体やその解放とはまったく無関係であった。むしろユダヤ人という「シンボル」が中産階級の疎外感や社会的ヒエラルキーの危機感、あるいは都市化への不安などにたまたま結びついたにすぎなかった(*Nazism*, pp. 45-46.)。このようなシンボルの威力を解明するには伝統的な政治分析のカテゴリーではなく、宗教的祭儀の効果を説明する神学のカテゴリーが必要なのである、とモッセは各著作で繰り返している(本書では三二頁)。

その結果として、統計数値や公的文書に基づく研究への懐疑的な姿勢や、あるいは三文作家のベストセラー小説やキッチュな美術作品など歴史研究者がすすんで取り上げようとしなかった大衆文化への視線が、「シンボル政治史」の特徴となって立ち現れてくる。こうした方向は、わが国でも広く知られているアナール学派の「心性史」に案外近いのかもしれない。また、本書でも言及された時間の速度の歴史性や十九世紀における新聞の社会的意味などいわゆる「社会史」的テーマとも随所で触れ合う内容になっている。しかし、近年の「社会史」ブームに便乗して書かれたものではないことだけは、以上の紹介でも明らかなことだが、念のために強調しておきたい。

「国民主義《ナショナリズム》」の再検討

以上の概観でも明らかなように、現代史家モッセの研究の中心テーマは「ユダヤ人問題」をも含めた「国民主義」である。特に「国民化」を扱った本書において、「国民」Nation の一語は特に重要な意味を持っている。わが国では Nation を国家と訳す(悪しき!)

慣習が存在する。そのため「ナショナリズム（国民主義）」を「国家主義」、ナチズム（国民社会主義）を「国家社会主義」と訳す弊害が生じている。奇妙なことに、ナチ党が唱えた「国民革命」は「国家革命」と訳すことなく、「国民社会主義」を「国家社会主義」と呼ぶ人々が残存している。この訳語は、これまで何度か訂正するよう提起されており、さすがにドイツ史研究者が使うことは稀になったが世間一般では（特に辞書の責任は重大！）しばしば使用されている。訳者自身は「国家社会主義」と聞くと、ラサール流の「社会国家」思想かスターリン主義的「一国」社会主義かのいずれかしか思い浮かばない。本書翻訳にあたっては、Nation は原則として「国民」と訳し、文脈から判断して「国家」のニュアンスを加える必要がある場合のみ「国民国家」と訳した（原書には nation state の表記はいっさい存在しない。本書で「国家」とのみ記された場合は、英語原書で state と表現された場合に限られる）。国家装置ではなく国民意識を問題にしているモッセの叙述において、この区別は明確であり、そのため「国民化」「国民主義」「国民社会主義」など訳語には特にこだわった。しかしながら、わが国で別の訳語が定着している場合、たとえば「ドイツ国家人民党」DNVP を別に記すことはしなかった。

「国家社会主義」という言葉がナチズムをさす語として定着した背景には、「組合国家」を唱えたイタリア「ファシズム」を表現した国家社会主義が、「ファシズム」概念の定着の過程で「国民社会主義《ナチズム》」に及んだと考えることもできる。さらに、こうした用語法が学術的に流通している背景には、戦後思想における丸山真男の圧倒的な影響力が窺える。たとえば、ウルトラ・ナショナリズムを「超国家主義」と訳した古典的論文「超国家主義の論理と心理」(一九四六年)の以下の記述などの影響は今日に及んでいる。

凡そ近代国家に共通するナショナリズムと「極端なる」それとは如何に区別されるのであろうか。ひとは直ちに帝国主義乃至軍国主義的傾向を挙げるであろう。しかしそれだけのことなら、国民国家の形成される初期の絶対主義国家からしていずれも露骨な対外的侵略戦争を行っており、いわゆる十九世紀末の帝国主義時代を俟たずとも武力的膨張の傾向は絶えずナショナリズムの内在的衝動をなしていたといっていい。我が国家主義は単にそうした衝動がヨリ強度であり、発現の仕方がヨリ露骨であったという以上に、その対外膨張ないし対内抑圧の精神的起動力に質的な相違が見いだされることによってはじめて真にウルトラ的性格を帯びるのである。

さらに、丸山は国家主権が「精神的権威と政治的権力」を一元的に占有し、「大義と国家活動」とが常に同時存在した天皇制国家こそが、日本のナショナリズムのウルトラ的性格の根本原因というのだが、本書を読まれれば明らかなようにそうした性格は決して天皇制国家独自のことではなかった。もちろん、ナショナリズムについての丸山真男の関心は、その前近代性のみに向けられていたのではない。右に引用した論文を収めた『現代政治の思想と行動』の追記で丸山はこう述べている。「読者はどうかこの論文だけからして、私が明治以降の日本国家の発展、ないしはイデオロギーとしてのナショナリズム思想における進歩的なモメントや世界共通性を無視して「前近代性」と「特殊性」で一切をぬりつぶす論者だったと断定しないでいただきたい」。だが、それゆえにいっそうナショナリズムを「国家主義」と訳すことでリベラリスト丸山真男が掬い出そうとした「国民主義」にこそ、問題は存在しているように思える。意識的にナショナリズムを訳し分けた丸山を愛読した世代が次のような状況にあれば、なおさらである。

現在の四十代以上の、戦前リベラリスト・古典マルクス主義者（スターリニスト）によって、日本のナショナリズムが語られるとき、秘すべき加担の罪意識が存在する恥部と、抑圧された被害意識として誇張すべき装飾の部分が錯合して、殆ど絶対悪の象徴としてあらわれる。

と、吉本隆明は「日本のナショナリズム」（一九六四年）で戦後のナショナリズム論の様相を描いている。「絶対悪の象徴」であるナショナリズムは「国家主義」であっても、新憲法の「国民主権」と結びつく「国民主義」であってはならなかったのであろう。しかし、モッセはまさに「国民主権」「議会制民主主義」の上にナチズムが存在したことを本書で明確に描き切っている。

ナショナリズムを「国民主義」ではなく「国家主義」と訳すことで、大衆民主主義における「国民」の魔性を棚上げにする者は、「第三帝国が降伏してなお、命を賭して戦うドイツ兵がなぜ在りえたか?」というフーコーの問いに改めて答えるべきである。フーコーは、それを権力への愛着と説明したが、国民主権下の大衆政治――ヒトラーは国民に選出された独裁者であった――における権力とは、国家装置ではなく国民心性に基づくものなのである。国家破れて国民はなお在るのだ。

あえて言えば、今日のネオナチ擡頭を予見できなかった戦後民主主義は、ナショナリズムを「国家主義」と訳すことで「国民主義」の魔性を解明する知的努力を怠ったのである。ロシア、東欧の状況を見るまでもなく、現在の「民主主義」はモッセのいう「国民化」の流れの中に存在している。もし「国民社会主義《ナチズム》」が「国民主権」や「社会的平等」と関係なく、異常なものならわが「民主主義者」たちは幸いである。悪の根源は例外であり、歴史から切断されているからである。しかし、もし国民社会主義が「国民主義のクライマックスを表現したもの」ならば、民主主義者たるもの自らの近代性に内在する国民主義こそ問題とするべきであろう。

本書翻訳の意義

本書がドイツ史研究書として第一級のものでありながら、わが国で十分な扱いを受けてこなかったのは、社会経済史が主流を占め、「社会史」が唱えられながらシンボル論など社会学的アプローチを軽視してきたわが国歴史学界の風土のゆえであろう。しかし、ただそれだけだったならば、訳者が自らの非才をも顧みずあえて本書の訳業に挑むことはなかったと思う。ドイツ史の研究者が研究書として読むべきものは多く、「古典」とはいえあえて二〇年近く前に書かれた本書を訳出する意味は乏しい（もちろん、先駆的な研究が「古典」となるのに二〇年は決して短い時間ではないが）。むしろ、訳者が本書の翻訳に携わった動機は別のところにある。それは、「歴史研究書」としてではなく「歴史書」としての側面である。世の中に歴史研究者は無数にいるが、歴史家と呼ぶにふさわしい人物は稀にしかいない。モッセは知性の輝きとともに豊かな思想性を持った歴史家の一人である。

弟子たちによると、自己の信念について語ることのない「モッセ自身は明らかに啓蒙の自由主義と人間的社会主義に共鳴している」ということである（Seymour Drescher/ David Sabean/ Allan Sharlin, ed., *Political Symbolism in Modern Europe; Essays in Honor of Geroge L. Mosse*, New Brunswick 1982, p. 9.)。大いにあり得ることである。責任倫理をもって大衆社会に対峙する、真に「啓蒙の自由主義と人間的社会主義」を信じる歴史家の一つのスタンスをモッセは示しているのかもしれない。もっとも、その自由主義と社会主義の前に「バロック的」と形容したい気持は拭えないが。

本書との出会いは、訳者にとっては一つの僥倖であったと思っている。ちょうど拙著『大衆宣伝の神話――マルクスからヒトラーへのメディア史』(弘文堂一九九二年、現在はちくま学芸文庫)の草稿がほぼ完成した頃から読み始め、その瞬間から、不遜ながら「精神的な血縁」さえ感じてしまった。それだけに、もっと早くモッセを読んでおけば、と残念に思ったことも事実である。もちろん、拙著でも本書に言及したし、労働者祝祭の歴史的評価などは訳者はモッセと見解を異にしている。しかし、遅すぎた出会いへのわだかまりが本書訳出の欲動を形成したことは否定できない。

「民衆は正しい意識よりも誤った意識を持つのが普通である」(*Nazism*, p. 117.)というモッセの言葉を否定することは、残念ながら訳者にもできない。

だからこそ、歴史学は必要である。

佐藤卓己

訳者あとがき

朝、目覚め、新聞を読む。

そのときすでに自分がまっさらではあり得ないと気づく。たとえば、我々の大多数はもはやかつての戦争の体験者ではない。が、ひとたび「目を開け」て新聞を読めば、未だ残る戦後処理の問題などそこに並ぶさまざまな今日的事項が、我々に歴史は過ぎ去るものではなく積み重なるものなのだと告げている。「歴史的資料の中で耳を澄ませ、人間を目に浮かべようとする」モッセの姿勢を学ぶとき、我々の胸にも大きな疑念がよぎらざるを得ない。すなわち、「進め一億火の玉」の日本「国民」の思考回路は、果たして今日からは想像もできないようなものだったろうか……。今を生きる我々の心性は、いったい当時とそれほど違うものだろうか……、と。

また、

街を歩く。何気ない日常。しかし、建築は、街路は、都市は、決して無言ではない。それらはそれらの言葉を、我が無意識の息吹にのせてこの身の内に送り込んできている。しかも絶えず。人が作ったものは、現にそれ自身の言葉を持っている。それは必ずしも記念碑だけには限らない。東照宮より桂離宮を美しいと感じる心すら、じつは「教育」された感性であったことに、本書を読んで改めて思いあたった。

思いが言葉となるというよりむしろ、（広義の）言葉が思いをつくるというのは、訳者個人が秘かに考え続けてきたことだった。

本書は、シンボル政治史によるドイツ近・現代の透徹した解読であるが、そこでは、いかにして形式《フォルム》や様式《シュティール》が「思い」を形成するか、つまり、人がいかにして自らを規定していくものかが、見事に暴かれている。「ある国のある時期の歴史」の考察をとおして「今・ここ」に連なる厳然たる真実を呈示している、ともいえよう。

マインド・コントロールは日常的に行われている、政治的無関心すら政治的につくられているのだ、と言われる。人間の世界観が時代や社会と切り離せないものである限り、本書のテーマは普遍的であり続けよう。

「過去の歴史は常に現代《コンテンポラリー》のものである」（本書三五一頁）という著者の言葉はすべからく銘記されるべきである。

翻訳にあたっては、著者謝辞、第一―三、九章を八寿子が、序文、第四―八章を卓己が下訳したのち、卓己がドイツ語版で全文チェックを行い、両者で全原文訳文の読み合わせを繰り返し用語を整えた。「国民」をめぐる訳語のこだわりなどについては卓己の解説にあるとおりだが、もとより至らぬ部分には御忌憚のない御指摘御批判を頂ければ幸甚である。

末筆ながら、良書の訳出の機会を与えて下さった柏書房の皆さんに心より御礼申し上げる。また、デザイナーの東幸見氏、校正者の七ヶ所博幸氏にも感謝したい。編集者の山口泰生氏は、趣味のうえでも、訳者夫婦の良き理解者であった。本書刊行に訳者と同じほどの熱意を注いで下さった山口氏には編集上での無理なお願いまで聞き入れていただきひとかたならぬお世話になった。

一九九三年八月

佐藤八寿子

文庫版訳者あとがき

私たち夫婦が初めて手がけたこの翻訳書が、学芸文庫版として四半世紀後によみがえる。ジョージ・L・モッセの仕事を日本に紹介できた幸運に、まずは改めて感謝したい。また今回、これまで長らく気になっていた未熟な訳文に手をくわえることができたことも大変にうれしい。新たな若い読者に本書が広く読まれることを心より期待している。一九九四年の本書刊行以後、モッセの主要著作は次々と日本に紹介された。

『ナショナリズムとセクシュアリティ――市民道徳とナチズム』（佐藤卓己・佐藤八寿子訳、柏書房・一九九六年）
『ユダヤ人の「ドイツ」――宗教と民族をこえて』（三宅昭良訳、講談社・一九九六年）
『フェルキッシュ革命――ドイツ民族主義から反ユダヤ主義へ』（植村和秀・城達也・大川清丈・野村耕一訳、柏書房・一九九八年）
『英霊――創られた世界大戦の記憶』（宮武実知子訳、柏書房・二〇〇二年）

『男のイメージ――男性性の創造と近代社会』（海妻径子・小玉亮子訳、作品社・二〇〇五年）

今日、これほど多くの主著が邦訳されているドイツ史家は少ない。しかし、この訳書が刊行された一九九四年当時、「モース」や「モッス」と表記した論文も少なくなかった。モッセ本人に手紙で問い合わせたところ、「日本に滞在した大叔父アルベルト・モッセと同じく、ドイツ語音表記」との手紙をもらったため、第一版の著者名を「ゲオルゲ・L・モッセ」としてしまった。重版以降は「ジョージ・L・モッセ」と訂正したのだが、ウェブ上の書誌情報ではいまも「ゲオルゲ」が残っている。それを目にするたびに私は自らの不明を恥じてきた。そもそもドイツ名なら「ゲオルク」のはずだが、当時の私はモッセに詩人シュテファン・ゲオルゲの面影を重ねていたようだ。モッセ翻訳の二作目、『ナショナリズムとセクシュアリティ――市民道徳とナチズム』（柏書房・一九九六年）の翻訳中にその自伝的インタビュー『ジョージ・L・モッセ――われ、いまだ亡命者なり』Irene Runge & Uwe Stelbrink, *George Mosse, "Ich bleibe Emigrant": Gespräche mit George L. Mosse*, Berlin, Dietz, 1991. を読んだ。そこでワイマール共和国時代には「ゲルハルト」と呼ばれていたことを知って愕然としたことをいまも鮮明に記憶している。それにしても、この重厚な歴史書の訳出が日本の読書界にもたらした反響は予想外に大きかった。当時目にした書評には以下のものがある(掲載日順)。

野田宣雄「ドイツ伝統政治とナチの連続性を証明」『朝日新聞』一九九四年四月一七日、無署名「ファシズムはいかに成立したのか」『産経新聞』同六月二一日、木村靖二「ヨーロッパ近代の政治文化試論　統合の過程を検証」『週刊読書人』同四月二二日号、野中一也「シンボルによる自己崇拝への誘導」『赤旗』同五月九日、矢代梓「〝ドラマとしての政治〟を究明」『図書新聞』同五月一四日号、木下直之「大衆の〝東京人〟化とも読める本」『東京人』同六月号、見市雅俊「読書日録」『週刊読書人』同一〇月二一日号、西川長夫「国民崇拝の祭儀と神学」『思想』同一一月号、川手圭一「国民化した〝新しい政治〟」『歴史学研究』一九九五年二月号、田崎英明「永久平和のためのブック・カタログ」『文藝』同夏号、井上茂子「書評」『ドイツ研究』二二号・一九九六年。

野田宣雄、木村靖二というドイツ史研究における東西の第一人者に加えて、『赤旗』から『産経新聞』までイデオロギーを超えて、「国民化」に対して熱い視線が寄せられていた。特に印象に残った書評をここに引用しておきたい。一九九〇年代の国民国家批判を代表する論者である西川長夫は、書評論文の冒頭をこう切り出している(この論文は『国民国家論の射程——あるいは「国民」という怪物について』柏書房・一九九八年に所収)。

本書は英語の原著の出版からすでに二〇年近い歳月を経ているが、今日いまだその強い衝撃力を失っていないどころか、いっそう新鮮な魅力をもって迫る。それはおそらく、ネオナチと呼ばれるような集団や民族浄化といった歴史の逆転を思わせる現象が地球の各地に現れている現在の歴史的な状況のせいであるが、より根本的には本書がファシズムを特色づける「新しい政治」の分析を通じて、今や地球上を覆いつくして変質をよぎなくされている「国民国家」に対する決定的なもう一つの見方を提起しているからであろう。ファシズムやデモクラシーにかんするこれまでの支配的な見方は、本書によって根底からくつがえされる。

また、ミュンヘン大学に滞在していたモッセ教授のゼミに「参加」した井上茂子は、カリスマ的教授として有名だったモッセの魅力にふれた貴重な記録を書きとめている。リラックスした雰囲気の中で学生の自由な発言をうながし、しかも最終的にはモッセの主張したい方向に議論をまとめていく、この「教師の力量」に強烈な印象を覚えた、と井上は書いている。その流儀は本書にも感じることができる。

モッセは、人々が共同体に主体的に参加したときのその体験の魔力を十二分に認識していた。彼は、論点と手法の両方で、「参加」の重要性を強調する歴史家なのである。それができたのは、訳者も指摘するとおり（「訳者解説」参照）、元来バロック時代（演劇が重要な時代、そして宗教対立のさなか、イデオロギーが現実世界で火花を散らした時代）の歴史から歴史学を始めたモッセの歴史家としての出発点の故であろう。この書評で取り上げる本書は、まさに、共同体に参加したいという大衆の希望の実現化についての最も体系的な歴史書である。

こうした「国民化」論がドイツ史や西洋史にとどまらず、日本史の領域にも大きなインパクトを与えたことは、有山輝雄「戦時体制と国民化」（『年報　日本現代史』第七号・二〇〇一年）の以下の文章からも明らかだろう。

モッセ自身が「この方法はドイツ以外の国にも適応し得るに違いない」（著者謝辞）と述べているように、大衆の出現という状況に対し、それを「国民化」するという課題に直面していたこと、その際に神話、シンボル、儀礼、祝祭などによって民衆に統一性の信念を形成していく「新しい政治」という政治様式が出現してくることなどは、日本の状況にも適用することができると考えられる。（中略）これは、これまでの研究が、宣伝・統制強化の契機を満州事変などの対外危機に求めていたのに比し、社会内在的な問題として考えることになるだろう。

ここにファシズムを「大衆操作」ではなく「大衆参加」として考察する、新しい歴史学の潮流を読みとることもできる。その潮流の中で拙著『キング』の時代——国民大衆雑誌の公共性』（岩波書店・二〇〇二年、現在は岩波現代文庫）は執筆された。私は「国民化」の枠組みを日本現代史に応用したのである。実際、同書のエピグラフには、本書と同じヒトラーの『我が闘争』の言葉を引用している。

その意味でも、本書との出会いは、私の研究人生における一つの転換点だったように思う。ドイツ現代史からメディア史への転換に背中を押してくれた作品である。さらに詳細な私と本書との出会いについては、拙著『メディア論の名著30』（ちくま新書・二〇二〇年）で述べている。このドイツ史論がなぜメディア論となるのか、意外に思う読者もいるかもしれない。しかし、D・ダヤーン&E・カッツ『メディア・イベント——歴史をつくるメディア・セレモニー』（原著一九九二年、青弓社・一九九六年）の冒頭には、以下の言葉が掲げられている。

「私たちは、ダニエル・ブーアスティンよりも、ジョージ・モッセに、より多くの注意を払っている。（中略）彼は、セレモニーの政治と呼ばれるものの発展は、ヨーロッパのナショナリズムを理解するうえでも、そこから生まれたファシズムを理解するうえでも、問題の中心をなすといっているのである。」

本書は共同体を駆動させるセレモニーを論じたメディア史なのである。「訳者解説」で紹介したように、二十世紀のナチズム（国民社会主義）をナショナリズムの極致ととらえ、フランス革命以来「世俗宗教」となった国民主義の展開が大衆的な儀礼やシンボルから考察されている。

「メディア王の御曹司」のまなざし

メディア論として本書を理解する上で、著者ジョージ・L・モッセの経歴は決定的に重要である。彼がドイツの自由主義とモダニズムを担った「メディア王」の御曹司だったこと、またドイツ国民主義者《ナショナリスト》でありながら亡命者となったことも、その複眼的な分析を可能にしている。

一九一八年九月二〇日、第一次大戦の敗色濃い第二帝政の首都ベルリンで、ゲルハルト・ラハマン・モッセ（亡命後にジョージと改名）は新聞出版コンツェルンの経営者ハンス・L・モッセ（一八八五―一九四四年）の次男として生まれた。長女ヒルデ（一九一二―一九八二年）、長男ルドルフ（一九一三―五八年）も、アメリカに亡命した後それぞれ精神科医、政治学者となっている。長男没後はジョージがモッセ家の相続人となった。

モッセ出版社は、ウルシュタイン、フーゲンベルクと並ぶワイマール共和国の三大新聞社であり、自由主義高級新聞『ベルリン日刊新聞《ベルリナー・ターゲブラット》』、伝統ある大衆紙『人民新聞《フォルクスツァイトゥング》』、最大の夕刊紙『八時夕刊新聞《アハトウァ・アーベントブラット》』などを発行していた。さらにモッセ家の事業は、住所録・電話帳の発行元から国際的な広告代理店にまで広がっていた。ベルリンのライプツィヒ街にあったモッセ出版社の本社ビルは表現主義の建築家エーリヒ・メンデルスゾーンの傑作として有名であり、一一月革命ではスパルタクス団がそこを占拠し革命の司令塔として使った。

創業者である祖父ルドルフ(一八四三―一九二〇年)の名前は現在も旧西ベルリン地区にルドルフ・モッセ広場、旧東ベルリン地区にルドルフ・モッセ街として残っている。ルドルフは、一八八九年『ベルリン朝刊』をはじめ首都圏の新聞を次々と買収して新聞コンツェルンを形成した。やがて彼は騎士領シェンケンドルフを購入し、ハイデルベルク大学から名誉博士号も得て、「騎士領主・名誉博士」の肩書でベルリン社交界に参入した。さすがに自由主義者として貴族の称号までは望まなかったようだ。ジョージの母親フェリシア・モッセはルドルフの養女(婚外関係による非嫡出子)であり、ユダヤ人穀物商として財をなしたハラマン家から婿養子ハンスが迎えられた。ジョージの父ハンスは、一九一〇年から経営権を引き継ぎ、広告業を中心に経営を近代化していった。「両親の世代は啓蒙の時代に生きた」とジョージは回想しているが、「改革ユダヤ人」として礼拝もドイツ語で日曜日に行っていた。ハンスは政治的にはドイツ国民主義者として「ドイツ国民的ユダヤ人協会」の有力メンバーであり、ドイツ民主党を支持していた。

こうしたベルリン屈指の大ブルジョア家庭での生活体験が、その歴史叙述に独特の味わいをもたらしている。ジョージには英仏二カ国語の家庭教師が付けられ、専用の自動車も用意されていた。顔と名前を覚えることができないほど多数の使用人に囲まれた母親は、亡命するまで自分で服を着ることのない生活をしていたという。「それはほとんど十六世紀か十七世紀のことのようであり、今日では完全に消滅した生活様式」だったと表現している。ノレンドルフ広場にあったモッセ邸は、ベルリンの中心的な文化サロンであり、外相ラーテナウとは家族ぐるみの親交があり、各国の外交官や要人も招いてパウル・ヒンデミット指揮の室内コンサートなどが催されていた。

一四歳で亡命したジョージの回想では、ベルリンの社交界よりも所領地シェンケンドルフでの生活が生き生きと語られている。狩猟好きのルドルフが購入した騎士領は約八〇〇ヘクタールの農地と付属地からなっており、そこに住む住民たちはジーメンス社の管理する炭鉱での労働のほか、モッセ家での庭仕事や農場管理にたずさわっていた。ジョージは自らの生誕記念に村に贈られた、「ゲルハルト」と刻まれた教会の鐘の音を聞きながら、この地で幼少時代を過ごしている。ワイマール共和国末期に住民の半分は共産党、残りの半分はナチ党を支持しただろう、とジョージは推定している。

その後、ジョージはベルリンの名門モムゼン・ギムナジウムに入学したが、ラテン語の学習に嫌気がさし、教師とも対立したため一年でそこを退学している。転校先はボーデン湖畔ザーレム城にある、イギリス式寄宿学校だった。創設者は父の友人であるユダヤ系教育者クルト・ハーンである。彼は熱烈なドイツ愛国者として知られていた。軍隊的規律を導入して「人格の陶冶」を目指す、この独特なエリート教育施設には、貴族や大ブルジョアの子弟が集まっていた。後にナチ親衛隊高官となる友人（戦後は修道僧となった）を含め、そこにナチ党支持者はほとんどいなかったと回想している。この寄宿学校での教育体験は本書の内容とも密接にかかわっている。

プロイセンはいわば国家を伴った軍隊であった。こうした国家構成は特定の心性をかたちづくった。（中略）軍隊を見ると私の胸は高鳴る。これはおそるべきことである。それが音楽によるものか、リズムなのか、私にはわからない。あるいは最近、エルフルトのキフホイザーに行ったとき、私はそれにうっとりしていた。森に、そう麗しいドイツの森に入るときも同じである。いや、これをアイロニーとして言っているのではない。

本書における国民主義の分析を私が信頼するのは、亡命するまで国民主義者だった自らの心情を正直に告白しているからである。

ジョージは、この寄宿学校でヒトラー政権成立のニュースを聞いた。息子のすみやかな脱出を求める両親の嘆願にもかかわらず、担任教師は試験が終了するまでジョージの出国を認めなかった。家族の中では彼一人がドイツに取り残されることになった。ただし、この厳格な担任教師は後に『我が闘争』を「ダメなドイツ語」として教材にしなかったため解雇されたという。学年末試験の最終日、翌日から査証なしでのフェリー往来が禁止される日の夜一〇時半にジョージは母と姉のいるスイスに逃れ、一年後にイギリスで家族は合流した。「このドイツの秩序と時間厳守に私は救われた。これはいかにもドイツ的な話である。」

ナチ支配下でモッセ系新聞は弾圧を受け、一九三三年四月九日に父ハンスは「拳銃で脅されて」経営権譲渡の書類にサインし、家族のいるパリに亡命していた。ゲーリング内相は新聞経営の背任容疑をでっち上げ、ユダヤ人社員を人質にハンスの帰国を求めた。その一方でモッセ側が条件をのめば「アーリア人」の証明書を出すとも提案していた。モッセ出版の国内における名声と広告業界の国際的ネットワークは第三帝国も利用したかったのだろう。もちろん、ハンスはこの提案を拒絶し、ドイツに戻ることはなかった。母や兄はトルコの旅券、父はコスタリカ、ジョージはルクセンブルクのものをもって移動していた。

故郷がないという事態は、まったく新しい現代的なことである。今でこそ「私にとって国民なるものはその旅券と変わりない」と言うことができる。このことを我々は一九三〇年代に学んだのである。

しかし当時、ジョージをふくめモッセ家の誰もがいずれはドイツに帰国すると考えていた。一九三四年六月にレーム事件のニュースに接した父親が「すべてがいま終わった。また家に戻ろう」と口にしたこともジョージは覚えている。

いずれにせよ私は亡命者心性を持っているし、この難民心性を失うことはあるまい。ナチズムが私のあるべき人生を台無しにしたということはできないが、ナチズムはユダヤ人をかくもおぞましい目にあわせた。ユダヤ人はこれを教訓とした。当時「もはや根をはる必要など感じない」という者もいたが、多くの者は根をはることを求めていた。動き出した列車に絶えず乗っているような感じ、それが亡命の時代である。だから私は本質において永遠の亡命者であり続けている。

ジョージは一九三七年にケンブリッジ大学に入学し、スペイン内戦によって政治的に覚醒した。当時はスターリンを支持した「人民戦線世代」である。しかし、一九三九年のヒトラー・スターリン協定を知って衝撃を受け、共産主義から離れている。当時、自分がトロツキー派の弾圧など眼中に入れなかったことを反省し、こう述べている。

知ろうとしないことのための口実は絶えず存在している。われわれも「罪」を犯していた。

こうした率直さは、歴史家にとって最大の美徳である。ケンブリッジ大学で歴史学を専攻した理由をたずねられて、それが「紳士の科目」であり、自分が「いくぶん怠け者」であったからと答えている。

一九三九年、第二次世界大戦の勃発前にモッセ家はアメリカに渡り、もはやジョージが「ゲルハルト」に戻ることはなかった。ただし、一九九〇年の東西ドイツ統一により、ナチ政権によって没収されたモッセ家の莫大なドイツ国内資産は相続人ジョージに返還された。それによりウィスコンシン大学マディソン校にジョージ・モッセ基金が設立され、ユダヤ人問題やLGBT問題を中心にさまざまな歴史研究への支援が行われている。なお、アメリカ歴史協会は二〇〇〇年から「ジョージ・L・モッセ賞」の表彰を続けている。

私はモッセ教授とは本書の翻訳以来、手紙をやり取りしていた。一九九九年の夏休みにドイツでお会いする約束をしていたが、同年一月二二日に逝去された。そのため直接お会いする機会を得なかったことは残念でならない。だが、もしそのカリスマに直接ふれていたら、あるいは私はドイツ史研究にもう少しとどまっていたのかもしれない。今回、本書の改訳をしながら、そんな思いにとらわれていた。

最後に、学芸文庫での復刊のきっかけを作っていただいた筑摩書房編集部の石島裕之さん、編集を担当していただいた北村善洋さん、守屋佳奈子さんに特に感謝を申し上げたい。

二〇二〇年一〇月吉日

佐藤卓己

解説　モッセ史学の軌跡

板橋拓己

二〇一九年の六月六日から九日にかけて、ジョージ・L・モッセ（一九一八～一九九九）の生誕一〇〇周年を記念して、「モッセのヨーロッパ――ドイツ・ユダヤ人、ファシズム、セクシュアリティの歴史における新たな視座」という学術会議がベルリンで開催された(1)。残念ながら授業期間中に日本を離れられない筆者は、いくつかの会議報告を読むことで我慢するしかなかったが、それでも、いまなおモッセという歴史家が魅力を放ち続けていることを実感した。また、二〇二〇年秋からウィスコンシン大学出版が、新たに編纂されたモッセ著作集の刊行を開始している(2)。

このように、彼の死去から二〇年以上が経《た》つが、モッセ史学への関心は、むしろ高まりを見せている。それは、ナショナリズムや人種主義が過熱し、また性的マイノリティに対する抑圧も無くならない、現代の政治・社会情勢とも無縁ではあるまい。そうしたなか、本書『大衆の国民化』が、ちくま学芸文庫の一冊として復刊されるのは、喜ばしいことである。

モッセは、二〇世紀における最も独創的な歴史家のひとりと言ってよい。彼は、ドイツ史およびヨーロッパ史に関する当時の常識ないし通念をつねに覆そうとした。そしてその業績は、いまやわれわれの共有財産となっている。

モッセが取り組んだテーマは、ファシズム、ナチズム、人種主義、反ユダヤ主義、ナショナリズム、セクシュアリティ、市民的価値観《レスペクタビリティ》など、多岐にわたる。モッセの出自や経歴については佐藤卓己による「訳者解説」および「文庫版訳者あとがき」に記してあるので繰り返さないが、モッセ自ら——死後に公刊された——自伝で述べているように、彼が「二重のアウトサイダー」であったこと、すなわち、ナチから逃れた亡命ドイツ・ユダヤ人であったこと、そして——本訳書の初版刊行時には知りえなかったことだが——同性愛者であったことが、彼の研究テーマの広がりと密接に結びついている点は指摘しておきたい。(3)

また、モッセは研究者間のネットワーク形成に長《た》け、かつ優れた教育者でもあったようである。大学での講義やゼミナール、あるいは学会を通じて、アメリカ、イスラエル、ヨーロッパを中心に、直接・間接に多くの「弟子」を育てた。一九六六年に『現代史雑誌(*Journal of Contemporary History*)』をモッセとともに創刊したウォルター・ラカーは、モッセをパートナーに選んだ理由として、彼の学界での顔の広さを挙げている。(4) その影響力は、一九九九年一月のモッセの死から半年も経たずに、アメリカ歴史学会（American Historical Association）が「ジョージ・L・モッセ賞」を創設したことにも示されていよう（この賞は、近現代ヨーロッパの文化史およびインテレクチュアル・ヒストリーを対象とした優れた書籍に毎年授与されている）。

モッセが次々と繰り出したテーゼは、世界中の歴史家にインスピレーションを与えている(5)。かつて「彼の仕事がなかなか受容されない」（川越修(6)）と評された日本においても、いまやモッセの影響力は大きい。何より、本書『大衆の国民化』の訳者である佐藤卓己の一連の業績は、モッセ史学の影響を抜きにしては考えられない(7)。また、モッセの学説を議論の出発点に据える若手の研究も増えた(8)。

モッセのテーゼは、いずれも独特かつ魅力的で、さらに汎用性が高く、応用が利くものが多い。反面、その独創性と多産性ゆえに、モッセの業績全体を把握し、それを歴史的文脈、あるいは学説史的文脈に位置付けるのは、なかなか難しい。筆者にもまだモッセを史学史的に適切に位置付ける準備はないのだが、本稿では、モッセの自伝や代表的なモッセ研究を参照しつつ、その知的軌跡を辿ることを試みたい(9)。

文化史の転換

まず、ジェフリー・ハーフの論考に拠りつつ、モッセの研究が、アメリカにおけるヨーロッパ文化史およびインテレクチュアル・ヒストリーに転換をもたらすものだったことを確認しよう。[10]

モッセは、亡命歴史家として、第二次世界大戦後のアメリカにおけるヨーロッパ文化史・思想史研究を主導した人物のひとりであった。同様の役割を担った者としては、たとえばピーター・ゲイ（一九二三〜二〇一五。彼もベルリン生まれのユダヤ人で、三九年にドイツを離れ、四一年に渡米）やフリッツ・スターン（一九二六〜二〇一六。ブレスラウ出身で、ユダヤ教からキリスト教に改宗した家系の出だが、やはりナチの反ユダヤ政策から逃れるため、三八年に亡命）らがいる。[11]

当時のアメリカにおけるヨーロッパ思想史・文化史研究は、ファシズムやナチズムに破壊されてしまったヨーロッパの良き伝統を救い出そうとするものであった。ハーフは、そうした例として、スチュアート・ヒューズの『意識と社会』（一九五八年）、レナード・クリーガーの『自由のドイツ的理念（*The German Idea of Freedom*）』（一九五七年）、そしてカール・ショースキーの著作などを挙げている。これらは、ヨーロッパの傑出した思想家、社会理論家、小説家などを扱ったものであった。モッセも、一九六一年刊の『西欧の文化』をはじめ、同様の仕事を著している。[12]

しかしモッセは、そうした知識人・エリート中心のアプローチから距離をとるようになる。一九六〇年代以降のモッセの主たる関心は、いかにしてファシズムやナチズムが成功したか、そしてそれはヨーロッパ文化とどう関係しているのかを説明することに移っていく。

以後のモッセの仕事は、アメリカにおけるヨーロッパ文化史研究に二つの転回をもたらした。ひとつは、ファシズムやナチズムをヨーロッパ文化史の中心的なテーマに据えたこと、そしてもうひとつは、エリート、あるいは「偉大な思想家《グレート・シンカーズ》」を見ているだけではファシズムを説明できないとし、大衆文化を文化史研究の対象としたことである。[13]

そうしたアプローチの最初の成果が、一九六四年に刊行された『ドイツ・イデオロギーの危機——第三帝国の知的諸起源』（邦題は『フェルキッシュ革命』）である。[14]同書でモッセは、ナチの成功を説明するには、それまで歴史家が「二級思想」として真剣に扱ってこなかった、「人種思想、ゲルマン的キリスト教、およびフェルキッシュ的［民族至上主義的］自然神秘主義」を正面から検討する必要があると説いている。[15]

なお、こうしたモッセのアプローチの先駆としては、同様に傑出した亡命知識人であるフリッツ・スターンの『文化的絶望の政治』（一九六一年）がある。[16]同書は、ナチズムの思想的起源として、ポール・ド・ラガルド、ユーリウス・ラングベーン、アルトゥル・メラー・ファン・デン・ブルックという三人の文筆家の思想を扱ったものである。

とはいえ、『文化的絶望の政治』のアプローチは、まだ思想家に着目するものであった。それに対し、モッセの『フェルキッシュ革命』の特徴は、それまで「がらくた」と片付けられてきた民族至上主義思想《フェルキッシュ》、人種主義、反ユダヤ主義などの内容を検討しただけでなく、その伝播ないし普及、そして制度化や組織化も跡付けたことである。たとえばモッセは、民族至上主義的な思想が、学校、大学、青年運動、右翼運動、政党にいかに普及したかを論じている。

また、『フェルキッシュ革命』から二年後の一九六六年にモッセは、『ナチ文化』という史料集を刊行する。[17] 同書は、ナチ時代のドイツに関する最初の英語の史料集として画期的であっただけでなく、内容自体も画期的だった。モッセの弟子スティーヴン・アッシュハイムは、「多くの読者にとって［……］本書のタイトル自体がショッキングだったに違いない」と述べている。なぜなら当時は、ナチに「文化」など存在しないと想定され、「ナチ」と「文化」の組み合わせが撞着《どうちゃく》に見えたからである。[18] つまりモッセは、ここでも「文化史」の対象たる「文化」の転換を行ったのである。

『ナチ文化』は、当時（狭義の）政治史に偏重していたナチ時代に関する歴史叙述に対抗して、史料の面からナチ時代の文化史・日常史に迫るものだった。本書は、ナチ・イデオロギーの伝播、「革命」としてのナチの自己理解、男性と女性の理想像、人種主義および反ユダヤ主義、芸術・文化・メディアの統制、ナチと科学の関係、キリスト教との関係、初等教育から大学までの教育関連、人種や国籍に関する法制、労働者や中間層の状況など、実に多岐にわたる史料を収録している。その浩瀚《こうかん》さとユニークさから、本書は版を重ね続け（二〇〇三年に新装で再刊）、いまなお英語圏で参照される史料集である。また、『ナチ時代の日常』というタイトルでドイツに逆輸入もされた。(19)

このように『フェルキッシュ革命』や『ナチ文化』によって、モッセは、ナチ支配が単にテロルとプロパガンダに基づいた全体主義体制――一九五〇年代にはそうした理解が主流であった――ではなく、広範な大衆の文化と合致し、それに支えられたものだったことを示したのである。

こうした視座は、一九七五年の『大衆の国民化』に引き継がれ、さらに深められていく。『大衆の国民化』は、テキスト史料や特定のイデオロギーだけでなく、公的祝祭、国民的記念碑、神話、シンボルなどを分析の対象としている。モッセ自身、自伝で同書を「わたしが文化史分析に与えた影響のなかでも真のブレイクスルーをもたらした」ものだと自負している。(20)当時の文化史やインテレクチュアル・ヒストリーの主流に抗して、大衆文化や「二級思想」に取り組んできたモッセは、『大衆の国民化』によって、シンボル政治史というアプローチに到達したのである。(21)

ドイツ特殊論からヨーロッパ近代の再考へ

さて、モッセは、『フェルキッシュ革命』の時点では、ヨーロッパのなかでのドイツの特殊性を強調する傾向にあった。同書の冒頭では、「ドイツを他国から分かつものは、深遠な気分、つまり西欧的知性には相容れず、また悪魔的にさえ見える独特の人間観、社会観であった」と述べられている。(22)また、同書の結論でモッセは、ヨーロッパ各国のファシズムとドイツのファシズム(ナチズム)を比較し、「ファシズムはヨーロッパ全体に広まったけれども、そのドイツ的形態は特異な位置を占めた」とする。モッセによれば、ドイツのファシズムが「特異」であったのは、「民族・自然・人種というイデオロギー」が突出していたからであり、また反ユダヤ主義が突出していた(「反ユダヤ革命」と呼ばれる)からである。モッセは次のように述べる。「ドイツのファシズムの他国のファシズムからの逸脱は、ドイツの思考と他の西欧諸国民のそれとの違いを反映している。この不幸な国民が、他のところではまだ生きていたヨーロッパの遺産、つまり、啓蒙の合理主義やフランス革命の社会的急進主義を拒絶するようになったのは、まさしく、われわれが議論してきたような「民族・自然・人種の」イデオロギーを通してであった」。(23)

しかし、一九七五年の『大衆の国民化』によって、モッセのファシズム論の力点は、ドイツの特異性から、ヨーロッパの共通性――あるいは近代の大衆社会一般――へと移ったように思える。もちろん、本書の焦点は、「ナポレオン戦争から第三帝国に至るドイツの政治シンボルと大衆運動」という原著の副題が示す通り、ドイツがナチズムに至る道である。とはいえ、本書が取り組んだ「新しい政治」――シンボルや神話や大衆的示威運動による政治的祭儀を通じた人民の自己崇拝、世俗宗教としてのナショナリズム――は、明らかに近代の大衆民主主義全般に内在するものとして提示されている。本書第四章の冒頭で論じられるように、「国民社会主義の政治様式の本質」となる公的祝祭の源流は、ルソーとフランス革命に求められている。モッセは言う。「ジャコバン独裁下のフランス革命はルソーの勧めどおり公的祝祭を利用し、「一般意志」による自己崇拝の可能性を実演してみせ、ここに新しい政治様式が創出された」(24)。

かかる理解のもとモッセは、『大衆の国民化』の「著者謝辞」で、本書の「方法はドイツ以外の国にも適応し得るに違いない」と述べたし、さらに一九七九年の論文「ファシズムの一般理論に向けて」では、『大衆の国民化』で自らが展開した理論が、ドイツのみならず、他の国・地域にも適用可能であることを改めて提示している(25)。

こうしたドイツ特殊論からの離脱は、『大衆の国民化』から三年後に刊行された単著『最終的解決に向けて――ヨーロッパの人種主義の歴史』(一九七八年)でより明瞭になる(26)。たとえば、前述のように、同様に人種主義を主題に据えた一九六四年の『フェルキッシュ革命』では、あくまでドイツが中心的な対象であり、「啓蒙の合理主義」を拒絶したドイツのファシズムが問題にされていた。しかし『最終的解決に向けて』で、いまやモッセは、啓蒙それ自体が人種主義を内包していたことを示そうとする。それゆえ同書では、啓蒙の科学とされた文化人類学や医学などが俎上《そじょう》に載せられ、イギリスにおける優生学の重要性が強調される。あるいは、第一次世界大戦以前は、ドイツよりもフランスで人種主義は成功していたと指摘される。こうしてモッセは、「人種主義は一九・二〇世紀のあらゆる重要な理念および運動に付随していた」と述べ[27]、人種主義や反ユダヤ主義はヨーロッパ近代そのものから切り離せないと主張するのである。

となると、むろん人種主義は、ナチズムの崩壊をもって終わらない。『最終的解決に向けて』の末尾でモッセは次のように記している。「［ホロコースト後も］人種主義自体は生き残った。以前と同様、多くの人びとは人種主義のカテゴリーで思考している。［……］ホロコーストの衝撃のもとで、戦後世界が反ユダヤ主義の一時的な停止を宣言したとしても、黒人全般は、一八世紀以来けっして変わらぬ人種主義的な態度に晒されたままである。［……］ナチズムに対して闘った諸国民も、戦後の多年にわたって、黒人は人種的に劣等であるという想定を受け入れたままであり、黒人に対してだろうがユダヤ人に対してだろうが、あらゆる人種主義は同根だということを認識していないように思える[28]」。

さらにモッセは、一九八九年、すなわちフランス革命勃発から二〇〇周年を機に、フランス革命とファシズムの結び付きを正面から強調する論文を発表している。『大衆の国民化』で展開した「新しい政治」の議論を踏襲しつつ、モッセは次のようにはっきりと述べる。「この［人民の一般意志に基づく民主主義的な］ナショナリズムが、フランス革命とファシズムとのあいだのリンクを提供する。つまり、大衆の国民化が、フランス革命とファシスト革命とのあいだの共通の絆だったのである。ファシスト革命と民主的なナショナリズム［の在り様］は国民ごとに異なるけれども、自己表象の手段と人民参加の必要性は、両者に共通していた。さらに、すべてのファシズムは、フランス革命のあいだ大衆を鼓舞してきたとされるユートピアニズムを共有していた。つまり、新しい人間、あるいは新しい国民を創り出すという願望である」(29)。しばしばファシズムは「一七八九年の理念」、すなわちフランス革命の遺産に対する反動だと位置付けられてきた。そうした議論とは異なり、モッセはむしろファシズムの起源にフランス革命を据えたのである。

モッセ史学の進化と深化

このように『大衆の国民化』という「ブレイクスルー」を経て、アプローチ的にも視座的にも頂点に達したかに見えるモッセ史学ではあるが、その後も進化は止まらない。以下では、駆け足になるが、モッセ史学の三方向への展開を確認しよう。

第一に、一九七〇年代から八〇年代にかけて、モッセは第一次世界大戦がその後のヨーロッパ史に与えた決定的な影響に目を向けるようになった。たとえば、『フェルキッシュ革命』の一九八一年版の序文では、「もし仮に私が今日、本書を書くとしたら［……］第一次世界大戦に、より多くのページを割くであろう」と述べている(30)。

その成果のひとつが、一九九〇年の『英霊』である(31)。ややもすると、それまでのモッセの近代史に関する著作が、一九世紀からナチズムないしホロコーストへの目的論的な歴史と読まれがちだったのに対し、[32] 同書では、改めてナチズムの成立における第一次世界大戦のインパクトが強調されている。そこでモッセは、第一次世界大戦の戦没者への崇拝が「政治の野蛮化」(人種主義に基づく政敵の非人間化など)をもたらしたとする「野蛮化テーゼ」を打ち出し、それをもってドイツ史のホロコーストへの道を跡付けようとする。[33] つまり、『最終的解決に向けて』で、第一次世界大戦以前はドイツよりもむしろフランスなどにおいて人種主義が強かったことを指摘したモッセは、ドイツの「特殊性」を第一次世界大戦という(比較的)短期的な要因に求めるようになったのである。「記憶」への着目など、方法論的にも『英霊』は重要な著作だが、ここではその点のみを確認するにとどめたい。

第二は、セクシュアリティの歴史の探求である。たとえば、一九八五年刊行の『ナショナリズムとセクシュアリティ』[34] は、近代市民社会におけるナショナリズムと性的規範の関係を扱った記念碑的著作である。この書も、やはりドイツを中心的な対象としているが、イタリアやフランス、とりわけイギリスとの比較が読みどころとなっている。また、一九九六年には、近代における「男性性」のステレオタイプの形成と展開を辿った『男のイメージ』を著している。[35]

こうしたセクシュアリティに関する著作を通してモッセは、近代における包摂と排除、インサイダーとアウトサイダーの歴史を明らかにしていく。たとえば、『男のイメージ』

では、「男らしさ」のステレオタイプの形成が、同時に女性、同性愛者、ユダヤ人などの対抗的タイプの形成と切り離せないことが論じられている。自伝でもモッセは次のように述べている。「アウトサイダーの存在は、インサイダーの存続と自尊心の前提条件として近代社会に組み込まれた。インサイダーとアウトサイダーはリンクしており、前者は後者なくして存在しえない［……］。ユダヤ人や同性愛者のイメージは、いかにもアメリカらしい青年やブロンドの北方人種の男性のイメージ抜きにしては、適切に理解することはできないのである」(36)。

では、「アウトサイダー」とされた者たちは、実際にどう生きたのだろうか。これを探求したのが、第三の、ユダヤ人史への展開だと言えよう(37)。とりわけモッセは、教養市民層に属したドイツ・ユダヤ人の歴史を綴った。実のところ、ドイツ・ユダヤ人がナショナリズムとどう向き合ったかは、モッセが取り組んだ大きなテーマのひとつであった(38)。たとえば、邦訳もある『ユダヤ人の〈ドイツ〉』（一九八五年）はその成果の一部である。かかる仕事は、「アウトサイダー」とされてきたユダヤ人の歴史的実像に迫る試みであるとともに、モッセにとって自らの来歴を辿るものでもあっただろう。

このように、モッセ史学は絶えず進化しつつ、豊饒な成果をわれわれに遺した。本稿で拾えたのは、そのごく表層に過ぎない(39)。それにしても、何がモッセをこれほど駆り立てたのだろうか。自伝の末尾で、彼はこう述べている。「ホロコーストがわたしの心を去ることは、けっしてなかった。［……］人種主義や民族至上主義《フェルキッシュ》思想の歴史、あるいはアウトサイダーやステレオタイプの歴史に関するわたしの研究すべては、しばしばホロコーストに直接関係しなかったとしても、いかにしてホロコーストが起こりえたのかに対する答えを見つけようとしたものであった。説明を見出すことは、近代史の理解にとってだけでなく、わたし自身の心の平穏にとっても決定的に重要であった。［……］不安や恐怖や動揺を感じるという点で、わたしは、いまだわたしが属した世紀の子供だったのである」[40]。

本稿の冒頭でも述べたように、ナショナリズムや人種主義が過ぎ去らず、また性的マイノリティに対する抑圧も無くなってない以上、モッセ史学のアクチュアリティは尽きない。そして、モッセが感じていた「不安や恐怖や動揺」を、同じく感じているであろう人びとが世界にまだまだ存在する限り、モッセを読む意義も尽きないのである。

註

（1）ドイツ歴史博物館が主催したこの学術会議のプログラムは以下で閲覧できる。"Mosse's Europe: New Perspectives in the History of German Judaism, Fascism, and Sexuality"〈https://mosseprogram.wisc.edu/berlin-2019/〉会議の様子を伝える記録として、Jonathon Catlin and Lotte Houwink ten Cate, "George

Mosse at One Hundred: A Child of His Century," Journal of the History of Ideas Blog, July 10, 2019〈https://jhiblog.org/2019/07/10/george-mosse-at-one-hundred/〉; Andreas Beckmann, "Kongress zum 100. Geburtstag von George Mosse: Wie die Kulturwissenschaft europäischen Faschismus erklärt," Deutschlandfunk, 13. Juni 2019〈https://www.deutschlandfunk.de/kongress-zum-100-geburtstag-von-george-mosse-wie-die.1148.de.html?dram:article_id=451167〉（すべて二〇二〇年一一月一日最終閲覧）

（2）二〇二〇年一〇月現在、以下の二タイトルが刊行されている。*Nationalism and Sexuality: Middle-Class Morality and Sexual Norms in Modern Europe*, with a critical introduction by Mary Louise Roberts, Madison, Wis.: The University of Wisconsin Press, 2020; *Toward the Final Solution: A History of European Racism*, with a critical introduction by Christopher R. Browning, Madison, Wis.: The University of Wisconsin Press, 2020.

（3）George L. Mosse, *Confronting History: A Memoir*, foreword by Walter Laqueur, Madison, Wis.: The University of Wisconsin Press, 2000, p. 217 f.

（4）Walter Laqueur, "Foreword," in: Stanley G. Payne, David J. Sorkin, and John S. Tortorice (eds.), *What History Tells: George L. Mosse and the Culture of Modern Europe*, Madison, Wis.: The University of Wisconsin Press, 2004, p. viii.

（5）たとえば、イタリアにおけるモッセ受容に関する次の論文集を参照。Lorenzo Benadusi and Giorgio Caravale (eds.), *George L. Mosse's Italy: Interpretation, Reception, and Intellectual Heritage*, New York: Palgrave Macmillan, 2014.

（6）『ナショナリズムとセクシュアリティ』への書評のなかでの指摘。川越は、その理由のひとつとして、日本では「ドイツ近現代史の「特殊性論」の呪縛が強い」ことを挙げている。『社会経済史学』第六三巻六号、一九九八年、八五二頁。

(7) 佐藤がメディア史家としての自らの来歴を振り返った次の書を参照せよ。佐藤卓己『歴史学(ヒューマニティーズ)』岩波書店、二〇〇九年、とくに五八〜六四頁。

(8) たとえば、『英霊』(後述)で提示された「政治の野蛮化」や「戦争の平凡化」といったモッセのテーゼを出発点とし、それを乗り越えようとする試みとして、今井宏昌『暴力の経験史――第一次世界大戦後ドイツの義勇軍経験 1918〜1923』法律文化社、二〇一六年、望戸愛果『「戦争体験」とジェンダー――アメリカ在郷軍人会の第一次世界大戦戦場巡礼を読み解く』明石書店、二〇一七年などがある。

(9) 最も重要な論文集として、前掲註(4)の *What History Tells* がある。また、*German Politics & Society*, Vol. 18, No. 4 (57), 2000 はモッセ特集である。さらに、博士論文を基にしたモッセ研究として、Karel Plessini, *The Perils of Normalcy: George L. Mosse and the Remaking of Cultural History*, Madison, Wis.: The University of Wisconsin Press, 2014 がある。本稿の執筆にあたって最も参考になったのは、以下のスティーヴン・アッシュハイムとジェフリー・ハーフの論文である。Steven E. Aschheim, "George Mosse at 80: A Critical Laudatio," *Journal of Contemporary History*, Vol. 34, No. 2, 1999, pp. 295–312 (also in: idem, *In Times of Crisis: Essays on European Culture, Germans, and Jews*, Madison, Wis.: The University of Wisconsin Press, 2001, pp. 155–170); Jeffrey Herf, "The Historian as Provocateur: George Mosse's Accomplishment and Legacy," *Yad Vashem Studies*, Vol. 29, 2001, pp. 7–27.

(10) Jeffrey Herf, "Mosse's Recasting of European Intellectual and Cultural History," *German Politics & Society*,

Vol. 18, No. 4 (57), 2000, pp. 18–29.

(11) Cf. Andreas W. Daum, Hartmut Lehmann, and James J. Sheehan (eds.), *The Second Generation: Émigrés from Nazi Germany as Historians*, New York/Oxford: Berghahn, 2016.

(12) George L. Mosse, *The Culture of Western Europe: The Nineteenth and Twentieth Centuries*, Chicago: Rand McNally, 1961.

(13) Cf. George L. Mosse, "The Mystical Origins of National Socialism," *The Journal of the History of Ideas*, Vol. XXII, No. 1, 1961, pp. 81–96 (also in: idem, *The Fascist Revolution: Toward a General Theory of Fascism*, New York: Howard Fertig, 1999, pp. 117–135).

(14) George L. Mosse, *The Crisis of German Ideology: Intellectual Origins of the Third Reich*, New York: Grosset & Dunlap, 1964. 一九八一年版（Schocken Books 刊）からの翻訳として、植村和秀・大川清丈・城達也・野村耕一訳『フェルキッシュ革命――ドイツ民族主義から反ユダヤ主義へ』柏書房、一九九八年。

(15) 同上、一六頁。以下、邦訳書がある場合、訳はそれに従った。ただし、［　］による補足はすべて筆者による。

(16) Fritz Stern, *The Politics of Cultural Despair: A Study in the Rise of the Germanic Ideology*, Berkeley/Los Angeles/London: University of California Press, 1961（中道寿一訳『文化的絶望の政治――ゲルマン的イデオロギーの台頭に関する研究』三嶺書房、一九八八年）。

(17) George L. Mosse, *Nazi Culture: Intellectual, Cultural, and Social Life in the Third Reich*, Translations by Salvator Attanasio and others, New York: Grosset & Dunlap, 1966 (Madison, Wis.: The University of Wisconsin Press, 2003).

(18) Aschheim, "George Mosse at 80," p. 296.

(19) George L. Mosse, *Der nationalsozialistische Alltag. So lebte man unter Hitler*, Königstein/Ts.: Athenäum, 1978. なお、『ナチ文化』の「続編」として、モッセの弟子であるラビンバッハを中心に、二〇一三年に新たな英語の史料集が編纂されている。Anson Rabinbach and Sander L. Gilman (eds.), *The Third Reich Sourcebook*, Berkeley: University of California Press, 2013.

(20) Mosse, *Confronting History*, p. 177.

(21) なお、没年に刊行された論文集『ファシスト革命』の序文でモッセは、文化および文化史について、最終的に次のように定義している。「われわれにとって、文化は、理念の歴史として狭く定義されるべきではないし、大衆文化に限定されるべきでもなく、全体としての生に関わるものとして理解されねばならない――まさにファシズム運動が自らをそう定義しようとした、全体としてである。文化史とは、まずもって人びとの認識に取り組むものであり、それらがいかにして特定の場所と時代の政治のなかで形づくられ、支持を得たかに取り組むものである」（George L. Mosse, *The Fascist Revolution: Toward a General Theory of Fascism*, New York: Howard Fertig, 1999, p. xi）。

(22) モッセ『フェルキッシュ革命』、一五頁。

(23) 同上、三九七～三九八頁。

(24) なお、周知のように、ルソーの「一般意志」やフランス革命を全体主義やファシズムに結び付ける議論は珍しいものではない。しかし、西川長夫が的確に指摘するように、モッセの独創性は、「一般意志や人民主権の概念が独裁やテロリズムの論拠になったということではなく、こうした概念が民衆の自己表現と自己崇拝、したがって結局はナショナリズムという世俗宗教を生みだしたということ

と」を主張したところにある。西川長夫「国民崇拝の祭儀と神学――ジョージ・L・モッセ『大衆の国民化』を読む」『国民国家論の射程〔増補版〕――あるいは〈国民〉という怪物について』柏書房、二〇一二年、二〇五〜二二三頁（初出は『思想』第八四五号、一九九四年）、引用は二〇六頁。

（25）George L. Mosse, "Toward a General Theory of Fascism," in: idem, *The Fascist Revolution*, pp. 1–44（reprinted greatly revised form from: idem（ed.）, *International Fascism: New Thoughts and New Approaches*, London: Sage Publications, 1979, pp. 1–45）.

（26）George L. Mosse, *Toward the Final Solution: A History of European Racism*, New York: Howard Fertig, 1978.

（27）*Ibid.*, p. vii.

（28）*Ibid.*, p. 235 f. 以上の『最終的解決に向けて』の位置付けについては、Herf, "The Historian as Provocateur" を参照した。

（29）George L. Mosse, "Fascism and the French Revolution," in: idem, *The Fascist Revolution*, pp. 69–93（reprinted from: *The Journal of Contemporary History*, Vol. 24, No. 1, 1989, pp. 5–26）, p. 72.

（30）モッセ『フェルキッシュ革命』、二頁。

（31）George L. Mosse, *Fallen Soldiers: Reshaping the Memory of the World Wars*, New York: Oxford University Press, 1990（宮武実知子訳『英霊――創られた世界大戦の記憶』柏書房、二〇〇二年）。

（32）たとえば、『フェルキッシュ革命』に対するクレンペラーの批判を参照。Klemens von Klemperer, *American Historical Review*, Vol. 71, Issue 2, 1966, pp. 608–610.

（33）「政治の野蛮化」テーゼのエッセンスは以下。George L. Mosse, "Der Erste Weltkrieg und die Brutalisierung der Politik. Betrachtungen über die politische Rechte, den Rassismus und den deutschen Sonderweg," in: Manfred Funke u.a. (Hg.), *Demokratie und Diktatur. Geist und Gestalt politischer Herrschaft in Deutschland und Europa. Festschrift für Karl Dietrich Bracher*, Düsseldorf: Droste, 1987, S. 127–139.「政治の野蛮化」テーゼをめぐる論争については、今井、前掲書、一一〇頁を参照。

(34) George L. Mosse, *Nationalism and Sexuality: Respectability and Abnormal Sexuality in Modern Europe*, New York: Howard Fertig, 1985（一九八八年の新版からの翻訳として、佐藤卓己・佐藤八寿子訳『ナショナリズムとセクシュアリティ――市民道徳とナチズム』柏書房、一九九六年）。

(35) George L. Mosse, *The Image of Man: The Creation of Modern Masculinity*, New York: Oxford University Press, 1996（細谷実・小玉亮子・海妻径子訳『男のイメージ――男性性の創造と近代社会』作品社、二〇〇五年）。

(36) Mosse, *Confronting History*, p. 181.

(37) この点につき、以下を参照。Dieter Langewiesche, "Bildungsliberalismus und deutsches Judentum. Historische Reflexionen auf den Spuren von George L. Mosse," *Medaon – Magazin für jüdisches Leben in Forschung und Bildung*, 12 (2018), 22, S. 1–16.

(38) George L. Mosse, *German Jews beyond Judaism*, Bloomington, Cincinnati: Indiana University Press/Hebrew Union College Press, 1985（三宅昭良訳『ユダヤ人の〈ドイツ〉――宗教と民族をこえて』講談社選書メチエ、一九九六年）。

(39) たとえば、本稿では触れられなかった、リベラリズムや「教養（Bildung）」というテーマ、あるいはシオニズムの問題も、モッセが探究し続けたテーマであった。この点については、*What History*

Tells に収録された関連論文、あるいは Aschheim, "George Mosse at 80," pp. 308-312 を参照。

（40） Mosse, *Confronting History*, p. 219.

（いたばし・たくみ　成蹊大学教授　国際政治史・ヨーロッパ政治史）

1986. [57, 75] / J. Wurf, *Die Bildenden Künste im Dritten Reich*, Gütersloh 1963. [10, 11, 78] / J. Wurf, *Musik im Dritten Reich*, Gütersloh 1963. [19, 25] / J. Wurf, *Theater und Film im Dritten Reich*, Gütersloh 1963. [54, 65] / K. Zentner, *Kaiserliche Zeiten*, München 1964. [42] / W. Müller=Wulckow, *Bauten der Gemeinschaft*, Leipzig 1928. [59, 68] / M. Agulhon, *Marianne au pouvoir; l'imagerie et la symbolique républicaines de la 1880 à 1914*, Paris 1989. [47] / K. Mantzius, *A History of Theatrical Art in Ancient and Modern Times*, Vol. 1, London 1903. [44] / "Volk und Zeit", Nr. 27. Jg. 14, 1934. [48]

図版出典

［ ］内は図版番号を示す．

G. G. Meerwein Hg., *Albert Speer: Architektur*, Frankfurt a. M. 1978. [9, 38, 60, 71, 72, 76] / Ch. Ferber, *Bilder von Tage 1842–1982*, Berlin 1983. [24] / Deutscher Bundestag. Hg., *Fragen an die deutsche Geschichte*, Bonn 1980. [49] / Ch. Zentner Hg., *Hitler-Jugend*, Hamburg o. J.. [40] / E. Böhm usw., *Kultur Spiegel*, Braunschweig 1984. [43] / G. Bott Hg., *Leben und Arbeiten im Industriezeitalter*, Stuttgart 1985. [61] / M. Brandt usw., *Malerei, Lexikon von A bis Z*, Köln 1986. [1] / H. Wiedmann usw., *München, von Wesen einer deutschen Stadt*, München 1939. [27, 69, 73] / G. Mann usw., *Unser Jahrhundert im Bild*, Gütersloh 1985. [33, 51] / U. Achten, *Illustrierte Geschichte des 1. Mai*, Dortmund 1985. [50] / L. Benevolo, *Storia della città*, 1975. [8] / F. Bollerey usw., *Bruno Taut 1880–1938, Akademie der künste*, Berlin 1980. [39] / D. Düdig usw., *Öffentliche Festkultur*, Reinbek bei Hamburg, 1988. [18] / E. Kaufmann, *Von Ledoux bis Le Corbusier*, Wien, Leipzig 1933. [22] / M. Ismeyer, K. Sühl Hg., *Feste der Arbeiterbewegung: 100 Jahre Jugendweihe*, Berlin 1989. [53, 63, 64] / J. Frecot, H. Geisert, *Berlin*, München 1984. [20, 28] / F. Grube, G. Richter, *Alltag im Dritten Reich*, Hamburg 1982. [41] / C. Hagemann, *Regie, Die Kunst der szenischen Darstellung*, 3. Aufl. Berlin 1912. [58] / G. L. Mosse, *The Nationalization of the Masses*, New York 1975. [16, 37, 52, 56] / G. L. Mosse, *Die Nationalisierung der Massen*, Berlin 1976. [5, 7, 13–15, 17, 21, 29–31, 34, 35, 46, 55, 77] / R. Noltenius Hg., *Illustrierte Geschichte der Arbeiterchöre*, Essen 1992. [62] / J. Petsch, *Baukunst und Stadtplanung im Dritten Reich*, München 1976. [70] / N. Pevsner, *A History of Buildings Types*, London 1976. [23, 26, 67] / P. Schuster Hg., *Nationalsozialismus und "Entartete Kunst"*, München 1987. [74] / H. Scharf, *Historische Stätten im Deutschland und Österreich*, Düsseldorf 1983. [6, 12, 32] / F. Winzer Hg., *Kulturgeschichte Europas*, Braunschweig o. J.. [2] / K. Wolbert, *Die Nackten und die Toten des Dritten Reiches* Gießen 1982. [4] / H. L. Wuermeling Hg., *München: Schicksal einer Großstadt 1900–1950*, München

10 *Ibid.*, p. 126.

11 George Rudé, *The Crowd in History. A Study of Popular Disturbances in France and England, 1730–1848*, New York 1964, p. 208.

12 *Mussolinis Gespräche mit Emil Ludwig*, Berlin 1932, S. 123 f..

13 Goethe, *Faust*, Insel-Goethe, 17 Bde., Leipzig o. J., 6. Bd., S. 136: George Steiner, *Language and Silence*, New York 1970, p. 384. 本書で論じられた時代のありようについては，ジョージ・シュタイナーから貴重な知識を賜った．

14 Benedetto Croce, *History of Europe in the Nineteenth Century*, London 1934, Chapter 4, passim.

15 z. B. Robert M. Berdahl, New Thoughts on German Nationalism, in: *American Historical Review*, Vol. 77. No. 1, 1972, p. 69 ff..

16 Georg Wilhelm Friedrich Hegel, *Vorlesungen über die Philosophie der Weltgeschichte*, Frankfurt/M. 1986.

17 Zit. in Helmut F. Pfanner, *Hanns Johst*, Den Haag 1970, S. 151.

18 Robert Minder, *Kultur und Literatur in Deutschland und Frankreich*, Frankfurt/M. 1962, S. 50.

19 本書で論じた政治様式の観点からの，アメリカ政治の分析については，Murray Edelman, *The Symbolic Uses of Politics*, Urbana, Ill. 1967

20 Steiner, *op. cit.*, S. 389.

21 Herbert Marcuse, *Kultur und Gesellschaft I*, Frankfurt/M. 1965, S. 57.

S. 126.

62 z. B. *Die Sonne*, 10. Bd., Heft 10, Oktober 1933, S. 517.

63 Franz Josef Heyen, *Nationalsozialismus im Alltag; Quellen zur Geschichte des Nationalsozialismus, vornehmlich im Raum Mainz-Koblenz-Trier*, Boppard 1967, S. 290 f..

64 *Ibid.*, S. 309.

65 Das Jahr 1940 in chronologischer und astronomischer Beziehung. Ausschnittesammlung der Wiener Library in London.

66 George L. Mosse, *Nazi Culture*, New York 1966, pp. 375–577.

67 Hans-Peter Görgen, *Düsseldorf und der Nationalsozialismus*, Düsseldorf 1969, S. 131.

68 Renzo de Felice, *Mussolini il fascista. L'organizzazione dello stato fascista 1925–1929*, Rom 1968, 1. Bd., S. 358 Anm. 2.

69 Görgen, *op. cit.*, S. 98.

70 Josef Ackermann, *Heinrich Himmler als Ideologe*, Göttingen 1970, S. 85.

71 第二章参照.

第九章　政治的祭祀

1 George L. Mosse, *Nazi Culture*, New York 1966, p. 8.

2 Arno J. Mayer, *Dynamics of Counterrevolution in Europe, 1870–1956*, New York 1971, p. 119.

3 George L. Mosse, The French Right and the Working Classes: Les Jaunes, in: *Journal of Contemporary History*, 1972, pp. 185–209.

4 Max H. Kele, *Nazis and Workers*, Chapel Hill, N. C., 1972, p. 164.

5 George L. Mosse, German Socialists and the Jewish Question in the Weimar Republic, in: *Year Book of the Leo Baeck Institute*, 1971, Vol. 16. pp. 123–151.

6 Theodore S. Hamerow, *The Social Foundations of German Unification: Ideas and Institutions*, Princeton, N. J. 1969, p. 398.

7 Johan Huizinga, *The Waning of the Middle Ages*, London 1924, p. 186.

8 David Bidney, Myth, Symbolism, and Truth, in: *Myth, A Symposium*, ed. Thomas A. Sebeok, Bloomington, Ind., und London 1958, p. 14.

9 Claude Lévi-Strauss, *Tristes Tropiques*, New York 1967, p. 127.

42 Guido List, *Der Übergang vom Wuotanismus zum Christentum*, Leipzig und Zürich 1911, S. 101–103; J. Lanz von Liebenfels, *Bibeldokumente I, Der Mensch der Bibel*, o. O., o. J., S. 53; Joachim Besser, Die Vorgeschichte des Nationalsozialismus im neuen Licht, in: *Die Pforte*, 2. Bd., Heft 21–22, November 1950, S. 775.

43 Speer, *op. cit.*, S. 71.

44 Zit. in Alfred Stein, Adolf Hitler und Gustave Le Bon, in: *Geschichte in Wissenschaft und Unterricht*, 1955, S. 367.

45 Hermann Rauschning, *Gespräche mit Hitler*, Zürich 1940, S. 40.

46 Villard, op. cit., p. 11; Michael H. Kater, *Das Ahnenerbe der SS*, Stuttgart 1974, S. 23.

47 *Fest und Freizeitgestaltung im NSLB*, 1936, 1. Bd., S. 12.

48 1923年のヒトラー一揆の死者を永眠の地に移した時（1935年）の式典をさす.

49 K. F. Reimers, J. Bauer, W. Funke, M. Held und H. Piontkowitz, Hitlers Aufruf an das deutsche Volk vom 10. Februar 1933, in: *Publikationen zu wissenschaftlichen Filmen*, 2. Bd., Heft 2, Mai 1971, S. 246.

50 *Albert Speer spricht*, S. 19 f..

51 *Ibid.*, S. 19.

52 Hitler, *Mein Kampf*, München ^{304}1938, S. 423 f., 513 f..

53 *Ibid.*, S. 371 f..

54 Gabriele D'Annunzio, *The Flame of Life*, New York 1900, p. 124 f..

55 Hitler, *op. cit.*, S. 116.

56 Cornelius Schnauber, *Wie Hitler sprach und schrieb*, Frankfurt/M. 1972, S. 37, 50 f., 87.

57 *Ibid.*, S. 9.

58 Stein, op. cit., S. 362–368.

59 *Œuvres complètes de Jean-Jacques Rousseau*, Paris 1907, Vol. 1, p. 269.

60 George L. Mosse, *The Crisis of German Ideology*, New York 1964, p. 216, 229.

61 Heer, *op. cit.*, S. 271; Otto Weininger, *Geschlecht und Charakter*（1903）は, 55,000部から58,000部も売れ, 1927年までに26版を重ねた. *Mitteilungen des Vereins zur Abwehr des Antisemitismus*, Bd. 37, Oktober 1927,

19 *Die Kunst im Dritten Reich* に掲載の諸論文を見よ.
20 1972年3月16日のアルベルト・シュペーアとの対談.
21 1972年1月2日付, アルベルト・シュペーアのジョージ・L・モッセあて書簡.
22 *Kunst und Volk*, April 1937, S. 118, 120.
23 J. J. Winckelmann, *The History of Ancient Art*, tr. G. Henry Lodge, Boston, 1973, p. 44.
24 Burden, *op. cit.*, p. 81.
25 Hildegard Brenner, *Die Kunstpolitik des Nationalsozialismus*, Hamburg 1963, S. 112.
26 1972年3月16日のアルベルト・シュペーアとの対談.
27 *Die Kunst im Dritten Reich*, Februar 1939, S. 43.
28 Hitler, *Skizzenbuch*.
29 Zit. in. Heinz Kindermann, *Theatergeschichte Europas*, Salzburg 1968, 8. Bd., S. 242.
30 *Ibid.*, S. 241, 243.
31 *Die Kunst im Dritten Reich*, Februar 1939, S. 52.
32 Hanns Johst, *Ich glaube! Bekenntnisse*, München 1928, S. 45, 23.
33 Kindermann, *op. cit.*, S. 242.
34 254–255 頁参照.
35 Adolf Hitler, *Mein Kampf*, München [304]1938, S. 530–532.
36 Zit. in William A. Jenks, *Vienna and the Young Hitler*, New York 1960, p. 195.
37 Brenner, *op. cit.*, S. 113.
38 *The Speeches of Adolf Hitler, April 1922–August 1939*, ed. Norman H. Baynes, New York, 1969. Vol. I. p. 587.
39 George L. Mosse, Literature and Society in Germany, in: *Literature and Civilization*, ed David Daiches und Anthony Thorlby, London 1972, Vol. 2, pp. 284–288.
40 Hans Severus Ziegler, *Adolf Hitler aus dem Erleben dargestellt*, Göttingen 1964, S. 76.
41 George L. Mosse, The Mystical Origins of National Socialism in: *Journal of the History of Ideas*, Vol. 12, 1961, pp. 83–96.

72 *Ibid.*, p. 457.
73 *Ibid.*, p. 171.

第八章　ヒトラーの美意識

1 Zit. in Hamilton T. Burden, *The Nuremberg Party Rallies: 1923–1930*, New York 1967, p. 103.
2 *Albert speer spricht.*, Manuskript V/1528 im Institut für den wissenschaftlichen Film, Göttingen 1970, S. 13.
3 Albert Speer, *Erinnerungen*, Berlin 1969, S. 108; P. Villard, Antiquité et Weltanschauung Hitlérienne, in: *Revue d'histoire de la deuxième guerre mondiale*, Vol. 22, No. 88, 1972, p. 12 f..
4 Friedrich Heer, *Der Glaube des Adolf Hitler*, München 1968, S. 153.
5 *Wiener Monumental-Bauten*, Wien 1892, 2. Bd., passim.; Klaus Eggert, *Die Ringstraße*, Wien und Hamburg 1971, S. 34 ff..
6 Zit. in Armand Dehlinger, *Architektur der Superlative*. Unveröffentlichtes Manuskript im Institut für Zeitgeschichte, München, S. 33.
7 Alfred Rietdorf, *Gilly, Wiedergeburt der Architektur*, Berlin 1940.
8 Adolf Hitler, *Skizzenbuch*. Unveröffentlichtes Manuskript im Besitz von Albert Speer, deponiert im Kunstgeschichtlichen Seminar Göttingen; Speer, *op. cit.*, S. 149 f..
9 Gerhard Kratsch, *Kunstwart und Dürerbund*, Göttingen 1969, S. 202 f.; Volkkräftige Kunst stärkt das Volk, in: *Der Kunstwart*, Oktober 1887, 1. Bd., S. 4.
10 *Ibid.*, S. 466, 464.
11 Heinrich Tessenow, *Hausbau und dergleichen*, München 1916, S. 3, 8.
12 1972年3月16日のアルベルト・シュペーアとの対談．ヒトラーの「表現建築」への執着については，*Albert Speer spricht.*, S. 15.
13 Dehlinger, *op. cit.*, S. 38.
14 Paul Bonatz, *Leben und Bauen*, Stuttgart 1950, S. 181.
15 Zeichnungen im Besitz von Albert Speer.
16 Dehlinger, *op. cit.*, S. 65.
17 Speer, *op. cit.*, S. 55.
18 Dehlinger, *op. cit.*, S. 30.

54 *Ibid.*, S. 2.

55 *Ibid.*, S. 5.

56 *Gott, Freiheit, Vaterland, Sprechchöre der Hitlerjugend*, Stuttgart o. J., S. 7.

57 Ludwig Hoffmann und Daniel Hoffmann-Ostwald, *Deutsches Arbeitertheater 1918–1933*, Berlin 1961, S. 100, 128.

58 *Arbeiter-Fest-Tage*, Wien 1927, S. 134.

59 Hoffmann und Hoffmann-Ostwald, *op. cit.*, S. 226–228.

60 *Ibid.*, S. 225.

61 C. D. Innes, *Erwin Piscator's Political Theatre*, Cambridge 1972, p. 29, 31, 144.

62 *Ibid.*, p. 92.

63 「左翼」人民演劇については，*Wesen und Weg der Berliner Volksbühnenbewegung*, hrsg. von Julius Bab, Berlin 1919.「国民社会主義演劇」については，*Die Volksbühne*, 5. Bd., Nr. 2, Februar 1931, S. 482; *Der Aufmarsch*, Nr. 2, Februar 1931, S. 8., *Ibid.*, Nr. 3, März 1931, S. 8. これはナチ学生同盟（Schülerbund: 中等学校生徒の組織）の機関紙である．

64 Die Stellung der NSDAP zur Judenfrage, in: *Eine Materialsammlung, vorgelegt vom Zentralverein deutscher Staatsbürger jüdischen Glaubens*, Berlin 1932. これは，ドイツ＝ユダヤ公民中央連盟の防衛活動の一部として，共和国大統領フォン・ヒンデンブルクに提出された膨大な記録資料集である．Arnold Paucker, *Der Jüdische Abwehrkampf gegen Antisemitismus und Nationalsozialismus in den letzten Jahren der Weimarer Republik*, Hamburg 1968, S. 137, Anm. 40. 1933 年以前のナチ劇場についての最良の資料は以下の雑誌．*Das Junge Deutschland, Aufmarsch.*

65 Hoffmann und Hoffmann-Ostwald, *op. cit.*, S. 45.

66 *Ibid.*, S. 230 f..

67 Jean Marguerite, Les fêtes du peuple, in: *Les Cahiers du travail*, Serie 1, cahier 7, 2. 6. 1921, p. 43, 48, 7.

68 Ibid., S. 5.

69 Paul Piechowski, *Proletarischer Glaube*, Berlin ^{6}1928, S. 91, 93.

70 Ursula Münchow, *Aus den Anfängen der sozialistischen Dramatik I*, Berlin 1964, S. 3 ff. über Jean Baptiste von Schweitzer, *Ein Schlingel.*

71 Adolf Hitler, *Mein Kampf*, tr. Ralph Mannheim, Boston 1943, p. 41.

28 *Der Kampf*, 1908, S. 99.

29 Kurt Eisner, *Gesammelte Schriften*, Berlin 1919, 2. Bd., S. 93.

30 Dommanget, *op. cit.*, p. 176.

31 *Maifestschrift des geeinigten Proletariats Württembergs*, o. O. 1. Mai 1919.

32 Dommanget, *op. cit.*, p. 361, 363.

33 *Welten-Mai. Maizeitung 1920 KPD*, o. O., o. J. S. 7.

34 *Der Erste Mai der Kommunistischen Internationale*, Wien o. J., S. 11.

35 Giovanoli, *op. cit.*, S. 93, 111 f..

36 Edmund Neuendorff, *Die Deutsche Turnerschaft 1860–1936*, Berlin 1936, S. 146.

37 Oskar Drees in *Reichsjugendpflege-Konferenz der Zentralkommission für Arbeitersport und Körperpflege e. V.*, Berlin 1927, S. 9, 6.

38 *Ibid.*, S. 32.

39 236–238 頁参照.

40 Erich Grisas, *Nürnberg, wir kommen*, o. O. 1929, S. 78.

41 Oskar Drees in *Reichsjugendpflege*, S. 32.

42 *Der Vertrauensmann*, 7. Jahrgang, Nr. 1. Wien, Januar 1931, S. 2.

43 Heinz Timmermann, *Geschichte und Struktur der Arbeitersportbewegung 1893–1933*, Marburg 1969, S. 15, 62, 56, 83, 80 f., 121.

44 *Ibid.*, S. 7.

45 *Arbeiter-Jugend*, Juni 1922, S. 162.

46 *Ibid.*, Februar 1933, S. 47; *Ibid.*, Oktober 1924, S. 287.

47 *Ibid.*, Juli 1922, S. 198.

48 *Vorwärts* vom 20. 10. 1928, S. 1.

49 Friedrich Knilli und Ursula Münchow, *Frühes deutsches Arbeitertheater 1847–1918. Eine Dokumentation*, München 1970, S. 343, 351.

50 Klaus Pfützner, *Die Massenfestspiele der Arbeiter in Leipzig 1920–1924*, Leipzig 1960, S. 10.

51 *Ibid.*, S. 11, 13 f..

52 *Ibid.*, S. 20, 24; Eugen Kurt Fischer, *Die Laienbühne als Gesinnungstheater*, München 1926, S. 29.

53 *Die literarische Welt*, 5. Bd., Sondernummer "Arbeiterdichtung" vom 12. 7. 1929, S. 1.

2 Ferdinand Lassalle, *Gesammelte Reden und Schriften*, hrsg. von Eduard Bernstein, Berlin 1919, 4. Bd., S. 230–242.

3 *Ibid.*, S. 236.

4 Shlomo Na'aman, *Lassalle*, Hannover 1970, S. 664.

5 *Festschrift, I. Südbayerisches Arbeiter-Sängerbundesfest*, Augsburg 1926, S. 15. 労働者合唱団同盟の前身である「自由合唱団連盟」は1894年に12,000人のメンバーを擁していた. *Die Sängerhalle*, 22. 2. 1894, S. 93.

6 Victor Noack, *Der Deutsche Arbeiter-Sängerbund*, Berlin 1911, S. 16, 3.

7 *Ibid.*, S. 19.

8 *Ibid.*, S. 5 f..

9 *10 Jahre Volkschor Harmonie Charlottenburg*, o. O. 1929, S. 5.

10 Siegfried Günther, *Kunst und Weltanschauung: Wege und Ziele des Arbeiter-Sängerbundes*, Berlin 1925, S. 18.

11 Erich Mühsam, *Revolution, Kampf-Marsch und Spottlieder*, Berlin 1925, S. 7 f..

12 *Ibid.*, S. 8.

13 *Festschrift, IX. Bayerisches Arbeiter-Sängerbundesfest*, München 1914, S. 80.

14 *Ibid.*, S. 89.

15 *Festschrift, X. Bayerisches Arbeiter-Sängerbundesfest*, Nürnberg 1925, S. 85.

16 *Ibid.*, S. 86 f., 89, 93.

17 *Vorwärts* vom 11. 4. 1910, S. 4.

18 *Ibid.*, S. 1.

19 *Ibid.*, S. 1.

20 Maurice Dommanget, *Histoire du Premier Mai*, Paris 1953, p. 330, 332.

21 Friedrich Giovanoli, *Die Maifeierbewegung*, Karlsruhe 1925, S. 101.

22 *Ibid.*, S. 115; Dommanget, *op. cit.*, p. 396. フランスにおいて, メーデーはしばしば"労働者の復活祭"と呼ばれた.

23 Kurt Eisner, *Feste der Festlosen*, Dresden 1905, S. 20 f..

24 *Ibid.*, S. 44.

25 Kurt Eisner, *Taggeist*, Berlin 1901, S. 142.

26 Allan Mitchell, *Revolution in Bavaria 1918–1919*, Princeton, N. J., 1965, p. 113.

27 Giovanoli, *op. cit.*, S. 106 Anm., 35.

114 *Ibid.*, S. 89.

115 Emile Jacques-Dalcroze, *Rhythmische Gymnastik*, Neuchâtel 1906, 1. Bd., S. XIII.

116 Karl Storck, *Emile Jacques-Dalcroze. Seine Stellung und Aufgabe in unserer Zeit*, Stuttgart 1912, S. 81; E. Jacques-Dalcroze, in: *Der Rhythmus: Ein Jahrbuch*, Jena 1911. S. 49.

117 Storck, *op. cit.*, S. 85; *Der Rhythmus*, S. 50.

118 Wigman, *op. cit.*, S. 23.

119 Max von Boehm, *Der Tanz*, Berlin 1925, S. 128.

120 Wigman, *op. cit.*, S. 93; Mary Wigman, Tänzerisches Schaffen der Gegenwart, in: *Tanz in dieser Zeit*, hrsg. von Paul Stefan, Wien und New York o. J., S. 5.

121 Rudolf von Laban, *Ein Leben für den Tanz*, Dresden 1935, S. 191, 52.

122 *Ibid.*, S. 194.

123 *Ibid.*, S. 108 f..

124 *Ibid.*.

125 *Ibid.*, S. 191, 188.

126 *Ibid.*, S. 213; Wigman, *Sprache des Tanzes*, S. 87. 彼女は 1961 年まで舞踏劇を作り続けた.

127 *Kunst der Nation*, 1. 11. 1934, S. 1.

128 *Jahrbuch für Volks- und Jugendspiele*, 2. Bd., 1902, S. 86 f., 91.

129 *Ibid.*, S. 91, 113.

130 *Jahrbuch Deutscher Tanz 1937*, Berlin 1937, S. 19.

131 *Jahrbuch für Volks- und Jugendspiele*, 1902, S. 55, 57.

132 1972 年 1 月 2 日付, アルベルト・シュペーアのジョージ・L・モッセあて書簡, S. 2. 残念ながら, ジャズがナチ指導部をどの程度魅惑したかをこれ以上は解明できなかった.

133 Albert Speer, *Erinnerungen*, Berlin 1969, S. 40; シュペーアとの 1972 年 3 月 16 日の対談.

第七章　労働者の貢献

1 Ferdinand Lassalle, *Ausgewählte Reden und Schriften*, Leipzig o. J., 1. Bd., S. 139.

89 Ewald, op. cit., S. 76.

90 Ibid., S. 210.

91 Ibid., S. 71.

92 *Festblatt des Zweiten Deutschen Bundesschießens*, Bremen, 25. 6. 1865, S. 10.

93 Friedrich Theodor Vischer, *Kritische Gänge. Neue Folge*, Stuttgart 1863, 4. Heft, S. 20 f., 30 ff..

94 *Ibid.*, S. 36.

95 Hans Mayer, Rhetorik und Propaganda, in: *Festschrift zum achtzigsten Geburtstage von Georg Lukács*, Neuwied 1965, S. 122–124.

96 *Festblatt des Zweiten Deutschen Bundesschießens*, 18. 6. 1865, S. 13.

97 Festplatz für das X. Deutsche Bundesschießen, in: *Deutsche Bauzeitung*, 24. Bd., 1890, S. 24, 339, 362.

98 *Bayerische Schützenzeitung*, Nr. 1, 1922, S. 2; *Ibid.* Nr. 4, 1922, S. 1; *Ibid.* 10. 3. 1922, passim.

99 *Vereinigte Deutsche Schützen-Zeitung*, Nr. 27, 6. 7. 1923, S. 5.

100 *Bayerische Schützen-Verbandszeitung*, Nr. 43, 21. 10. 1933, S. 1.

101 *Vereinigte Deutsche Schützen-Zeitung*, 27. 7. 1923, S. 1.

102 *Bayerische Schützen-Verbandszeitung*, Nr. 1, 2. 1. 1932, S. 2.

103 Ludwig Thoma, *Gesammelte Werke*, München 1922, S. 536. 1914年以前の射撃協会への一般的な批判は，同書以下参照．S. 536–540.

104 *Bayerische Schützen-Verbandszeitung*, Nr. 16, 5. 4. 1933, S. 1.

105 *Ibid.*, 14. 10. 1933, S. 1; *Ibid.* Nr. 18, 29. 4. 1933, S. 1.

106 *Ibid.*, 30. 9. 1933, S. 2.

107 *Ibid.*, 29. 4. 1933, S. 1.

108 1923年にはこうした組織が約3000あった．*Bayerische Schützenzeitung-Vereinigte Deutsche Schützen-Zeitung*, 31. Bd., 6. 7. 1923, S. 2. その後の会員数に関する資料は未入手．

109 Oskar Söhngen, *Säkularisierter Kultus*, Gütersloh 1950, S. 53.

110 Adam Ritzhaupt, *Die Neue Schaar in Tübingen*, Jena 1921, S. 28.

111 1972年1月2日付，アルベルト・シュペーアのジョージ・L・モッセあて書簡，S. 2.

112 Mary Wigman, *Die Sprache des Tanzes*, Stuttgart 1964, S. 12 f..

113 *Ibid.*, S. 17, 22 f..

67 *Ibid.*, 1926, S. 102.

68 Interview Erich Streubels, in: *Kunst der Nation*, 1. 12. 1933, S. 1.

69 Ibid., S. 2; s. auch Will Reeg, *Tag deutscher Stämme. Chorisches Spiel für die deutsche Jugend*, Mühlhausen/Thür. o. j., S. 3, 12, 16.

70 *Gott, Freiheit, Vaterland. Sprechchöre der Hitlerjugend*, Stuttgart o. j., S. 7.

71 Hans Severus Ziegler, *Adolf Hitler aus dem Erleben dargestellt*, Göttingen 1964, S. 60 f..

72 *Die neue Gemeinschaft. Das Parteiarchiv für nationalsozialistische Feier und Freizeitgestaltung 1942*, S. 510, zit. in: Klaus Vondung, *Magie und Manipulation. Ideologischer Kult und politische Religion des Nationalsozialismus*, Göttingen 1971, S. 146.

73 *Fränkische Sängerzeitung*, 2. Bd., 15. 5. 1936, S. 106–110.

74 Georg Götsch und Ludwig Klebetz, *Männerchor oder singende Mannschaft*, Hamburg 1934, S. 12, 16.

75 *Jahrbuch des Deutschen Sängerbundes*, Dresden 1933, S. 44.

76 *Ibid.*, Dresden 1934, S. 79 ff..

77 *Ibid.*, S. 81.

78 Götsch und Klebetz, *op. cit.*, S. 21.

79 *Fränkische Sängerzeitung*, 2. Bd., 15. 5. 1936, S. 106.

80 *Jüdische Rundschau*, 9. 1. 1934. S. 3.

81 *Singkamerad, Liederbuch der Deutschen Jugend*, hrsg. von der Reichsamtsleitung des National-sozialistischen Lehrerbundes, München 1934, S. 23 f..

82 *Nationalsozialistisches Volks-Liederbuch mit Noten*, hrsg. von Bernhard Priewe, Berlin-Schöneberg 1932, S. 33 f..

83 *Jahrbuch des Deutschen Sängerbundes*, Dresden 1926, S. 52.

84 合唱団は「射撃祭」に参加し，合唱した．たとえば，*Festblatt des Bundesschießens 1865*, Bremen 23. Juli 1865 参照．

85 Zit. in Wilhelm Ewald, Die rheinischen Schützengesellschaften, in: *Zeitschrift des Rheinischen Vereins für Denkmalspflege und Heimatschutz*, Heft 1, September 1933, S. 70.

86 Ibid., S. 66.

87 *Wir Schützen*, hrsg. von Wilhelm Ewald, Duisburg 1938, S. 296.

88 *Bayerische Schützenverbandszeitung*, Nr. 16, 15. 4. 1933.

des Vereins, Jena 1913, S. 62.

42 Preußner, *op. cit.*, S. 141.

43 Veit-Brause, *op. cit.*, S. 125–127.

44 Rudolf Haase, *Geschichte des Solinger Chorwesens*, Köln 1956, S. 9.

45 *Der Männerchor*, 2. Bd., Heft 2, 1926 o. O.; *Festbuch des Männer-Gesangvereins Ettenheim 1862–1912*, Ettenheim o. j., S. 5.

46 *Festbuch Ettenheim*, S. 4, 6, 8; s. auch Festprogramm 1912.

47 Hildegard von Radzibor, Untersuchungen zur Musikgeschichte der Stadt Düren, Inaugural-Dissertation Köln 1969, in: *Beiträge zur Rheinischen Musikgeschichte*, Heft 79, S. 63.

48 Preußner, *op. cit.*, S. 134.

49 Zit. in *Jahrbuch des Deutschen Sängerbundes*, Dresden 1926, S. 2.

50 Staudinger, *op. cit.*, S. 92, 94 f..

51 *Deutsche Sängerbundeszeitung*, 1. Bd., 7. 4. 1909, S. 250.

52 Staudinger, *op. cit.*, S. 102.

53 *Deutsche Sängerbundeszeitung*, 1. Bd., 7. 4. 1909, S. 251.

54 Staudinger, *op. cit.*, S. 97.

55 *Die Sängerhalle*, 17. 1. 1895, S. 25. マンハイムの「コンコルディア」のような協会は，労働者階級のメンバーが増加してきたときでも，コンクールの審判をする委員会を王侯，貴族，上流ブルジョアジーで構成していた．Staudinger, *op. cit.*, S. 105.

56 z. B. *100 Jahre Vereinsgeschichte des Männergesangvereins Liederkranz Oldenburg*, o. O. 1956, S. 14, 18, 20.

57 *Deutsche Sängerbundeszeitung*, 1. Bd., 27. 1. 1909, S. 651.

58 *Ibid.*, S. 67.

59 *Ibid.*, 2. Bd., 5. 1. 1910, S. 4.

60 *Ibid.*, 2. Bd., 22. 1. 1910, S. 156.

61 *Ibid.*, 3. Bd., 4. 1. 1911, S. 3.

62 *Hundert Jahre Arion*, *op. cit.*, S. 80.

63 *Jahrbuch des Deutschen Sängerbundes*, Dresden 1926, S. 19.

64 *Ibid.*, S. 20, 83.

65 *100 Jahre Vereinsgeschichte Liederkranz*, S. 89.

66 *Jahrbuch des Deutschen Sängerbundes*, Dresden 1933, S. 44.

16 *Ibid.*, S. 46.

17 *Deutsche Bauzeitung*, 2. Bd., 1889, S. 444.

18 Paul Bonatz, in: *Kunst der Nation*, 1. 5. 1993, S. 1.

19 164頁参照.

20 1972年3月16日のアルベルト・シュペーアとの対談.

21 Neuendorff, *op. cit.*, S. 162.

22 Karl Seidelmann, *Bund und Gruppe als Lebensformen deutscher Jugend*, München 1954, S. 294.

23 Neuendorff, *op. cit.*, S. 176.

24 Jürgen Dieckert, *Die Turnerjugendbewegung*, Stuttgart 1968, S. 22.

25 *Ibid.*, S. 26, 29.

26 Neuendorff, *op. cit.*, S. 139, 146.

27 Dieckert, *op. cit.*, S. 21.

28 Neuendorff, *op. cit.*, S. 215.

29 Dieckert, *op. cit.*, S. 49.

30 *Ibid.*, S. 49.

31 Neuendorff, *op. cit.*, S. 218.

32 Dieckert, *op. cit.*, S. 94.

33 Neuendorff, *op. cit.*, S. 247 ff. ノイエンドルフは，この本の最終章を自分では執筆せず，代わりにナチ党員によってそれは書き上げられた. Dieckert, *op. cit.*, S. 94.

34 Konrad Henlein, *Reden und Aufsätze zur völkischen Turnbewegung 1928–1933*, Karlsbad 1934, S. 112.

35 *Jüdisches Vereins-Liederbuch*, hrsg. vom Ausschuß der Jüdischen Turnerschaft, Berlin 1911, S. 29.

36 *Ibid.*, S. 38, 99.

37 Christoph Albrecht, *Schleiermachers Liturgik*, Göttingen 1963, S. 79, 100.

38 Eberhard Preußner, *Die bürgerliche Musikkultur*, Kassel und Basel 1935, S. 126.

39 *Ibid.*, S. 128 f..

40 *Hundert Jahre Männergesangverein Arion von 1829*. Neubrandenburg 1920, S. 19 f., 22.

41 Hans Staudinger, *Individuum und Gemeinschaft in der Kulturorganisation*

74 Theodor Heuss, *Erinnerungen 1905–1933*, Frankfurt/M. 1965, S. 167.

75 Hans Grimm, *Warum-Woher-Aber-Wohin*, Lippoldsberg 1954, S. 120f.: *Festschrift zur republikanischen Kundgebung mit Banner-Enthüllung, 30. August mit 1. September 1929*, Burghausen o. J.; Karl Rohe, *Das Reichsbanner Schwarz-Rot-Gold*, Düsseldorf 1966, S. 404, 406, 409, 414.

第六章　諸組織の参入

1 Thomas Nipperdey, Verein als soziale Struktur in Deutschland im späten 18. und frühen 19. Jahrhundert, in: *Geschichtswissenschaft und Vereinswesen im 19. Jahrhundert*, Göttingen 1972, S. 36, Anm., 100. 他の専門職組織もまた「ドイツの国民意識」の高揚に寄与した．以下は言語学者，自然科学者にも言及している．Irmline Veit-Brause, *Die deutsch-französische Krise von 1840*, Inaugural-Dissertation Köln 1970, S. 124.

2 Friedrich Ludwig Jahn und Ernst Eiselen, *Die Deutsche Turnkunst*, Berlin 1816, Faksimileausgabe Fellbach 1967, S. 218 f..

3 *Ibid.*, S. XVIII.

4 *Ibid.*, S. V, VI, 229.

5 たとえば，ライプツィヒ戦勝記念日を祝う「体操の日」において：Friedrich Ludwig Jahn, *Werke*, hrsg. von Carl Euler, Hof 1887, 2. Bd., 2. Hälfte, S. 878.

6 Jahn und Eiselen, *op. cit.*, S. 234.

7 Willi Schröder, *Burschenschaftsturner im Kampf um Einheit und Freiheit*, Berlin 1967, S. 183, 185.

8 *Ibid.*, S. 286; Edmund Neuendorff, *Die Deutsche Turnerschaft 1860–1936*, Berlin 1936, S. 7.

9 Schröder, *op. cit.*, S. 287.

10 Neuendorff, *op. cit.*, S. 52. 1896 年ドイツとオーストリアにおけるメンバーは約 53 万人であった．

11 *Ibid.*, S. 37.

12 ヤーン自身，焚書を示唆していた．Schröder, *op. cit.*, S. 197.

13 Neuendorff, *op. cit.*, S. 144, 23.

14 *Ibid.*, S. 14.

15 *Ibid.*, S. 23.

54 *Ibid.*, S. 119, 133.
55 Rudolf Kuppe, *Karl Lueger und seine Zeit*, Wien 1933, S. 284 f., 295, 343.
56 Hitler, *op. cit.*, S. 131.
57 327 頁参照.
58 Hitler, *op. cit.*, S. 115.
59 Walter Frank, *Hofprediger Stoecker und die christlichsozial Bewegung*, Hamburg, 1935, S. 238.
60 Eugen Schmahl, Die antisemitische Bauernbewegung in Hessen von der Boeckelzeit bis zum Nationalsozialismus, in: Wilhelm Seipel, *Entwicklung der Nationalsozialistischen Bauernbewegung in Hessen*, Gießen 1933, S. 74, 86, 100.
61 Ibid., S. 89 ff., 128, 121. ベッケル運動の一般的議論で最良のものは，Rüdiger Mack, Antisemitische Bauernbewegung in Hessen, in: *Wetterauer Geschichtsblätter*, 1967, 16. Bd., S. 3–37.
62 Paul W. Massing, *Rehearsal for Destruction*, New York 1967, S. 91.
63 *Mitteilungen des Vereins zur Abwehr des Antisemitismus*, 3. Bd., Nr. 33 vom 13. 8. 1893, S. 313.
64 *Mitteilungen*, 3. Bd., Nr. 5 vom 29. 1. 1893, S. 34.
65 Schmahl, op. cit., S. 101.
66 Hitler, *op. cit.*, S. 43.
67 *Gott, Freiheit, Vaterland; Sprechchöre der Hitlerjugend*, Stuttgart o. J., S. 7.
68 G. Bonet-Maury, *De la signification morale et religieuse des fêtes républicaines dans les républiques modernes*, Dole 1896, p. 25. 彼はまた，7 月 14 日の祝祭の印象の弱さについても関心を持っていた．*op. cit.*, p. 3.
69 *Ibid.*, p. 25.
70 George L. Mosse, Caesarism, Circuses, and Monuments, in: *Journal of Contemporary History*, Vol. 6. No. 2, 1971, p. 176 f..
71 Französisches Nationalarchiv. BN4° G. 1279; 共和国の祝祭はせいぜいが大統領の御前で代議士が行う“分列行進”のようなものだ，と批判されている．G. Bessonet-Faure, *Les fêtes républicaines depuis 1789 jusqu'à nos jours*, Paris o. J.,（1900–14）p. 274.
72 158–159 頁参照.
73 *Zum Verfassungstag*, Berlin 1931, S. 5, 7.

31 Friedrich Albert Meyer, *Die Zoppoter Waldoper, ein neuer Weg des Festspielgedankens*, Berlin 1934, S. 61, 12 f., 16 ff..

32 Petersen, *op. cit.*, S. 41–43.

33 Wachler, op. cit., S. 174.

34 *Deutsche Bauzeitung*, 24. Bd., 1890, S. 84.

35 たとえば，ヴァッハラーはボックス席を廃し，観客を通路で仕切らないバイロイト劇場を高く評価した．Wachler, op. cit., S. 174.

36 Rudolf Mirbt, *Laienspiel und Laientheater*, Kassel 1960, S. 73.

37 Vondung, *op. cit.*, S. 19.

38 Gottfried Haas-Berkow und Max Gumbel-Seiling, *Totentanz*, Leipzig 1920. ハース・ベルコフは，第一次世界大戦前の素人演劇の重要な提唱者だった．

39 Mirbt, *op. cit.*, S. 29, 15 f..

40 *Deutsche Bauzeitung*, 24. Bd., 1890, S. 83; *Bayreuther Blätter*, 7. Bd., 1884, S. 18; Thomas Westerich zit. in Vondung, *op. cit.*, S. 25 f..

41 Hans Herrig, *Luxustheater und Volksbühne*, Berlin 1887, S. 79, 400.

42 Hanns Johst, *Ich glaube! Bekenntnisse*, München 1928, S. 36.

43 *Ibid.*, S. 56.

44 Rainer Schlösser, *Das Volk und seine Bühne*, Berlin 1935, S. 39.

45 *Hitlerjungens im Kampf*, hrsg. von Rudolf Mirbt, München 1934, passim.

46 Schlösser, *op. cit.*, S. 51, 45 ff..

47 *Ibid.*, S. 53; Karl-August Götz, Der Grundsatz des Thingdienstes, in: *Der Deutsche Student*, Dezember 1935, S. 45 ff., 693.

48 Wilhelm von Schramm, *Neubau des deutschen Theaters*, Berlin 1934, S. 55, 39 f., 41 f. シュラムは暫時，小説家・脚本家・詩人であったのと同様“ドイツ劇場”のスポークスマンでもあった．

49 Götz, Der Grundsatz des Thingdienstes, in: *Der Deutsche Student*, S. 691; Wolfgang Neuschaefer, *Thing am Heiligen Berg*, Mühlhausen 1935, S. 25; von Schramm, *op. cit.*, S. 46, 48.

50 *Ibid.*, S. 5.

51 303 頁参照.

52 Benno von Arent, in: *Die Kunst im Dritten Reich*, Februar 1939, S. 43.

53 Adolf Hitler, *Mein Kampf*, München 1934, S. 133.

Von Mainz nach Weimar, Stuttgart 1969, S. 269–298.

15 Vondung, *op. cit.*, S. 173 f..

16 *Bayreuther Blätter*, 7. Bd., 1884, S. 124; Leopold von Schroeder, zit. in: Winfried Schuler, *Der Bayreuther Kreis von seiner Entstehung bis zum Ausgang der Wilhelminischen Ära*, Münster 1971, S. 219.

17 *Bayreuther Blätter*, 7. Bd., 1884, S. 168.

18 *Ibid.*, 8. Bd., 1885, S. 148 f..

19 *Ibid.*, 9 Bd., 1886, S. 59.

20 *Cosima Wagner und Houston Stewart Chamberlain im Briefwechsel 1888–1908*, Leipzig 1934, S. 187, 312.

21 *Ibid.*, S. 362.

22 *Ibid.*, S. 564, George L. Mosse. "Introduction." in: Houston Stewart Chamberlain, *Foundations of the 19th Century*, New York 1968, pp. V–XIII. ヴァーグナーの妻コジマもチェンバレンのキリスト教に対する態度一般を嫌っていた．彼が彼女の福音派正統主義を否認したからである．しかもこの本にヴァーグナーへの言及がないことにバイロイトの人々は憤った．Schuler, *op. cit.*, S. 121 ff..

23 *Hitler's Secret Conversations 1941–1944*, New York 1953, p. 198.

24 Gabriele D'Annunzio, *The Flame of Life*, New York 1900, p. 124; ダヌンツィオと「新しい政治」については，George L. Mosse, The Poet and the Exercise of Political Power: Gabriele D'Annunzio, in: *Yearbook of Comparative and General Literature*, No. 22, 1973, pp. 32–41 参照．

25 Petersen, *op. cit.*, S. 39, 41. ペーターゼンは，そうした演劇が「第三帝国」願望に絶対不可欠の要素である，と信じた．Julius Petersen, *Die Sehnsucht nach dem Dritten Reich*, Stuttgart 1934, S. 57. ペーターゼンは国民社会主義者でありドイツ文学・言語学の教授であった．

26 Ernst Wachler, Das deutsche Theater der Zukunft, in: *IDUNA-Taschenbuch auf 1903*, Berlin 1903, S. 173.

27 Ibid., S. 175.

28 Ibid., S. 173; Petersen, *op. cit.*, S. 29.

29 ヴァッハラーについては，George L. Mosse, *The Crisis of German Ideology*, New York 1964, pp. 80–82 参照．

30 Wachler, op. cit., S. 172.

1901, S. 281.

78 *The Complete Diaries of Theodor Herzl*, hrsg. von Raphael Patai, übers. von Harry Zohn, New York 1960, Vol. 1, p. 43, 39, 27.

79 *Ibid.*, p. 67, 33.

80 *Deutsche Bauzeitung*, 22. Bd., 1898, S. 190.

81 *Ibid.*, S. 114.

82 *Ibid.*, S. 64.

83 *Ibid.*, 2. Bd., 1889, S. 515.

84 277–278 頁参照.

第五章　公的祝祭——演劇と大衆運動

1 George L. Mosse, Was sie wirklich lasen : Marlitt, Ganghofer, May. in : *Popularität und Trivialität*, Bad Homburg v. d. H. 1974, S. 101–120.

2 Richard Wagner, zit. in Leopold von Schroeder, *Die Vollendung des arischen Mysteriums in Bayreuth*, München 1911, S. 102 f..

3 George L. Mosse, *The Culture of Western Europe : The Nineteenth and Twentieth Centuries*, Chicago 1961, p. 21 ff..

4 Hans Mayer, *Richard Wagner in Selbstzeugnissen und Bilddokumenten*, Hamburg 1959, S. 142.

5 Zit. in Klaus Vondung, *Magie und Manipulation. Ideologischer Kult und politische Religion des Nationalsozialismus*, Göttingen 1971, S. 173.

6 *Bayreuther Blätter*, 5. Bd., 1882, S. 8.

7 Julius Petersen, *Geschichtsdrama und nationaler Mythos*, Stuttgart 1940, S. 49 f..

8 *Ibid.*, S. 49.

9 Mayer, *op. cit.*, S. 143.

10 135–136 頁参照.

11 Mayer, *op. cit.*, S. 161 ; George L. Mosse, *The Crisis of German Ideology*, New York 1964, pp. 203–209.

12 *Bayreuther Blätter*, 4. Bd., 1881, S. 10.

13 *Ibid.*, 7 Bd., 1884, S. 123.

14 Hermann Strack, *Das Blut im Glauben und Aberglauben der Menschheit*, Leipzig 1900.「聖杯」に関するのちの文学史については，Jost Hermand,

52 Georg Müller, Friedrich von Bodelschwingh und das Sedansfest, in: *Geschichte in Wissenschaft und Unterricht*, 14. Bd., 1963, S. 85.

53 Ibid., S. 86.

54 Ibid., S. 83, 86.

55 Ibid., S. 83.

56 *100 Jahre Vereinsgeschichte des Männergesangvereins Liederkranz Oldenburg*, o. O. 1956, S. 53.

57 Müller, op. cit., S. 87.

58 Ibid., S. 77.

59 Ibid., S. 88.

60 z. B. *Deutsche Nationalfeste, Schriften und Mitteilungen des Ausschusses 1897–1898*, o. O. o. J., S. 169.

61 Jahn, Deutsches Volkstum, in: *op. cit.*, S. 320.

62 Schmeer, *op. cit.*, S. 75–79.

63 Müller, op. cit., S. 77.

64 Jahn und Eiselen, *op. cit.*, S. XIX.

65 *Jahrbuch für Volks- und Jugendspiele*, 10. Bd., 1901, S. 299–303; *Ibid.*, 7. Bd., 1898, S. 7, 52.

66 *Ibid.*, 7. Bd., 1898, S. 46; *Ibid.*, 9. Bd., 1900, S. 34; *Deutsche Nationalfeste*, op. cit., S. 221 f., 70–72; Fritz Schmidt, *Emil von Schenckendorffs Verdienste um die körperliche Erziehung der deutschen Jugend*, Leipzig 1919, passim.

67 *Jahrbuch für Volks- und Jugendspiele*, 7. Bd., 1898, S. 159.

68 Leitsätze, in: *Deutsche Nationalfeste*, op. cit., o. J..

69 *Jahrbuch für Volks- und Jugendspiele*, 9. Bd., 1900, S. 15.

70 *Deutsche Nationalfeste*, op. cit., S. 15.

71 *Jahrbuch für Volks- und Jugendspiele*, 9. Bd., 1900, S. 90.

72 *Deutsche Bauzeitung*, 22. Bd., 1898, S. 27, 44, 60, 168.

73 *Deutsche Nationalfeste*, op. cit., S. 169.

74 *Jahrbuch für Volks- und Jugendspiele*, 10. Bd., 1901, S. 257 f., 263–269.

75 A. Soboul, *Paysans, Sansculottes et Jacobins*, Paris 1966, p. 183–202.

76 踊り以外に真の民衆的参加などなかった，という批判もある．*Le Petit Journal du Soir* vom 15. 7. 1880.

77 *Jahrbuch für Volks- und Jugendspiele*, 7. Bd., 1898, S. 56; *Ibid.*, 10 Bd.,

30 80頁参照.
31 119–120頁参照.
32 Friedrich Ludwig Jahn und Ernst Eiselen, *Die deutsche Turnkunst*, Berlin 1816, Faksimileausgabe Fellbach 1967, S. 234.
33 Veit Valentin, *Das Hambacher Nationalfest*, Berlin 1932, S. 31, 39–50.
34 *Ibid.*, S. 49 f..
35 J. G. A. Wirth, *Das National-Fest der Deutschen zu Hambach*, Neustadt a. d. H. 1832, S. 11–14; Valentin, *op. cit.*, S. 34.
36 Valentin, *op. cit.*, S. 39 f.; Wirth, *op. cit.*, S. 55–74.
37 Valentin, *op. cit.*, S. 74, 59, 61.
38 *Ibid.*, S. 31.
39 Saint-René Taillandier, *Études sur la révolution en Allemagne*, Paris 1953, Vol. 2. p. 108, 110.
40 Karl Griewank, *Deutsche Studenten und Universitäten in der Revolution von 1848*, Weimar 1949, S. 32.
41 *Ibid.*, S. 36 f..
42 Bernhard Endrulat, *Das Schillerfest in Hamburg*, Hamburg 1860, S. 12.
43 *Courier an der Weser*, 14. Bd. Nr. 310 vom 13. 11. 1859. これを含む多くの「シラー祭」に関する参考資料は，ゲッティンゲンのニーダーザクセン国立図書館の切り抜きコレクションに見られる．H. Lit. biogr. V. 1057.
44 *Instruktionen für die Handhabung der Ordnung beim Schiller-Fest 9.–11. November 1859*, Stuttgart o. J., S. 9; Endrulat, *op. cit.*, S. 8, 11, 14.
45 *Festprogramm des Leipziger Buchhandels* vom 10. 11. 1859. passim.
46 *Augsburger Abendzeitung* vom 10. 11. 1859, S. 256.
47 *Programm der Schiller-Jubel-Feier zu Frankfurt am Main, 9. und 10. November 1859*, passim; Ferdinand Naumann, *Die Schiller-Feier in Hamelen*, Hannover 1859, S. 29.
48 Endrulat, *op. cit.* S. 128.
49 *Dresdner Journal* vom 26. 10. 1859, S. 997.
50 Endrulat, *op. cit.*, S. 128.
51 G. von Bodelschwingh, *Friedrich von Bodelschwingh*, Bethel 1922, [12]1949, S. 307.

9 Friedrich Ludwig Jahn, Deutsches Volkstum, in: *Jahns Werke*, hrsg. von Carl Euler, Hof 1884, 1. Bd., S. 320 f..

10 Ernst Moritz Arndt, *Entwurf einer Teutschen Gesellshaft*, Frankfurt/M. 1814, S. 35, 34.

11 *Ibid.*, S. 36.

12 Christoph Albrecht, *Schleiermachers Liturgik*, Göttingen 1963, S. 64, 104.

13 Arndt, *op. cit.*, S. 40.

14 Karl Hoffmann, *Des Teutschen Volkes Feuriger Dank und Ehrentempel*, Offenbach 1815, S. 86, 153, 1099.

15 *Beschreibung des Festes auf der Wartburg. Ein Sendschreiben an die Gutgesinnten*, o. O. 1818, S. 18.

16 Hoffmann, *op. cit.*, S. 980, 1099, 259, 153: Einleitung von Arndt.

17 Albrecht, *op. cit.*, S. 60, 98.

18 *Ibid.*, S. 142.

19 *Ibid.*, S. 10, 36, 39.

20 *Ibid.*, S. 23, 24.

21 241 頁参照.

22 *Beschreibung des Festes auf der Wartburg*, passim: Heinrich Ferdinand Maßmann; *Kurze und wahrhaftige Beschreibung des großen Burschenfestes auf der Wartburg bei Eisenach*, o. O. 1817, S. 23 f., 28.

23 Hans Werner von Meyenn, *Die politische Feier*, Hamburg 1938, S. 21f..

24 *Vorschläge der Reichspropagandaleitung zur nationalsozialistischen Feiergestaltung*, München 1935 f.; zit. in Klaus Vondung, *Magie und Manipulation. Ideologischer Kult und politische Religion des Nationalsozialismus*, Göttingen 1971, S. 148.

25 *Ibid.*, S. 42f..

26 Oskar Söhngen, *Säkularisierter Kultus*, Gütersloh 1950, S. 17.

27 *Empfehlung des Kulturamts der Reichspropagandaleitung*. Nach Kriegsbeginn, zit. in Karlheinz Schmeer, *Die Regie des öffentlichen Lebens im Dritten Reich*, München 1956, S. 58.

28 Jahn, *op. cit.*, 1. Bd., S. 315 f. 323.

29 *Ibid.*, S. 310 ff.; Ernst Moritz Arndt, *Ueber Sitte, Mode und Kleidertracht*, Frankfurt/M. 1814, S. 50 f..

Oldenburg 1939, S. 227 f..

76 *Ibid.*, S. 227.

77 *Das Tannenberg-Nationaldenkmal*, Berlin o. J..

78 *Tannenberg*, op. cit., S. 202, 204, 203.

79 *Ibid.*, S. 210 f., 205.

80 だが，他の人々もこれが「独創的な新しい国民的記念碑のデザイン」であると認識していた．*Zentralblatt der Bauverwaltung*, 1925, 45. Bd., S. 291.

81 *Tannenberg*, op. cit., S. 218.

82 Wolfgang Ribbe, Flaggenstreit und Heiliger Hain, in: *Aus Theorie und Praxis der Geschichtswissenschaft: Festschrift für Hans Herzfeld zum 80. Geburtstag*, hrsg. von Dietrich Kurze, Berlin 1972, S. 183, 187.

83 Ibid., S. 175–188.

84 Kurt Junghans, *Bruno Taut*, Berlin 1970, S. 51f.; Hermann Schmitz, *Revolution der Gesinnung!*, Neubabelsberg 1931, S. 205.

85 *Deutscher Ehrenhain für die Helden von 1914/18*, Leipzig 1931; Werner Lindner, *Ehrenmäle: Grundsätze und Beispiele ihrer Gestaltung*, Kassel und Basel 1952, S. II.

86 Schrade, *Das Deutsche Nationaldenkmal*, S. 7 f..

第四章　公的祝祭——源流と展開

1 ヒトラー自身は，ナチ党集会をスパルタクス団のような左翼の大衆集会に近づけようとした．Rede vom 8. November 1935, in: Max Domarus, *Hitler. Reden und Proklamationen 1932–1945*, 4 Halbbde., München 1965, 2. Halbbd., S. 551–556.

2 *Oeuvres complètes de Jean-Jacques Rousseau*, Paris 1907, Vol. 5. p. 245 f..

3 *Ibid.*, Vol. 1. p. 230.

4 *Ibid.*, Vol. 1. p. 269.

5 *Ibid.*, Vol. 1. p. 187 f..

6 Gerhard Kaiser, *Pietismus und Patriotismus im literarischen Deutschland*, Wiesbaden 1961, S. 76.

7 *Ibid.*, S. 67.

8 *Ibid.*, S. 69.

57 *Der Kyffhäuser als Nationalfeststätte*, hrsg. vom Verband der Ortsausschüsse für Nationalfeste am Kyffhäuser, Sondershausen o. J., S. 1–3, 10.

58 Alfred Gotthold Meyer, *Reinhold Begas*, Bielefeld und Leipzig 1897, S. 105.

59 *Ibid.* 106 f., 11. ナチ党はベーガスのネオ・バロックを認めなかった. *Die Kunst im Dritten Reich*, Dezember 1940, S. 368.

60 Max Dessoir und Hermann Mutesius, *Das Bismarck-Nationaldenkmal*, Jena 1912, S. 10, 22, 25, 27, 24.

61 Eduard Bachmann, *Die Völkerschlacht, das Völkerschlachtdenkmal und sein Erbauer Clemens Thieme*, Leipzig 1938, S. 42; テオドリクス墳墓の影響については，以下参照．Albert Hofmann, *Handbuch der Architektur*, Stuttgart 1906, 2. Bd., S. 648; ブルーノ・シュミッツの最初の仕事は，インディアナポリスに戦勝記念碑を建てること（1888 年）であった．Hans Schliepmann, *Bruno Schmitz*, Berlin 1913, S. IV.

62 Alfred Spitzner, *Deutschlands Denkmal der Völkerschlacht*, Leipzig 1913, S. 107.

63 *Ibid.*, S. 66 ff., 74.

64 Bachmann, *op. cit.*, S. 69.

65 *Ibid.*, S. 70, 72.

66 *Ibid.*, S. 94 f..

67 Friedrich Ludwig Jahn, Deutsches Volkstum, in: *Jahns Werke*, hrsg. von Carl Euler, Hof 1884, 1. Bd., S. 320.

68 Deutscher Patriotenbund zur Einrichtung eines Völkerschlachtdenkmals bei Leipzig, in: Programm *Gedenkfeier der Völkerschlacht, Sonntag den 17. Oktober 1915, mittags 12 Uhr.*

69 *Der Cicerone*, 1911, 3. Bd., S. 218–220.

70 Carl Meißner, *Wilhelm Kreis*, Essen 1925, S. 13.

71 Zit. in Paul Bonatz, *Leben und Bauen*, Stuttgart 1950, S. 50.

72 *Die Kunst im Dritten Reich*, Januar 1940, S. 55; Hanns Johst, zit. in Karl Ernst Bemer, *Deutsche Literatur im Urteil des 'Völkischen Beobachters' 1922–1932*, Inaugural-Dissertation. München 1954, S. 34.

73 Hubert Schrade, *Bauten des Dritten Reichs*, Leipzig 1937, S. 10 f..

74 Hubert Schrade, *Das deutsche Nationaldenkmal*, München 1934, S. 106.

75 *Tannenberg*, hrsg. vom Kuratorium für das Reichsehrenmal Tannenberg,

1962, S. 31; Gottfried Semper, *Wissenschaft, Industrie und Kunst*, hrsg. von Hans M. Winger, Mainz und Berlin 1966, S. 107.

37 Quitsch, *op. cit.*, S. 73.

38 *Ibid.*, S. 31.

39 Hermann Hettner, Gottfried Semper. in: *Kleine Schriften*, Braunschweig 1884, S. 97, 99.

40 Robert W. Gutmann, *Richard Wagner*, New York 1968, S. 295.

41 Hermann Schmidt, *Ernst von Bandel, ein deutscher Mann und Künstler*, Hannover 1892, S. 29.

42 *Ibid.*, S. 144, 213, 37, 43.

43 *Ibid.*, S. 160.

44 Karl Meier-Lengo, Das Hermannsdenkmal und sein Schöpfer, in: *Monatsblätter der Bergstadt*, 1924/25, S. 353.

45 Adolf Hitler, Rede vom 6. September 1938, in Max Domarus, *Hitler. Reden und Proklamationen 1932–1945*, 4 Halbbde., München 1965, 1. Halbbd., S. 893.

46 Schmidt, *op. cit.*, S. 349 f..

47 1972年1月2日付，アルベルト・シュペーアのジョージ・L・モッセあて書簡，S. 4.

48 Schmidt, *op. cit.*, S. 126.

49 *Ibid.*, S. 131 f., 196 f..

50 Karl Hoffmann, *Des Teutschen Volkes Feuriger Dank und Ehrentempel*, Offenbach 1815, S. 8 f..

51 Ferdinand Heyl, *Das Nationaldenkmal auf dem Niederwald*, Frankfurt/M. o. J., passim.

52 *Ibid.*, passim.

53 *Die Deutschen Kriegervereine in Sonderburg von 1872–1928*, o. O., o. J., S. 2. ワイマール期，彼らはいくつかの印象的な見せ物や整列行進を華々しく催した．以下参照．Francis Cathnath, The Kriegervereine and the Weimarer Republic, in: *Journal of Contemporary History;* ersch. demn.

54 *Kriegervereins-Zeitung*, 30. September 1924, S. 57.

55 *Deutsche Bauzeitung*, 22. Bd., 1898, S. 27.

56 *Ibid.*

17 Hubert Schrade, *Das deutsche Nationaldenkmal*, München 1934, S. 47.

18 Oswald Herderer, *Leo von Klenze*, München 1964, S. 246; Ludwig Volkmann, *Ägypten-Romantik in der europäischen Kunst*, Leipzig 1942, S. 69, 135.

19 Egon Caesar Conte Corti, *Ludwig I. von Bayern*, München [6]1960, S. 188.

20 Vogt, *op. cit.*, S. 159.

21 Herderer, *op. cit.*, S. 306.

22 Adalbert Müller, *Geschichte und Beschreibung der Walhalla und des anliegenden Marktfleckens Donaustauf*, Regensburg 1933, S. 2.

23 Johann Joachim Winckelmann, *Sämtliche Werke*, Donauöschingen 1825, 3. Bd., S. 69.

24 Herderer, *op. cit.*, S. 22–25.

25 *Ibid.*, S. 35.

26 *Ibid.*, S. 16.

27 Alfred Holder, *Die Ältere Edda*, Leipzig 1875, S. 149; Gustav Neckel. *Walhalla*, Dortmund 1913, S. 30.

28 Müller, *op. cit.*, S. 3 ff..

29 Paul Herre, *Deutsche Walhall: Eine Auseinandersetzung und ein Programm*, Potsdam 1930, S. 35 f.

30 *Hakenkreuzbanner* vom 7. 6. 1937 in der Ausschnittesammlung der Wiener Library in London. 最近では1973年7月に，ジャン・パウルとリヒャルト・シュトラウスがヴァルハラに加えられた．バイエルンの文化大臣は演説で，彼らの業績のバイエルン的性格をドイツ的性格よりむしろ強調した．*Süddeutsche Zeitung*, Nr. 166, 1973: *SZ am Wochenende*, I.

31 Herre, *op. cit.*, S. 16.

32 *Ibid.*, S. 41, 59.

33 Herderer, *op. cit.*, S. 336–341, 377, 246.

34 Alfred Kuhn, *Peter Cornelius und die geistigen Strömungen seiner Zeit*, Berlin 1921, S. 271, 151. コルネリウスもまた，現存するルートヴィヒ教会の天井画を描いた．

35 Ludwig Dehio, *Friedrich Wilhelm IV, von Preußen. Ein Baukünstler der Romantik*, München 1961, S. 82.

36 Heinz Quitsch, *Die ästhetischen Anschauungen Gottfried Sempers*, Berlin

geistige Entwicklung, o. O. 1849.

65 Winckelmann, *Werke*, 4. Bd., S. 449.

66 *Cosima Wagner und Houston Stewart Chamberlain im Briefwechsel 1888–1908*, Leipzig 1934, S. 312.

第三章　国民的記念碑

1 Paul Clemen, *Der Denkmalbegriff und seine Symbolik*, Bonn 1933, S. 8 f..

2 Thomas Nipperdey, Nationalidee und Nationaldenkmal in Deutschland im 19. Jahrhundert, in: *Historische Zeitschrift*, Heft 206/3, 1968, S. 559.

3 Franz Schnabel, Die Denkmalkunst und der Geist des 19. Jahrhunderts, in: Franz Schnabel, *Abhandlungen und Vorträge, 1914–1965*, Freiburg 1970, S. 134 ff..

4 *Die Kunst im Dritten Reich*, 6. Bd., Folge 3, Ausgabe A, März 1942, S. 60–71.

5 Hubert Schrade, *Bauten des Dritten Reichs*, Leipzig 1937, S. 15. 美術史家シュラーデは，第三帝国期においてはハイデルベルク大学，そしてハンブルク大学，戦後はフライブルク大学の教授であった．

6 Alfred Rietdorf, *Gilly, Wiedergeburt der Architektur*, Berlin 1940, S. 128. ジリーは以前にも増して現代にふさわしい，とリートドルフは信じた．*Die Kunst im Dritten Reich*, Oktober 1940, S. 172.

7 Emil Kaufmann, *Von Ledoux bis Corbusier*, Wien 1933, S. 30, 33.

8 *Ibid.*, S. 30.

9 Yvan Christ, *Projets et divagations de Claude-Nicolas Ledoux*, Paris 1961, pp. 14–23, 105–107.

10 Adolf Max Vogt, *Boullées Newton-Denkmal: Sakralbau und Kugelidee*, Basel und Stuttgart 1969, S. 155.

11 *Ibid.*, S. 144.

12 306–307 頁参照.

13 308 頁参照.

14 1972 年 3 月 16 日アルベルト・シュペーアとの対談.

15 Christ, *op. cit.*, p. 24.

16 Gerhard Kaiser, *Pietismus und Patriotismus im literarischen Deutschland*, Wiesbaden 1961, S. 48 f.

46 Adolf Max Vogt, *Boullées Newton-Denkmal: Sakralbau und Kugelidee*, Basel und Stuttgart 1969, S. 161.

47 Zit, *ibid.*, S. 12; Herder, *Werke*, hrsg. von K. -G. Gerold, 2 Bde., München 1953, 1. Bd., S. 827.

48 Jacques Solé, Un exemple d'archéologie des sciences humaines: L'étude de l'Egyptomanie du XVIe au XVIIIe siècle, in: *Annales*, Vol. 27. No. 2, 1972, p. 477.

49 Schlegel, *op. cit.*, p. 505.

50 Vogel, *op. cit.*, S. 161.

51 Kaufmann, *op. cit.*, S. 27; Euler, *op. cit.*, S. 44.

52 Karl Hoffmann, *Des Teutschen Volkes Feuriger Dank und Ehrentempel*, Offenbach 1815, S. 93.

53 *Handwörterbuch des deutschen Aberglaubens*, hrsg. von Hanns Bächtold-Stäubli, Berlin und Leipzig 1927 ff., S. 1390–1397.

54 z. B. Karl Hoffmann, *op. cit.*, S. 28.

55 *Handwörterbuch des deutschen Aberglaubens*, S. 646 f. 柏は「奇跡の樹《ヴンダーバウム》」として，すでにエッダに表れている．「柏より大きく，古いものはない」 Werner Hahn, *Edda; Lieder germanischer Göttersage*, Berlin 1872, S. 57.

56 Georg Sammler, Mittsommerfeuer, in: *Der Schulungsbrief*, 3. Bd., Juni 1936, S. 211 f..

57 Hans Schemm, Deutsche Sonnenwende, in: *Der Schulungsbrief*, 6. Bd., Juni 1937, passim.

58 Percy Schramm, *Herrschaftszeichen und Staatssymbolik*, Stuttgart 1955, 2. Bd., S. 642, 646.

59 *Ibid.*, S. 652.

60 *dtv-Lexikon politischer Symbole*, München 1970, S. 218. 旗はまた，戦場での指揮地点でもある．負けそうになった兵士は，旗の下に戻らねばならない．Hans-Jochen Gamm, *Der braune Kult*, Hamburg 1962, S. 43.

61 Willi Schröder, *Burschenschaftsturner im Kampf um Einheit und Freiheit*, Berlin 1967, S. 188.

62 Jahn und Eiselen, *op. cit.*, passim.

63 Karl Hoffmann, *op. cit.*, S. 98.

64 C. G. Carus, *Über die Ungleichheit vershiedener Menschenstämme für höhere*

schaftlichen Film, Göttingen 1970, S. 13.

25 Goethe, *Italienische Reise*. München 1961, S. 27.

26 Arthur Moeller van den Bruck, *Der preußische Stil*, München 1916, S. 130 f..

27 *Die Kunst im Dritten Reich*, März 1939, S. 82 f..

28 Zit. in Armand Dehlinger, *Architektur der Superlative*. Unveröffentlichtes Manuskript im Institut für Zeitgeschichte, München, S. 38.

29 Ernst Moritz Arndt, *Entwurf einer Teutschen Gesellschaft*, Frankfurt/M. 1814, S. 39; Carl Euler, *Friedrich Ludwig Jahn*, Stuttgart 1881, S. 44.

30 *Deutsche Bauzeitung*. 24. Bd., 1890, S. 498 f., 496.

31 *Bayreuther Blätter*. 9. Bd., 1886, S. 369.

32 *Der Kyffhäuser als Nationalfeststätte*, Sondershausen 1897, S. 2, 15.

33 Emil Kaufmann, *Von Ledoux bis Corbusier*, Wien 1933, S. 26.

34 *Kunst und Volk*, Juli 1936, S. 240. *Kunst im Dritten Reich*, Februar 1939, S. 76.

35 Elisabeth Frenzel, *Stoffe der Weltliteratur*, Stuttgart 1970, S. 151–154.

36 Hubert Schrade, *Das Deutsche Nationaldenkmal*, München 1934, S. 93. ハインリヒ・ヒムラーは，テオドリクス王の墳墓を，ドイツ史上最初期の石の記念碑の一つと考えた．Josef Ackermann, *Heinrich Himmler als Ideologe*, Göttingen 1970, S. 255.

37 Hans Stephan, *Wilhelm Kreis*, Oldenburg 1944, S. II, 53.

38 *Ibid.*, S. 18.

39 Wilhelm Kreis, in: *Der Cicerone*, 3. Bd., 1911, S. 218.

40 *Deutsche Bauzeitung*, 38. Bd., 1903, S. 198.

41 *Ibid.*, S. 199.

42 ヒトラーはクライスが存命であることを知って喜んだ．アルベルト・シュペーアとの 1972 年 3 月 16 日の対談．

43 Ragna Enking, *Der Apis-Altar Johannes Melchior Dinglingers. Ein Beitrag zur Auseinandersetzung des Abendlandes mit dem alten Ägypten*, Glückstadt 1939, S. 57, 62.

44 Hans Vogel, Ägyptisierende Baukunst des Klassizismus, in: *Zeitschrift für Bildende Kunst*, 62. Bd., 1928 f., S. 164.

45 Ibid., S. 162, 161.

ularität und Trivialität, Bad Homburg v. d. H. 1974, S. 101–120.

4 Friedrich von Schiller, *On the Aesthetic Education of Man*, London, 1954, p. 138（初版 1795 年）.

5 *Ibid.*, p. 106.

6 Willi Oelmüller, *Friedrich Theodor Vischer und das Problem der Nachhegelschen Ästhetik*, Stuttgart 1959, S. 104–201.

7 *Ibid.*, S. 175.

8 *Ibid.*, S. 107.

9 E. Marlitt, *Im Hause des Kommerzienrates*, Leipzig 1877, S. 41.

10 Johann Joachim Winckelmann, *Gedanken über die Nachahmung der griechischen Werke* etc., Stuttgart, 1885, S. 7.（初版 1775 年）. アルベルト・シュペーアはこの文句を建築家としての指針にしたと述べている. Memorandum to George L. Mosse, April 9, 1973.

11 Ders., Geschichte der Kunst des Altertums, in: *Werke*, hrsg. von Heinrich Meyer und Johann Schulze, Dresden 1811, 4. Bd., S. 53, 57.

12 Ibid., S. 37.

13 Winckelmann, *Gedanken.*, S. 24.

14 *Ibid.*, S. 24.

15 *Ibid.*, S. 25.

16 Schiller, *op. cit.*, p. 81, 106.

17 Winckelmann, *Gedanken.*, S. 21.

18 Friedrich von Schlegel, *The Aesthetic and Miscellaneous Works of Friedrich Schlegel*, London 1860, p. 414, 424.

19 Winckelmann, Geschichte., 4. Bd., S. 182f..

20 *Ibid.*, S. 39 f., 46, 49.

21 George L. Mosse, Racismo, in: *Enciclopedia del Novecento*, Rom 1975.

22 Friedrich Ludwig Jahn und Ernst Eiselen, *Die Deutsche Turnkunst.* Berlin 1816, Faksimileausgabe Fellbach 1967, S. XIX. ヤーンは，ドイツ人はギリシア人に最も近い民族と信じていた. Jahn, *Deutsches Volkstum*, Leipzig o. J., S. 106.

23 1972 年 3 月 16 日のアルベルト・シュペーアとの対談.

24 *Albert Speer spricht über Architektur und Dramaturgie der nationalsozialistischen Selbstdarstellung.* Manuskript V/1528 im Institut für den wissen-

16 Theodor Heuss, *Hitlers Weg*, Stuttgart 1932, S. 130.

17 *Ibid.*, S. 132.

18 z. B. Dietrich Strothmann, *Nationalsozialistische Literaturpolitik*, Bonn 1963, S. 384; Hildegard Brenner, *Die Kunstpolitik des Nationalsozialismus*, Hamburg 1963, S. 112 f..

19 Renzo De Felice, *Le interpretazioni del fasismo*, Bari 1971, p. 51 ff..

20 Gustave Le Bon, *The Crowd*, New York 1960, p. 3.

21 Georges Sorel, *Reflections on Violence*, New York 1950, p. 78.

22 Erik H. Erikson, *Young Man Luther*, New York 1962, p. 186.

23 Albert Mathiez, *Les origines des cultes révolutionnaires*, Paris 1904, p. 79.

24 *Ibid.*, p. 61.

25 David Dowd, *Pageant-Master of the Republic. Jacques-Louis David and the French Revolution*, Lincoln, Nebr. 1948, p. iii.

26 Gerhard Kaiser, *Pietismus und Patriotismus im literarischen Deutschland*, Wiesbaden 1961, S. 41.

27 *Ibid.*, S. 43.

28 *Ibid.*, S. 40, 49.

29 Ernst Moritz Arndt, *Entwurf einer Teutschen Gesellschaft*, Frankfurt/M. 1814, S. 36; Nikolaus Ludwig von Zinzendorf, *Ergänzungsband zu den Hauptschriften*, hrsg. von Erich Beyreuther/Gerhard Meyer, Hildesheim 1963, 3. Bd., S. 74 f., 266. この発言は 1738 年のもの.

30 William McDougall, *The Group Mind*, New York 1920, p. 33, 247.

31 z. B. Philippe de Félice, *Foules en délire: Extases collectives*, Paris 1947, passim.

32 Ernst Toller, Masse-Mensch, in: *Deutsche Revolutionsdramen*, hrsg. von Reinhold Grimm/Johst Hermand, Hamburg o. J., S. 427.

33 Hans Rothfels, *Bismarck und der Staat*, Stuttgart 1953, S. XXXIX.

第二章　政治の美学

1 Jacques Laurent, *Les bêtises*, Paris 1971, p. 65.

2 Ursula Kirchhoff, *Die Darstellung des Festes im Roman um 1900*, Münster 1965, S. 13 ff..

3 George L. Mosse, Was sie wirklich lasen: Marlitt, Ganghofer, May. in: *Pop-*

原註

第一章　新しい政治

1　*Mussolinis Gespräche mit Emil Ludwig*, Berlin 1932, S. 72.
2　Karlheinz Schmeer, *Die Regie des öffentlichen Lebens im Dritten Reich*, München 1956, S. 16, 62f., 48 ff..
3　*Œuvres complètes de Jean-Jacques Rousseau*, Paris 1907, Vol. 5. p. 43.
4　George L. Mosse, The Heritage of Socialist Humanism, in: *The Legacy of the German Refugee Intellectuals*, ed. Robert Boyers, New York 1972, p. 127 f..
5　Alfred Kantorowicz, *Exil in Frankreich*, Bremen 1971, S. 67.
6　George L. Mosse, Three Faces of Fasicism by Ernst Nolte, in: *Journal of the History of Ideas*, Vol. XXVII, 1966. pp. 621–626.
7　Georg Gottfried Gervinus, *Einleitung in die Geschichte des Neunzehnten Jahrhunderts*, Frankfurt/M., 1967, S. 162.（初版 1855 年）Michael D. Biddiss. *Father of Racist Ideology*, London 1970, p. 171.
8　George Rudé, *The Crowd in History. A Study of Popular Disturbances in France and England, 1730–1848*, New York 1964.
9　Friedrich Nietzsche, Die Geburt der Tragödie aus dem Geiste der Musik, in: *Werke*, Leipzig 1899, 1. Bd., S. 159–165; Theodore Ziolkowski, Der Hunger nach dem Mythos, in: *Die sogenannten Zwanziger Jahre*, hrsg. von Reinhold Grimm/Johst Hermand, Bad Homburg v. d. H. 1970, S. 169–201.
10　Johan Huizinga, *The Waning of the Middle Ages*, London, 1924, p. 186.
11　*Ibid.*, p. 165.
12　Gershom Scholem, *The Messianic Idea in Judaism*, New York 1971, p. 257.
13　Zit. in: René Gérard, *L'Orient et la Pensée romantique allemande*, Nancy 1963, p. 170.
14　Scholem, *op. cit.*, p. 279.
15　Friedrich Nietzsche, Unzeitgemäße Betrachtungen. Aus dem Nachlaß 1873–1875, 2. Stück: Vom Nutzen und Nachteil der Historie für das Leben, in: *Werke*, Leipzig 1906, 2. Bd., S. 156 f..

レーマン　Lehmann, Lotte, 1888-1976　ソプラノ歌手．ウィーン国立オペラ（1914-33）で活躍した．　189

《ロ》

ローゼンベルク　Rosenberg, Alfred, 1893-1946　建築技師．ナチ世界観の理論家，ナチ党外交局長．『二十世紀の神話』．　189, 195, 240, 257
ロラー　Roller, Alfred, 1864-1935　舞台美術家．　317, 318

俗女流作家. 50, 320, 321
マレー Marées, Hans von, 1837–1887 ベックリンと並ぶ新理想主義の代表的画家.「ディアナの水浴」. 309
マン Mann, Thomas, 1875–1955 『ブッデンブローク家の人々』などで1929年ノーベル文学賞. ナチを嫌って亡命. 86

《ミ》

ミューザム Mühsam, Erich, 1878–1934 社会主義作家. バイエルン革命を指導し, 禁固十五年. 強制収容所で死亡. 269, 270
ミュラー Müller, Johannes, 1752–1809 史料編纂官からナポレオンによりヴェストファーレン王国の教育長官に登用された. 100
ミュンツァー Müntzer, Thomas, 1489–1525 ドイツの宗教改革者. 共産主義的社会秩序をめざして農民戦争を指導した. 272
ミラボー Mirabeau, Gabriel de Riqueti, Comte de, 1749–1791 フランス大革命の政治家.『専制主義論』『プロイセン王国論』. 35
ミルプト Mirbt, Rudolf, 1896–1974 素人演劇運動の唱道者.『素人演劇と素人劇場』. 191
ミンダー Minder, Robert, 1902–1980 現代ドイツの文学研究者. 349

《ム》

ムッソリーニ Mussolini, Benito, 1883–1945 イタリア社会党機関誌『前進』主筆からファシスタ党の指導者となり独裁政治を行った. 19, 20, 23, 31, 35, 41, 185, 305, 329, 335, 345

《メ》

メッツナー Metzner, Franz, 1870–1919 彫刻家.「諸国民戦争記念碑立像」. 図7. 123
メラー・ファン・デン・ブルック Moeller van den Bruck, Arthur, 1876–1925 美術史家, 政治評論家. 最後の著作『第三帝国』はナチの標語に用いられた. 64, 85
メルツ Merz, Hermann, ツォポートの「森のオペラ」の指揮者. 189
メンデルスゾーン Mendelssohn, Fraz von, 1865–1935 ユダヤ人銀行家. 162

《モ》

モーザー Moser, Friedrich Karl Frh. von, 1723–1798 ウィーンの帝国枢密顧問官. 政治評論家.『主と僕』. 38

《ヤ》

ヤーン Jahn, Friedrich Ludwig, 1778–1852 道徳的, 肉体的な国民力の発揚のため, ハーゼンハイデに最初の体操場を開いた. 58, 67, 79, 84, 85, 120, 135–137, 139, 144–147, 156, 160, 161, 163, 165, 166, 171, 175, 178, 207, 212–216, 219–224, 247, 258, 266, 345, 348

《へ》

《ト》

《ナ》

《ニ》

《ネ》

《ノ》

《ハ》

《チ》

《ツ》

《テ》

《セ》

《ソ》

《タ》

《シ》

《ク》

《ケ》

《コ》

《サ》

人名索引

本書は一九九四年二月十日に、柏書房より刊行された。

リキッド・モダニティを読みとく
ジグムント・バウマン
酒井邦秀訳

変わらぬ確かなものなどもはや何一つない現代世界。社会学の泰斗が身近な出来事や世相から〈液状化〉の具体相に迫る真摯で痛切な論考。文庫オリジナル。

社会学の考え方〔第2版〕
ジグムント・バウマン／ティム・メイ
奥井智之訳

日常世界はどのように構成されているのか。日々変化する現代社会をどう読み解くべきか。読者を〈社会学的思考〉の実践へと導く最高の入門書。新訳。

コミュニティ
ジグムント・バウマン
奥井智之訳

グローバル化し個別化する世界のなかで、コミュニティはいかなる様相を呈しているか。安全をとるか、自由をとるか。代表的社会学者が根源から問う。

ウンコな議論
ハリー・G・フランクファート
山形浩生訳／解説

ごまかし、でまかせ、いいのがれ。なぜ世の中、こんなものがみちるのか。道徳哲学の泰斗がその正体とカラクリを解く。爆笑必至の訳者解説を付す。

世界リスク社会論
ウルリッヒ・ベック
島村賢一訳

迫りくるリスクは我々から何を奪い、何をもたらすのか。『危険社会』の著者が、近代社会の根本原理をくつがえすリスクの本質と可能性に迫る。

民主主義の革命
エルネスト・ラクラウ／シャンタル・ムフ
西永亮／千葉眞訳

グラムシ、デリダらの思想を摂取し、根源的で複数的なデモクラシーへ向けて、新たなヘゲモニー概念を提示した、ポスト・マルクス主義の代表作。

鏡の背面
コンラート・ローレンツ
谷口茂訳

人間の認識システムはどのように進化してきたのか、そしてその特徴とは。ノーベル賞受賞の動物行動学者が試みた抱括的知識による壮大な総合人間哲学。

人間の条件
ハンナ・アレント
志水速雄訳

人間の活動的生活を《労働》《仕事》《活動》の三側面から考察し、《労働》優位の近代世界を思想史的に批判したアレントの主著。（阿部齊）

革命について
ハンナ・アレント
志水速雄訳

《自由の創設》をキイ概念としてアメリカとヨーロッパの二つの革命を比較・考察し、その最良の精神を二〇世紀の惨状から救い出す。（川崎修）

工場日記
シモーヌ・ヴェイユ
田辺保訳
人間のありのままの姿を知り、愛し、そこで生きたい――女工となった哲学者が、極限の状況で自己犠牲と献身について考え抜き、克明に綴った、魂の記録。

青色本
L・ウィトゲンシュタイン
大森荘蔵訳
「語の意味とは何か」。端的な問いかけで始まるこのコンパクトな書は、初めて読むウィトゲンシュタインとして最適な一冊。（野矢茂樹）

法の概念〔第3版〕
H・L・A・ハート
長谷部恭男訳
法とは何か。ルールの秩序という観念でこの難問に立ち向かい、法哲学の新たな地平を拓いた名著。批判に応える「後記」を含め、平明な新訳でおくる。

解釈としての社会批判
マイケル・ウォルツァー
大川正彦／川本隆史訳
社会の不正を糺すのに、普遍的な道徳を振りかざすだけでは有効でない。暮らしに根ざしながら同時にラディカルな批判が必要だ。その可能性を探究する。

生き方について哲学は何が言えるか
バーナド・ウィリアムズ
森際康友／下川潔訳
倫理学の中心的な諸問題を深い学識と鋭い眼差しで再検討した現代における古典的名著。倫理学はいかに変貌すべきか、新たな方向づけを試みる。

思考の技法
グレアム・ウォーラス
松本剛史訳
知的創造を四段階に分け、危機の時代を打破する真の思考のあり方を究明する。『アイデアのつくり方』の源となった先駆的名著、本邦初訳。（平石耕）

ポパーとウィトゲンシュタインとのあいだで交わされた世上名高い10分間の大激論の謎
デヴィッド・エドモンズ／ジョン・エーディナウ
二木麻里訳
このすれ違いは避けられない運命だった？　二人の思想の歩み、そして大激論の真相に、ウィーン学団の人間模様やヨーロッパの歴史的背景から迫る。

大衆の反逆
オルテガ・イ・ガセット
神吉敬三訳
二〇世紀の初頭、《大衆》という現象の出現とその功罪を論じながら、自ら進んで困難に立ち向かう《真の貴族》という概念を対置した警世の書。

死にいたる病
S・キルケゴール
桝田啓三郎訳
死にいたる病とは絶望であり、絶望を深く自覚し神の前に自己をすてる。実存的な思索の深まりをデンマーク語原著から訳出し、詳細な注を付す。

ハーバート・スペンサーコレクション
ハーバート・スペンサー
森村進編訳

自由はどこまで守られるべきか。リバタリアニズムの源流となった思想家の理論の核が凝縮された論考を精選し、平明な訳で送る。文庫オリジナル編訳。

ナショナリズムとは何か
アントニー・D・スミス
庄司信訳

ナショナリズムは創られたものか、それとも自然なものか。この矛盾に満ちた心性の正体を、世界的権威が徹底的に解説する。最良の入門書、本邦初訳。

反解釈
スーザン・ソンタグ
高橋康也他訳

《解釈》を偏重する在来の批評に対し、《形式》を感受する官能美学の必要性をとき、理性や合理主義に対する感性の復権を唱えたマニフェスト。

声と現象
ジャック・デリダ
林好雄訳

フッサール『論理学研究』の綿密な読解を通して、「脱構築」「痕跡」「差延」「代補」「エクリチュール」など、デリダ思想の中心的〝操作子〟を生み出す。

歓待について
ジャック・デリダ
アンヌ・デュフールマンテル
廣瀬浩司訳

異邦人＝他者を迎え入れることはどこまで可能か？ギリシャ悲劇、クロソウスキーなどを経由し、この喫緊の問いにひそむ歓待の（不）可能性に挑む。

省察
ルネ・デカルト
山田弘明訳

徹底した懐疑の積み重ねから、確実な知識を探り世界を証明づける。哲学入門者が最初に読むべき、近代哲学の源泉たる一冊。詳細な解説付新訳。

方法序説
ルネ・デカルト
山田弘明訳

「私は考える、ゆえに私はある」。近代以降すべての哲学は、この言葉で始まった。世界中で最も読まれている哲学書の完訳。平明な徹底解説付。

社会分業論
エミール・デュルケーム
田原音和訳

人類はなぜ社会を必要としたか。社会はいかにして発展するか。近代社会学の嚆矢をなすデュルケーム畢生の大著を定評ある名訳で送る。（菊谷和宏）

公衆とその諸問題
ジョン・デューイ
阿部齊訳

大衆社会の到来とともに公共性の成立基盤は衰退した。民主主義は再建可能か？プラグマティズムの代表的思想家がこの難問を考究する。（宇野重規）

交易の世界史(下)
ウィリアム・バーンスタイン
鬼澤忍訳
交易は人類そのものを映し出す鏡である。圧倒的な繁栄をもたらし、同時に数多の軋轢と衝突を引き起こしてきたその歴史を圧巻のスケールで描き出す。

フランス革命の政治文化
リン・ハント
松浦義弘訳
フランス革命固有の成果は、レトリックやシンボルによる政治言語と文化の創造であった。政治文化とそれを生み出した人々の社会的出自を考察する。

戦争の起源
アーサー・フェリル
鈴木主税/石原正毅訳
人類誕生とともに戦争は始まった。先史時代からアレクサンドロス大王までの壮大なるその歴史をダイナミックに描く。地図・図版多数。(森谷公俊)

近代ヨーロッパ史
福井憲彦
ヨーロッパの近代は、その後の世界を決定づけた。現代をさまざまな面で規定しているヨーロッパ近代の歴史と意味を、平明かつ総合的に考える。

イタリア・ルネサンスの文化(上)
ヤーコプ・ブルクハルト
新井靖一訳
中央集権化がすすみ緻密に構成されていく国家あってこそ、イタリア・ルネサンスは可能となった。ブルクハルト若き日の着想に発した畢生の大著。

イタリア・ルネサンスの文化(下)
ヤーコプ・ブルクハルト
新井靖一訳
緊張の続く国家間情勢の下にあって、類稀な文化と個性的な人物達は生みだされた。近代的な社会に向かう時代の、人間の生活文化様式を描ききる。

はじめてわかるルネサンス
ジェリー・ブロトン
高山芳樹訳
ルネサンスは芸術だけじゃない! 東洋との出会い、科学と哲学、宗教改革など、さまざまな角度から光をあてて真のルネサンス像に迫る入門書。

増補 普通の人びと
クリストファー・R・ブラウニング
谷喬夫訳
ごく平凡な市民が無抵抗なユダヤ人を並べ立たせ、ひたすら銃殺する——なぜ彼らは八万人もの大虐殺に荷担したのか。その実態と心理に迫る戦慄の書。

叙任権闘争
オーギュスタン・フリシュ
野口洋二訳
十一世紀から十二世紀にかけ、西欧では聖職者の任命をめぐり教俗両権の間に巨大な争いが起きた。この出来事を広い視野から捉えた中世史の基本文献。

大航海時代　ボイス・ペンローズ　荒尾克己訳

人類がはじめて世界の全体像を識っていく大航海時代。その二百年の膨大な史料を、一般読者むけに俯瞰図としてまとめ上げた決定版通史。（伊高浩昭）

20世紀の歴史（上）　エリック・ホブズボーム　大井由紀訳

第一次世界大戦の勃発が20世紀の始まりとなった。この「短い世紀」の諸相を英国を代表する歴史家が渾身の力で描く。全二巻、文庫オリジナル新訳。

20世紀の歴史（下）　エリック・ホブズボーム　大井由紀訳

一九七〇年代を過ぎ、世界に再び危機が訪れる。不確実性がいやますなか、ソ連崩壊が20世紀の終焉を印した。歴史家の考察は我々に何を伝えるのか。

アラブが見た十字軍　アミン・マアルーフ　牟田口義郎／新川雅子訳

十字軍とはアラブにとって何だったのか？　豊富な史料を渉猟し、激動の12、13世紀をあざやかに、しかも手際よくまとめた反十字軍史。

バクトリア王国の興亡　前田耕作

ゾロアスター教が生まれ、のちにヘレニズムが開花したバクトリア。様々な民族・宗教が交わるこの地に栄えた王国の歴史を描く唯一無二の概説書。

ディスコルシ　ニッコロ・マキァヴェッリ　永井三明訳

ローマ帝国はなぜあれほどまでに繁栄しえたのか。その鍵は〝ヴィルトゥ〟。パワー・ポリティクスの教祖が、したたかに歴史を解読する。

戦争の技術　ニッコロ・マキァヴェッリ　服部文彦訳

出版されるや否や各国語に翻訳された最強にして安全な軍隊の作り方。この理念により創設された新生フィレンツェ軍は一五〇九年、ピサを奪回する。

マクニール世界史講義　ウィリアム・H・マクニール　北川知子訳

ベストセラー『世界史』の著者が人類の歴史を読み解くための三つの視点を易しく語る白熱の入門講義。本物の歴史感覚を学べます。文庫オリジナル。

古代ローマ旅行ガイド　フィリップ・マティザック　安原和見訳

タイムスリップして古代ローマを訪れるなら？　そんな想定で作られた前代未聞のトラベル・ガイド。必見の名所・娯楽ほか情報満載。カラー頁多数。

ちくま学芸文庫

大衆《たいしゅう》の国民化《こくみんか》
ナチズムに至《いた》る政治《せいじ》シンボルと大衆文化《たいしゅうぶんか》

二〇二一年一月十日　第一刷発行

著　者　ジョージ・L・モッセ
訳　者　佐藤卓己（さとう・たくみ）
　　　　佐藤八寿子（さとう・やすこ）
発行者　喜入冬子
発行所　株式会社　筑摩書房
　　　　東京都台東区蔵前二―五―三　〒一一一―八七五五
　　　　電話番号　〇三―五六八七―二六〇一（代表）
装幀者　安野光雅
印刷所　株式会社精興社
製本所　株式会社積信堂

ISBN978-4-480-51029-7 C0131